I0842987

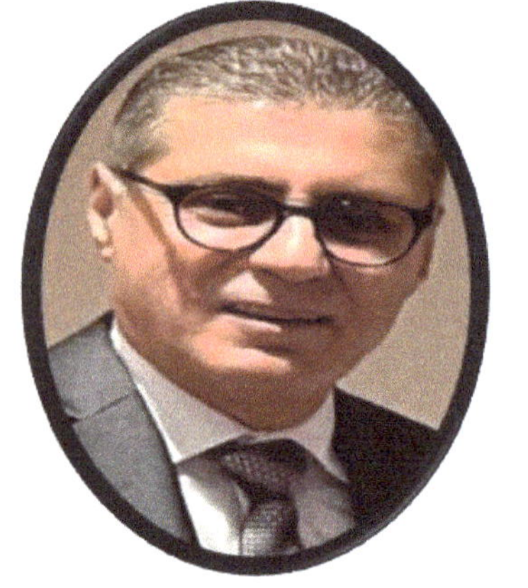

6774 ـ 2024

ܠܘܢ ܐܢܓܠܣ ـ ܐܡܪܝܟܐ

ܡܘܕܥܢܘܬܐ ܕܟܬܒܐ

- ܫܡܐ ܕܟܬܒܐ: ܪܘܚ ܕܒܪܝܬܐ ܓܠܝܬܐ (ܦܠܐܬܐ ܘܒܝܬ ܓܢܣܐ ܕܪܘܚܐ)

- ܡܢܝܢܐ ܕܟܬܒܐ: ܚܡܫܡܐܐ ܡܢ (1001) ܟܬܒܐ ܕܪܘܚܐ

- ܫܡܐ ܕܦܠܚܘܬܐ: ܕ. ܗܡܒܕ ܕܝܢܐ ܓܘܢܐ ܐܣܒܓܢܢܐ

- ܫܢܬܐ ܕܗܢܡܬܐ: 2024 ܡܘܠܟܝܬܐ 6774. ܐܬܘܪܝܬܐ.

- ܡܩܫܘܛܐ ܘܡܬܪܨܢܐ ܠܟܬܝܒܬܐ: ܥܒ. ܦܐܝܒ ܩܘܪܩܝܣܘܕ

- ܗܕܦܘܣܝ ܠܝܠܬܐ ܦܒܬܠܝܣܝ ܕܬܒܝܥܐ ܟܢܕ ܠܝܦܝܒ ܣܘܦܪܕ

- ܝܘܕܥܐ ܕܝܠܢܝܐ ܕܟܬܒܐ: ܦܗܝܢܩ ܚܡܘܙܝܢܕ ܣܘܢܝܬܐ ܡܢ ܪܘܣܝܬܐ ܕܢܝܢܟܐ

  ܝܝܗ ܢܘܕܝܢ.

ܡܫܘܬܦܘܬܐ ܕܟܬܒܐ

ܩܗܘܣܐ

ܦܐܬܐ

ܠܦܘܗ ܐܢܝܒܝܠܕܘܗ ـ ܐܝܚܕܕܢܐ

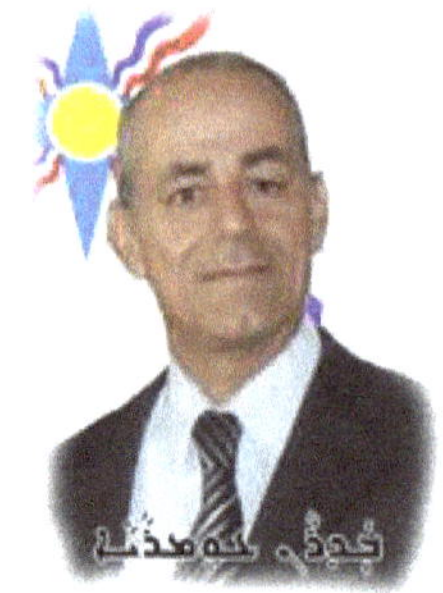

ܘܐܝܟ ܕܗܘܐ ܚܿܦܪ ܠܟܐ ܕܝܢܐ، ܓܕ ܐܡܨܒ ܐܠܗܐ ܐܠܗܘ ܍܍ ܢܝܚܐ ܢܝܚܐܝܬ!! ܐܢܝ ܢܕܟܐ
ܕܗܡܒܝܘܘܪܐ ܘܡܟܬܒܼܢܘܪܐ ܘܩܘܠܟܐ ܕܚܘܦܩܐ ܠܓܕ ܐܪܪ ܕܗܘܕܢܐ ܘܡܪܐ.

ܐܗܐ ܐܘܓܪܐ ܘܡܪܢܐ ܠܗܘܕܢܐ ܡܕܒܝܐ ܡܕܝܢܐ ܡܠܗ ܡܢ ܐܪܬܩܬܪܐ ܠܟܢܦܝܬ، ܘܓܕ ܐܗܐ ܗܘܐ
ܠܘܩܕܐ ܚܬܩܕܢܬܪܐ ܠܗ ܐܪܪ ܕܦܗܓܩܬܪܐ ܕܒܟܢܐܒܝ ܚܝܬܩܗܘܢܬܪܐ ܘܣܠܘܟܝܬ
ܘܘܢܝܬ ܩܕܒܝܐ ܠܗ ܦܕܦܣܘܣ ܠܗܢܬ ܠܟܠܟܬܪܐ ܘܗܣܣܣܟܐ. ܚܗܘܕܝ ܗܘܗܘܕܐ ܕܐܗܐ
ܥܕܟܐ ܠܐ ܕܐܝܓܠܗ ܘܩܒܥܠܗ ܡܛܘܢܬܐ ܡܢ ܗܘܬܟܐ ܠܐܣܝܢܐ ܚܚܕ ܗܘܗܡܢܘܪܐ،
ܘܗܘܕܪܐ ܩܒܥܠܗ ܐܡܒܢܐ ܗܘ ܥܕܟܐ ܚܠܗܟܢܐ ܠܗ ܠܟܬܩܬܪܐ ܘܩܘܩܕܐ ܕܐܢܝܬ ܠܢܝܬ
ܠܗܕ ܐܕܡܘܣ. ܘܗܘ ܡܢܕܒ ܗܡܒܟܐ ܘܘܐܝܕ ܕܚܠܝܣ ܠܓܗܝܠܗ ܠܐܪܢܐ ܚܡܠܗܘܪܐ ܓܕ
ܩܕܩܚܟܐ ܩܐܝܕ ܐܗܘܐ ܘܗܡܒܕܐ ܠܟܠܣܘܕ ܚܒܕ ܠܐܢܝܬ ܠܚܡܒܕܐ ܚܝܝܬ، ܐܝܢܬ ܚܢܘܩܢܬ
ܡܒܥܠܗ ܢܒܕ ܗܘܬܟܐ ܡܢ ܠܠܠܩܩܕ ܡܠܝܬ ܡܢ ܥܘܒܘܕܐ ܘܣܘܡܩܩܢܐ ܘܠܢܝܢܘܪܐ
ܘܡܗܕܐ ܠܓܬܐ ܘܡܝܕܥܢܬ ܐܝܠܗ، ܘܠܠܠܩܩܕ ܓܕ ܠܐܝܬܓܒ ܗܘܗܕܢܐ ܚܘܗܩܕܗܝ ܚܒܝܗܕܩܬܐ
ܘܘܚܝܬ ܐܢܝ ܠܗ ܩܢܒܐ ܕܐܝܣܟܐ ܕܩܠܟܝܬ (ܢܗܟܐ) ܚܠܓܕܬܢܐ ܕܚܝܗܢܘܗܕܝ ܠܚܒܕܐܡ،
ܘܐܗܐ ܡܢܕܒ ܚܢܗܝܗ ܡܠܗ ܣܒܐ ܕܐܝܣܟܐ ܕܘܠܟܝܕ ܚܩܘܡܝ ܕܗܓܕܐ ܠܚܠܟܐܒܝܗ
ܓܗܘܕܢܐ ܠܐܗܐ ܐܘܓܪܐ ܘܡܪܢܐ. ܘܐܢܟ ܩܒܥܠܗ ܚܗܒܝܬܐ ܘܗܒܩܕܐ ܠܗ ܚܗܪܩܬܐ ܚܒܕ
ܡܚܢܬܐ ܡܢ ܢܝܘܦܩܕ ܚܠܐܗܐ ܠܢܐܬܐ. ܘܐܝܕܥ ܡܢ ܐܠܒ ܗܝܠܘܦܝܬ ܠܗܕܡܝ ܘܗܗܒܝܕܐ
ܕܗܓܚܡܝܓܠܟܐ ܘܗܣܒܕܘܓܟܐ ܘܗܡܣܒܢܟܐ ܘܚܗܠܚܓܟܐ ܕܠܐܗܐ ܐܡܝܢܐ ܗܘܣܕܢܐ ܡܠܗ ܡܒܕܐ
ܡܒܗܕܐ ܕܓܚܗܘܕ ܗܗܒܕ ܕܝܣܢܐ ܗܘܢܐ، ܓܕ ܡܝܠܝܡ ܠܐܝܓܬܢܘܪܐ ܕܝܢܒܘܪܐ ܘܩܝܕ
ܢܘܩܢܐ ܘܡܝܒܗ ܡܒܠܓܕ ܡܒܠܗܠܝܗ، ܐܝܣܝܒ ܐܝܢ ܠܐܘܗܒܢܐ ܕܗܘ ܩܝܕ ܘܢܝܥܥܠܗ
ܘܠܠܩܠܗ ܘܡܢܝܕܗ ܡܢܬܒ ܠܗ ܚܘܡܒܣܘܘܪܐ ܠܗܝܟܐ ܗܡܒܝܟܐ ܦܩܠܟܝܬ ܠܣܕܘܕ ܚܩܩܒܝܪܐ
ܚܗܒܚܓܐ ܠܠܐܩܕܐ ܘܘܩܕܐ، ܡܢ ܚܓܕ ܗܘܕܝ ܘܐܡܕ ܠܐܢܝܒ ܘܝܟܐ ܘܚܓܗܕ ܠܗܗܐ، ܡܪܝܒ
ܡܒܢܐ ܟܩܒܕܢܐ ܣܕܒܘܪܐ ܝܣܕܘܕܐ ܘܡܗܘܠܟܒܡܥܓܐ ܕܦܩܬܒ ܠܟܐ ܡܣܕܝܒ
ܡܗܒܚܕܝܒ ܘܡܝܒܥܬܝܬ ܠܗܢ ܐܝܟܬܢܘܪܐ ܢܘܗܓܢܬܪܐ ܠܗܗܒܘܓܐ، ܘܚܗܟܝܓ ܚܓܒ
ܠܗܗܝ، ܘܡܗܩܝܡܕ ܠܗܗܝ، ܚܒܢܒ ܐܗܗܩܩܕ ܡܝܓܗܩܢܐ ܩܕܢܐ ܟܩܒܝܕܐ ܠܓܕ ܐܝܗܪܢܟܐ
ܡܗܒܓܚܕܩܢܬܪܐ ܘܠܣܘܩܩܕ ܠܣܒܝܬܟܪܐ ܕܗܘ ܡܠܩܢܐ، ܚܒܝܬܐ ܕܦܩܗܓܠܟܐ

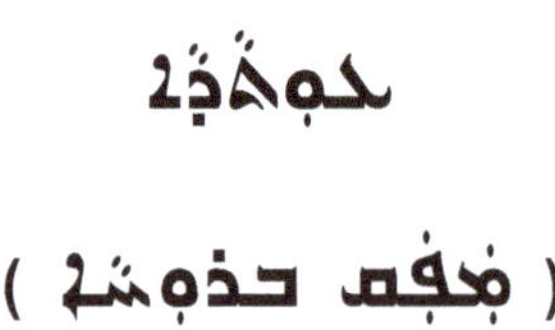

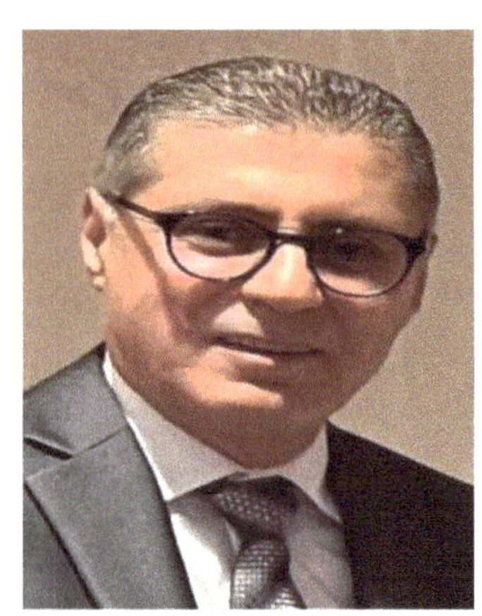

ܠܝܒܝܠܟܐ ܕܐܡܬܢܐ ܩܕܝܬܐ ܡܢ ܒܝܓ ܝܘܩܐ ܝܘܩܬܐ ܕܗܘܠܓܢܚܐ ܚܓܗܦܢܬܐ، ܘܐܡܝܐ ܠܐܗܦ،
ܐܝܕ ܐܘܩܕܝܐ ܚܣܒܩܐ ܕܟܝܓܝܚܒ ܠܒܝܕܚܦܐ ܚܐܪܬܐ ܝܚܒܬܐ ܠܐܕܬܐ ܝܚܒܬܐ ܡܢ ܟܬܩܝܐ ܕܕܘܩܐ
ܕܦܚܕ ܓܐܬܒ ܠܐܗܦ، ܡܢ ܥܕܘܘܗܝ، ܐܘܗܘܕܣܚܐ ܚܝܠܢܩܝܐ. ܐܝܟܐ ܗܘ ܡܚܕܒ
ܕܘܓܥܠܗ ܚܘܝܝܡܬܐ ܟܐ ܣܠܗ ܦܠܬܢܐ ܚܒܝ ܩܝܐܟܐ ܠܐܡܒܕܐ ܠܦܗܒܓܟܐ ܕܘܕܟܬܒ
ܘܗܘܓܠܒ ܚܘܗ ܐܐܦܐ ܐܡܢܐ ܢܕܘܗܘܓܐܢܐ، ܚܝܠܟܐ ܕܠܒܓܣܘܘܐ ܕܘܚܬܦܝܬܐ ܗܓܝܟܐ
ܘܐܘܗܒܓܐ ܠܥܕܚܠܚܐ ܘܗܣܘܢܚܐ ܘܗܩܬܥܩܐ ܠܚܠ ܡܢܕܒ ܕܒܝܠܗ ܐܗܒܕܐ
ܠܓܥܠܒܝܟܐ ܕܕܘܡܐ، ܚܘܗ ܐܗܣ ܐܒܓ ܐܗܦܐ ܠܒ ܡܢܬܢܐ ܡܢ ܚܘܩܩܩܐ ܩܕܝܥܐ ܡܐܥܒ:
ܐܡܚܐ ܘܐܐܒܦܚ ܘܕܐܘܓ ܓܕܢܐ ܣܠܗ ܐܐܦܐ ܐܡܢܬܐ؟ ܐܕܐ ܒܟܗ ܕܘܡ ܡܒܝ ܡܒܝ ܡܢܕܒ ܕܒܟܠܢܬܐ
ܟܠܣܘܕ ܩܐ ܠܗܢܕܝܐ؟ ܡܢ ܐܒܓ ܐܘܗܩܐܗܓܐ ܐܣܩܢܗܓܐ ܐܒܓܠܐܗܦ، ܐܘܕܘܓܐ ܠܗܘܢܐ
ܐܡܢܬܐ؟ ܚܝܠܟܓܐ ܕܘܠ ܐܢܒ ܬܘܐܠܟܐ ܡܝܠܠܒ ܡܒܝ ܠܘܘܘܕܢܐ ܠܝܠܒ
ܕܗܥܥܕ، ܝܚܬܝܢܐ ܚܐܗܦܐ ܠܝܒܝܠܟܐ، ܘܗܘܚܠܟܐ ܕܥܝܠܝ ܐܗܦܐ ܠܗܟܠܬܐ
ܘܩܘܢܬܐ ܘܗܗܓܚܢܬܐ ܠܗܝܣܒ. ܐܝܟܐ ܚܠܘܕܢܚܐ
ܕܗܘܗ ܚܘܥܢܚܐ ܕܝܚܕܠܒ ܚܥܘܐܝܟܐ ܚܬܘܘܕܝܟܐ ܡܒܕܗܓܐ ܝܚܕ ܡܢ ܩܘܢܬܐ؟
ܚܠ ܕܐܐܒ ܕܘܗܗܢܐ، ܡܗܠܐ ܠܒ ܓܕ ܝܠܩܢܬܐ ܐܒܓܠܐܗܦ، ܡܒܝ ܐܡܢܐ ܕܒܟܠܢܬܐ
ܕܝܠܟܢܬܗܒ ܚܓܘܗܢܐ ܕܕܘܡܐ، ܕܘܩܒܝܚܐ ܣܠܗ ܡܓܢܐ "ܐܡܚܘ"، ܕܒܝܠܗ ܓܕܢܐ
ܚܓܘܗܕܐ ܕ 9 ـــــ 12 ܡ. ܚܠ ܡܬܘܡܣܓܗ ܝܕ ܣܒܓܬܐ ܠܓܘܠܟܐ ܣܗܟܠܟܐ. ܘܣܗܩܩ
ܡܕܩܡܚܢܐ، ܘܗܗ ܗܠܒܓܐܢܐ ܝܕ ܣܒܓܬܒ ܠܢܡܥܬܐ ܡܘܗܠܢܬܐ (ܡܗܘܩܐ)، ܘܣܗܩܩ
ܗܘܕܢܬܐ ܣܒܓܕܢܐ ܠܓܒܓܕܢܐ ܡܘܗܠܢܬܐ."ܐܡܚܘ" ܠܐ ܣܠܗ ܗܢܒܩܐ ܠܦܩܒܝܓܐ
ܝ، ܗܘܓܝܦܣ ܠܐܗ ܕܘܡ ܚܒܝܗ، ܕܘܡܐ ܝܕ ܣܒܓܬܐ ܠܓܗܟܠܟܐ ܣܗܩܩ، ܐܝܟܐ ܚܠ ܣܗܩܩ
ܣܒܓܬ ܠܓܒܓܕܐ ܡܘܗܠܢܬܐ، ܘܚܠ ܣܗܩܩ ܗܢܒܩܐ ܣܠܗ ܕܣܗܓܕ ܕܩܩܒܝܓܐ.
"ܐܡܚܘ" ܝܕܣܘܡ ܡܗܠܐܝܠܐ ܠܣܒܝ ܕܘܕܝܐ ܒܝܠܢܐ ܠܐܗ ܗܩܕܘܡܓܐ ܕܘܕܟܐ ܐܘܩܕܘܗܓܐ
ܕܝܠܟܠܩܕܐ، ܘܩܒܝܕ ܠܗ ܡܒܝ ܐܡܢܐ ܡܬܘܡܣܗܢܬܐ ܓܕܢܐ ܘܝܓܕ ܗܘܣܬܢܐ
ܚܕܐܬܐ ܡܢ ܩܩܢܒܝܐ. ܐܕܐ ܠܐ ܗܝܢܐ ܕܘܡ ܕܓܥܡܟܐ ܡܒܝ ܓܘܩܐ ܠܐܗ ܗܩܕܘܗܓܐ ܕܝܠܟܠܩܕܐ
ܝ، ܐܘܣܒ ܩܕܒܩܐ ܠܒ ܡܒܝܣ ܕܗܠܓܕ ܠܐܗܦ، ܝܠܩܢܬܐ؟ ܩܐ ܕܐܡܕܝ، ܒܟܗ
ܗܠܡܝ ܕܐܡܒܝܩܐ ܐܗܦܐ ܐܓܒܩܗܓ،"ܚܕܒܝܓܐ ܘܣܠܝܒܓܐ"، ܩܗܒܠܠܒ ܕܐܘܟܠ ܚܣܒܐ
ܐܘܕܕܢܐ ܠܐ ܗܩܒܝܡܟܐ ܡܢ ܡܢܓܟܘܘܓܐ، ܐܗܣ ܕܚܒܝܢܐ ܡܥܕܝ، ܚܓܐܓܟܐ ܕܓܒܬܓܐ ܕܕܘܡܐ

د. سمير دنخا جونة

D. Samir Johna, MD

2024

ܦܨܠܐ ـ 1 ـ ܐܘܡܬܐ ܘܦܪ̈ܨܘܦܐ

1

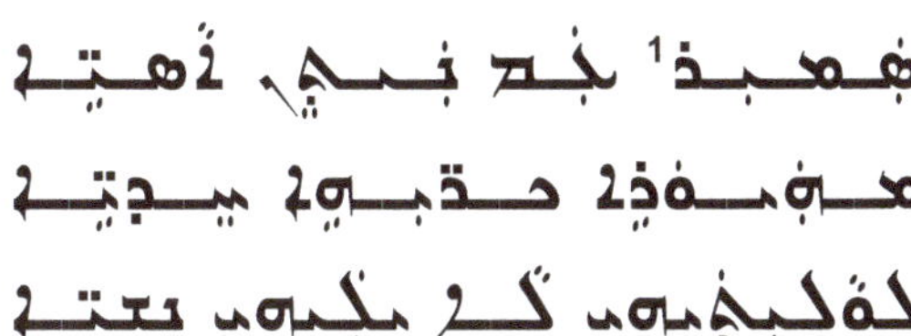

2

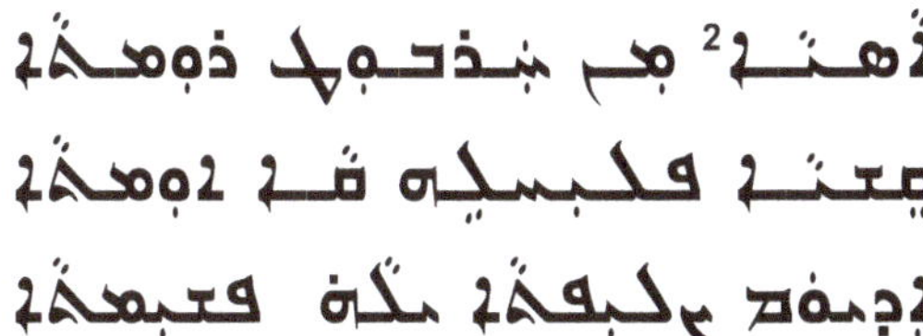

3

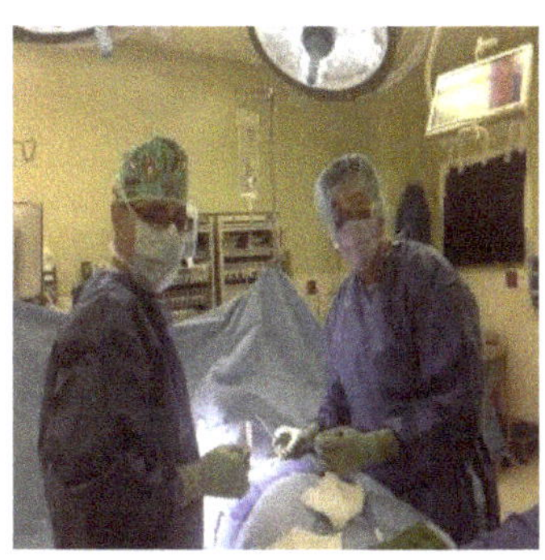

4

---

[1] الدكتور سمير دنخا جونة (مؤلف الكتاب) وتلميذه الاشوري الدكتور نيثن ابراهام اثناء اجراء عملية جراحية في احدى مستشفيات كاليفورنيا.

Dr. Samir Dinkha Johna (author of the book) and his Assyrian student, Dr. Nathan Abraham, while performing surgery in a California hospital.

[2] الدكتور ابراهيم يوسف طبيب اشوري من خربوط, تركيا شارك في حروب البلقان مع الجيش العثماني ونال وسام رفيع من السلطان عبدالحميد الثاني لدوره في الاسناد الطبي اثناء الحرب. هاجر الى امريكا وانخرط في صفوف الجيش الامريكي وشارك في الحرب اللعالمية الاولى. كان احد الااعضاء البارزين في مؤتمر باريس ممثلاً للشعب الاشوري في امريكا.

Dr. Ibrahim Youssef, an Assyrian doctor from Kharbut in present-day Turkey, participated in the Balkan wars with the Ottoman army and received a high medal from Sultan Abdul Hamid II for his role in medical support during the war. He immigrated to America, joined the ranks of the American Army, and participated in World War I. He was one of the prominent members of the Paris Conference, representing the Assyrian people in America.

5

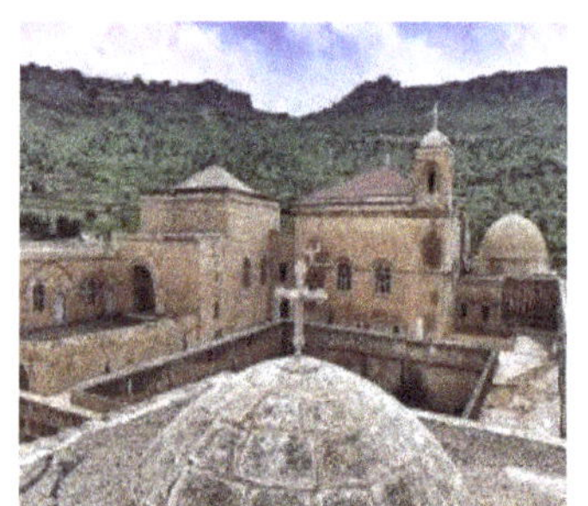

6

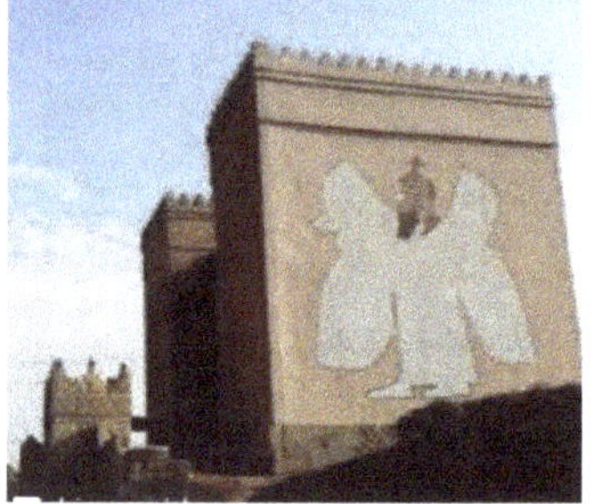

7

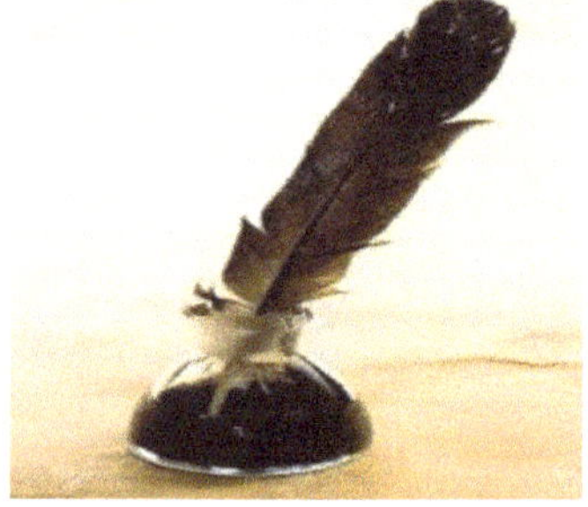

8

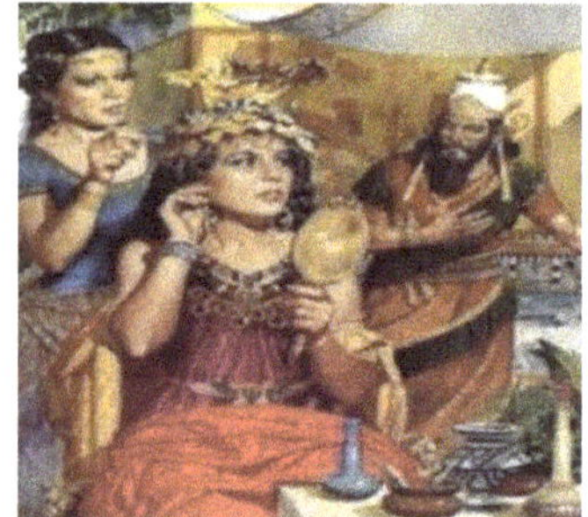

9

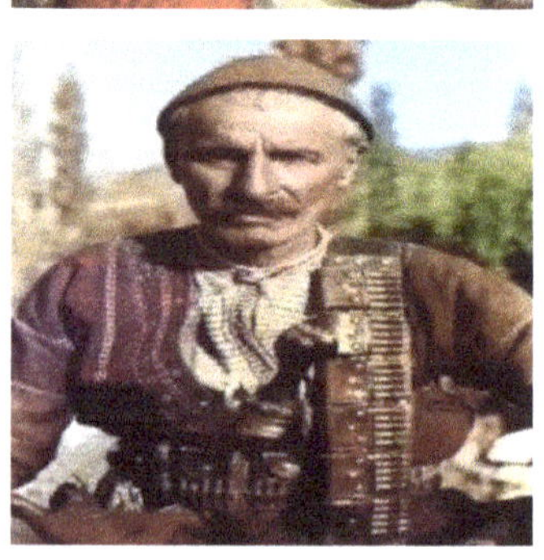

10

11

12

13

14

---

⁴ ܩܘܕܫܢܐ ܕܐܦܚܢܐ ܠܐܘܘܕܢܐ ܕܝܫܢܐ ܘܦܚܢܐ work by Assyrian artist Dinkha Zumaya

⁵ ألم، كربة، ضجر pain

⁶ وجودنا القومي Our national existence

15

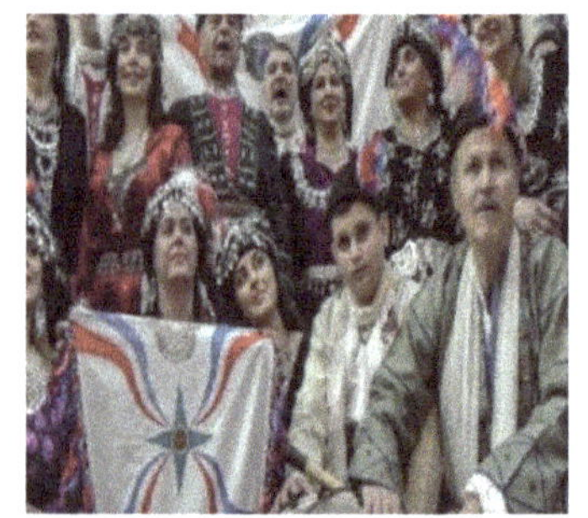

16

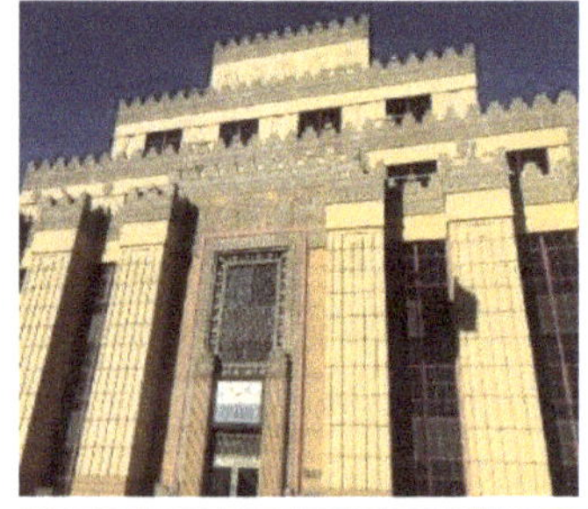

17

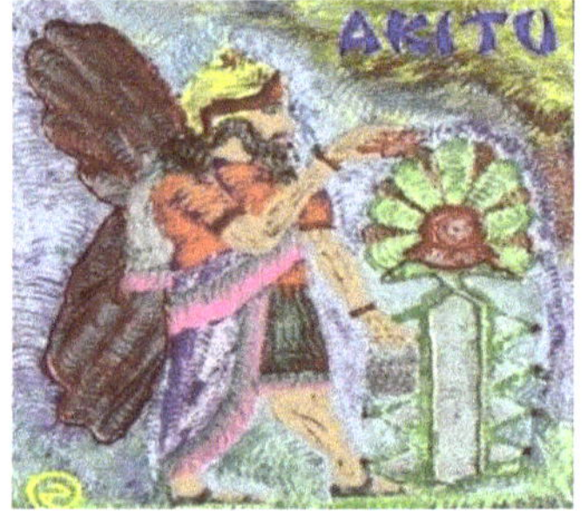

18

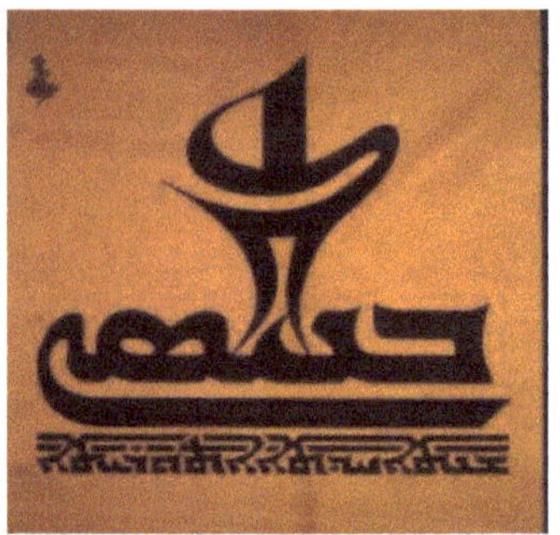

19

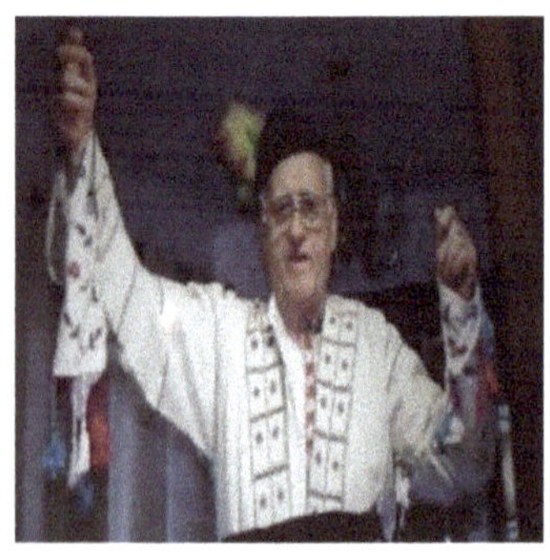

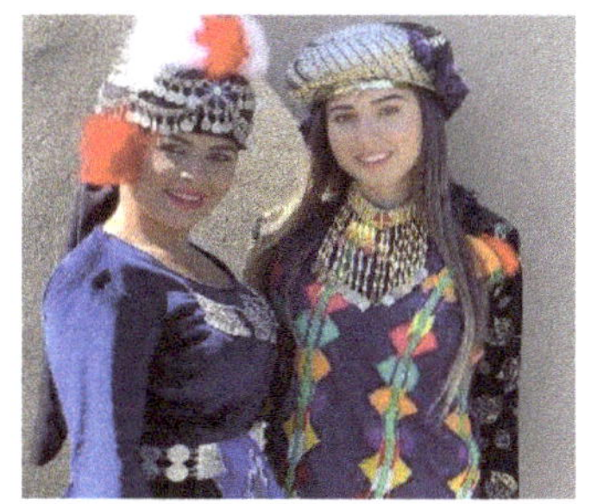

20

21

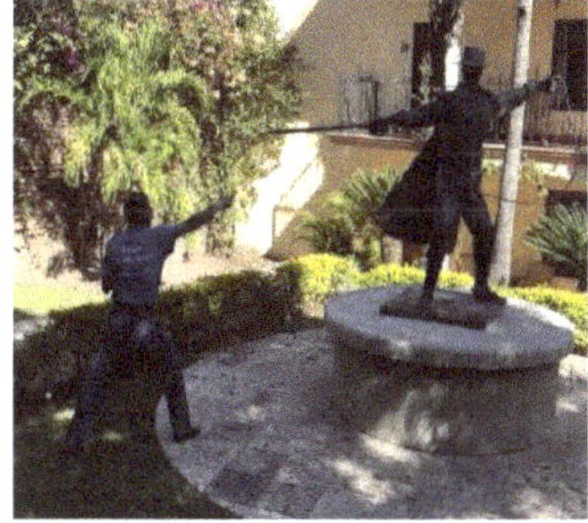

22

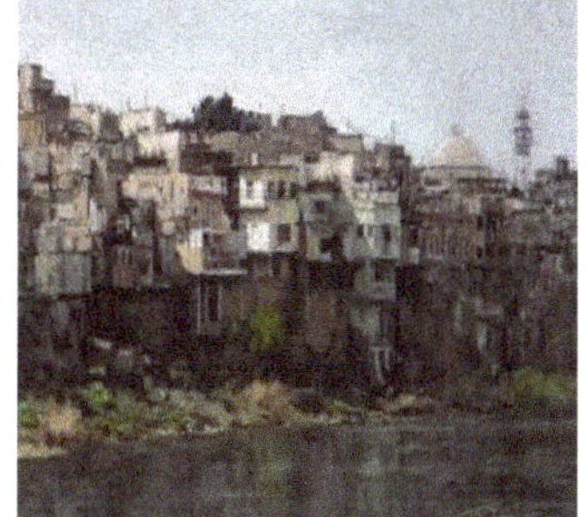

23

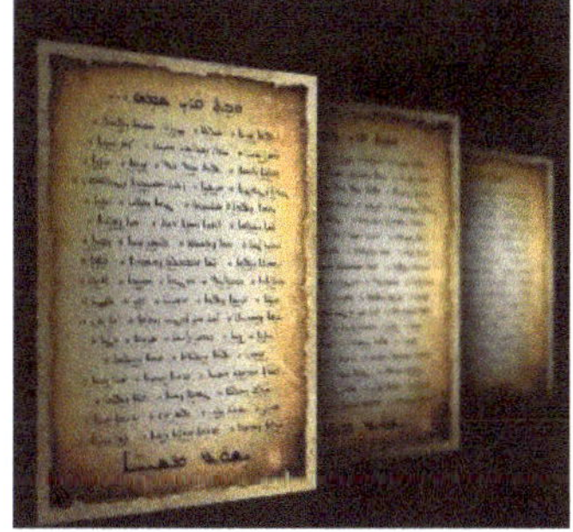

24

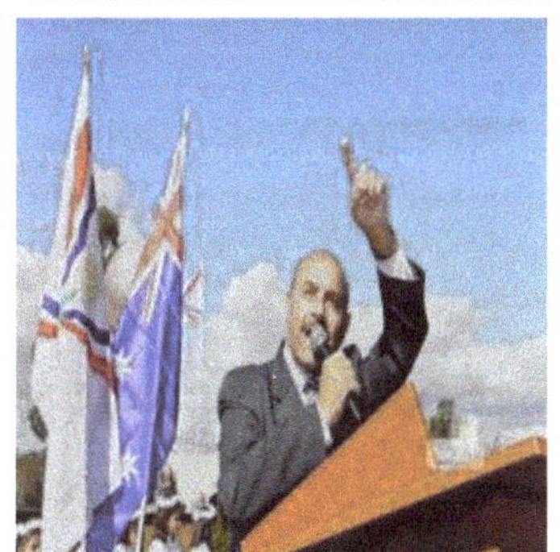

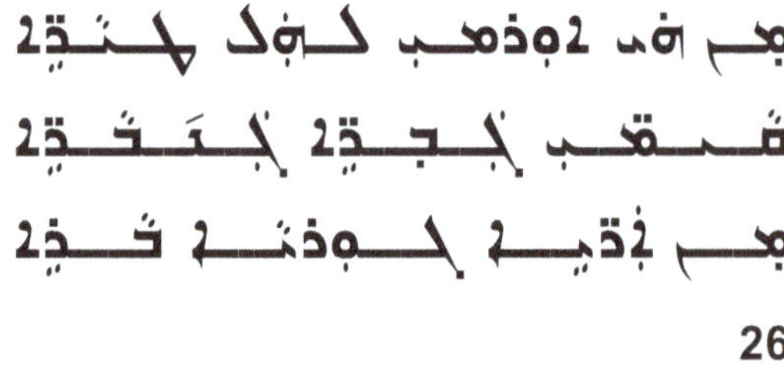

25

26

27

28

29

---

[8] مركبة اتلانتس فوق بحيرة الثرثار في سامراء, العراق

30

31

32

33

34

---

[9] صبرو بنكارو: داعية اشوري ولد في تركيا، مؤسس مركز سيفو _ مركز أبحاث الابادة الجماعية الاشورية.

[10] لوحة للفنان الاشوري ادور الرسام

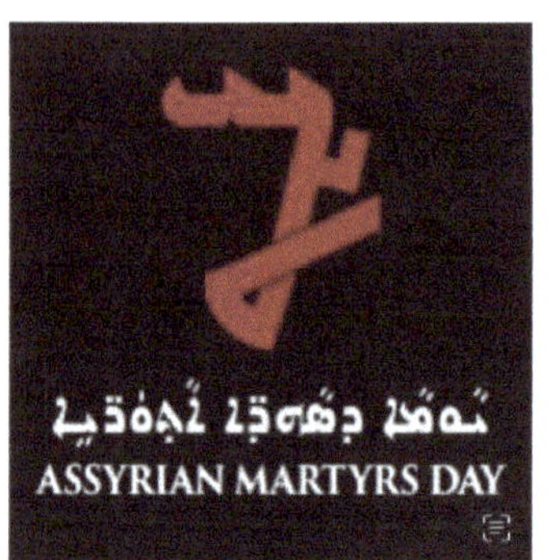

35

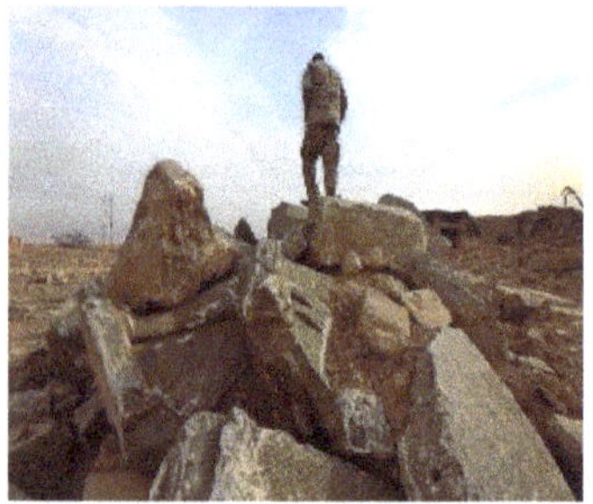

36

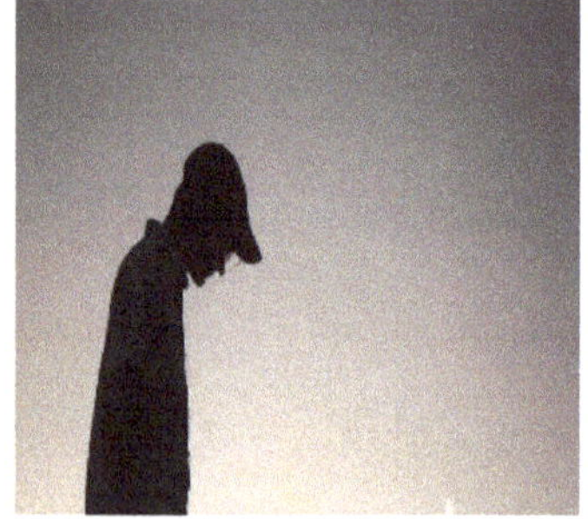

37

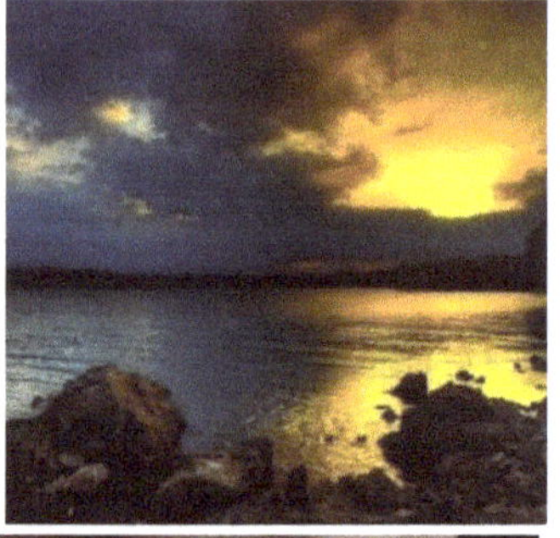

38

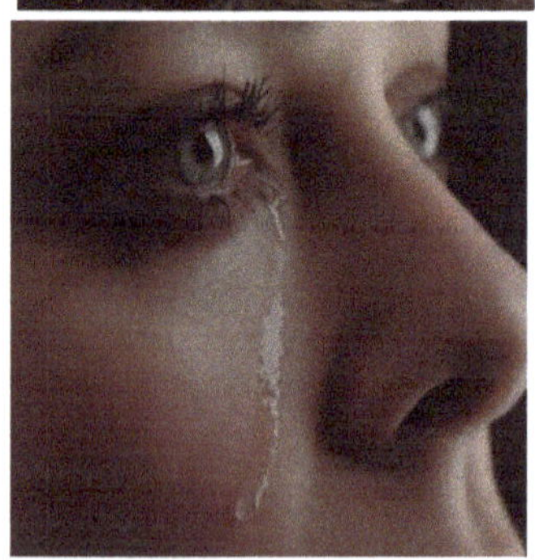

39

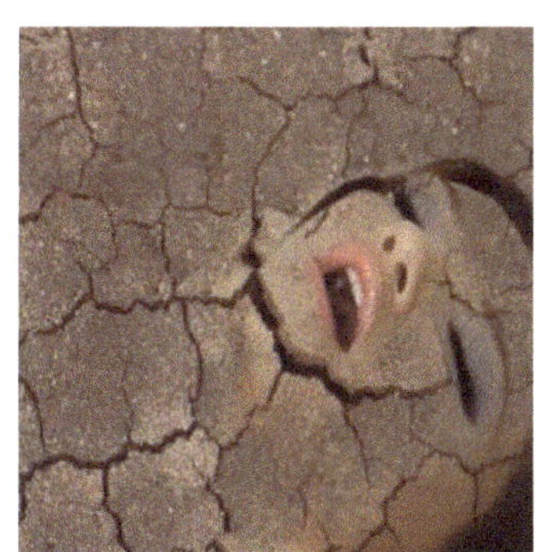

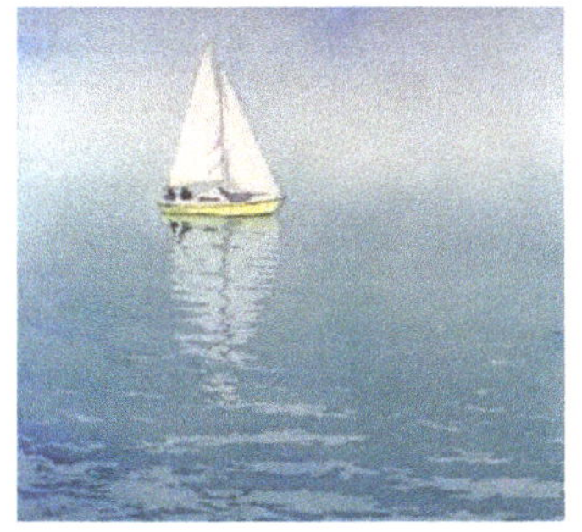

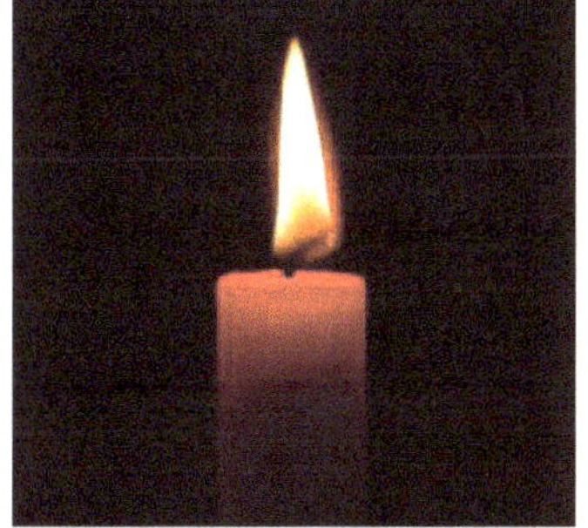

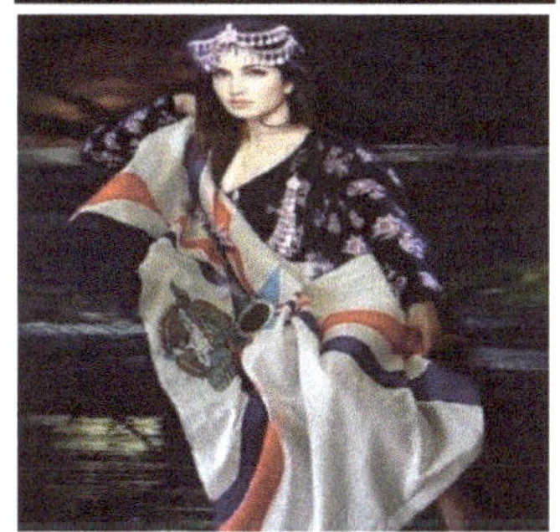

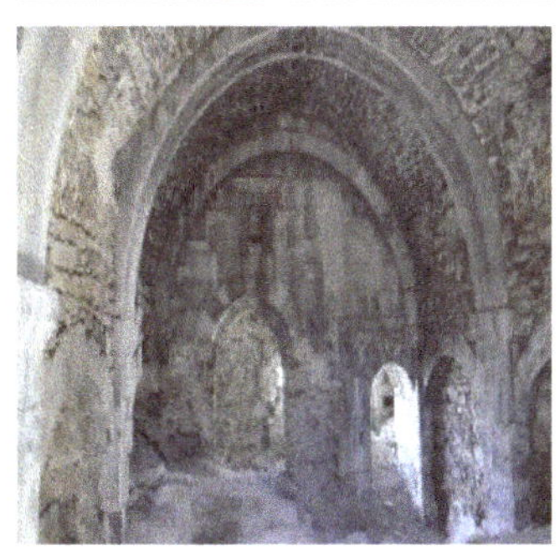

40

41

42

43

44

45

46

47

48

49

---

[12]ايلونا دنحو، مغنية اشورية من أصول سورية تقيم في السويد

50

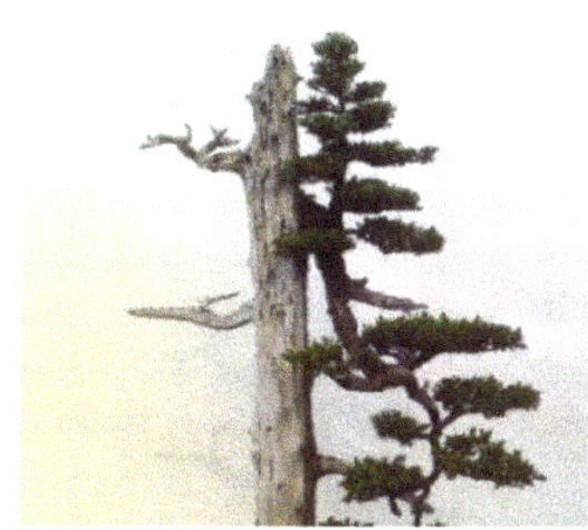

51

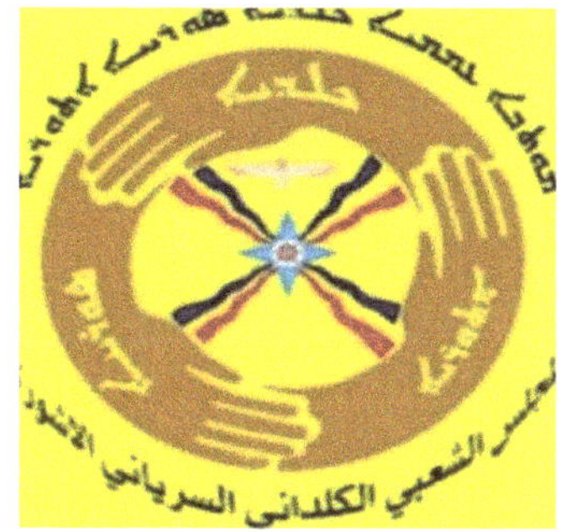

52

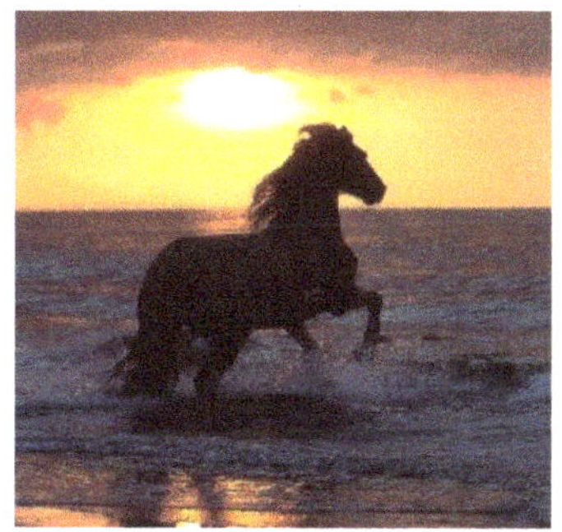

53

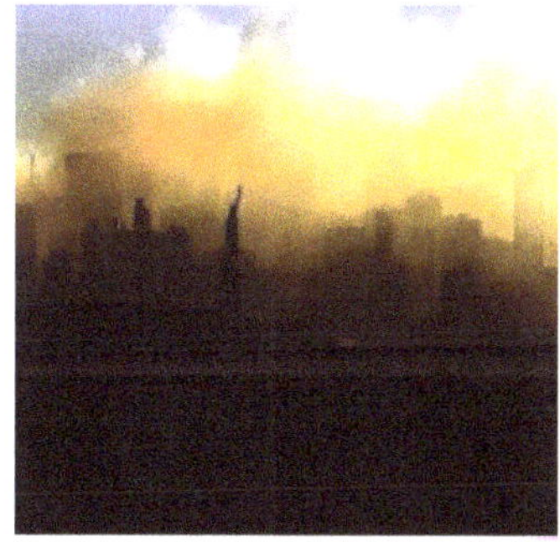

55

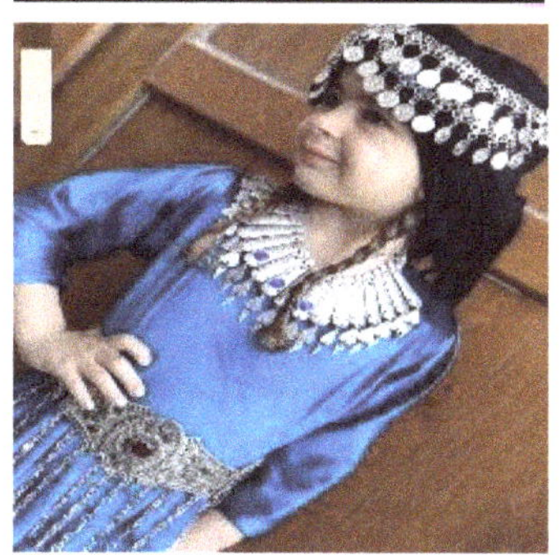

56

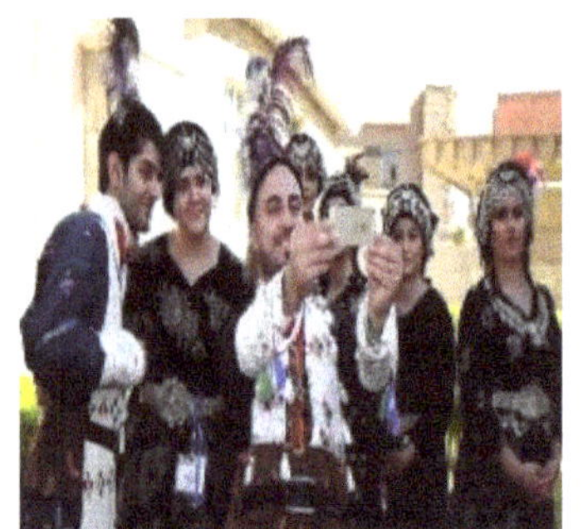

57

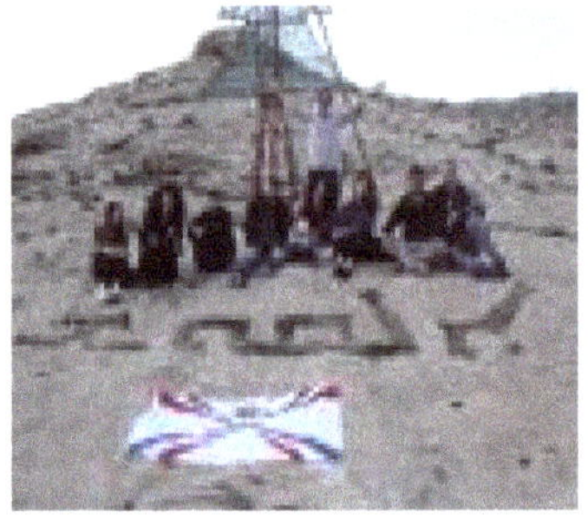

58

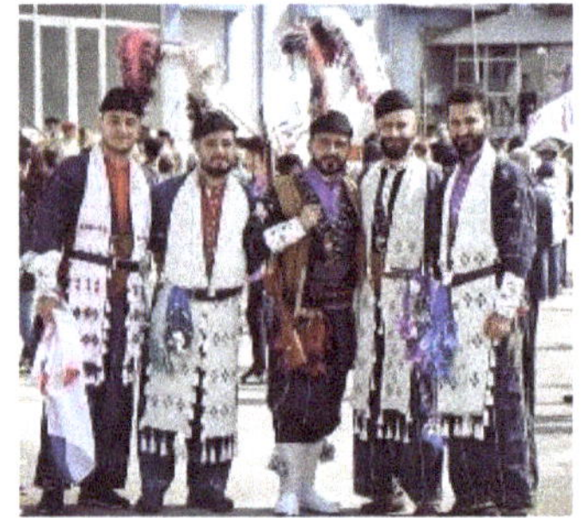

59

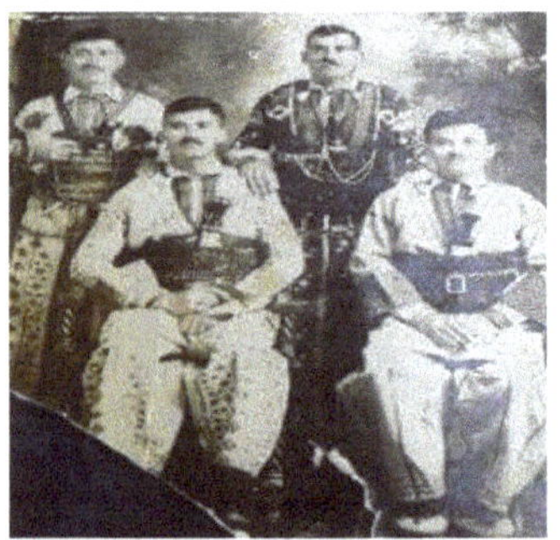

60

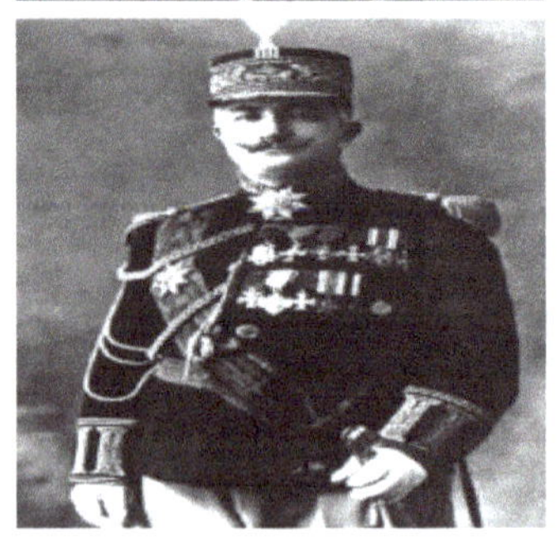

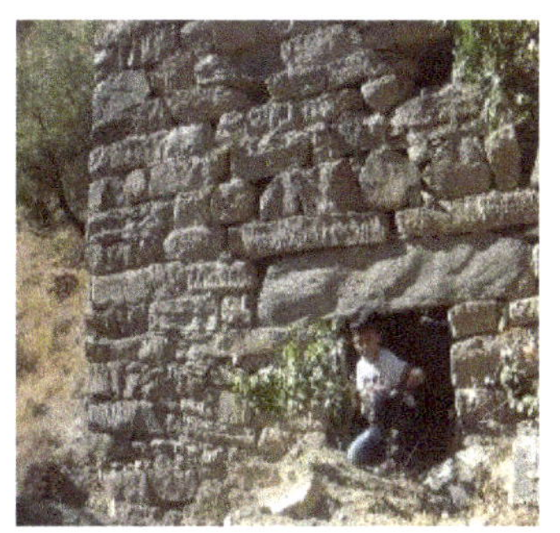

61

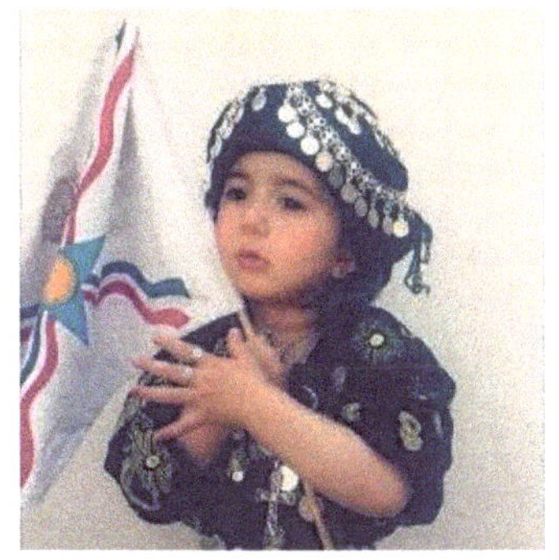

62

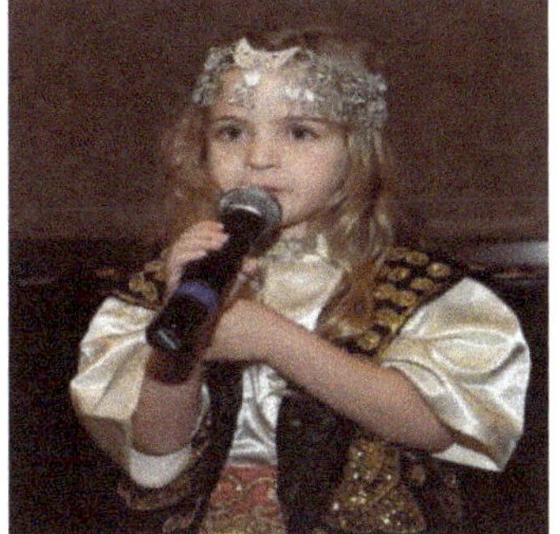

63

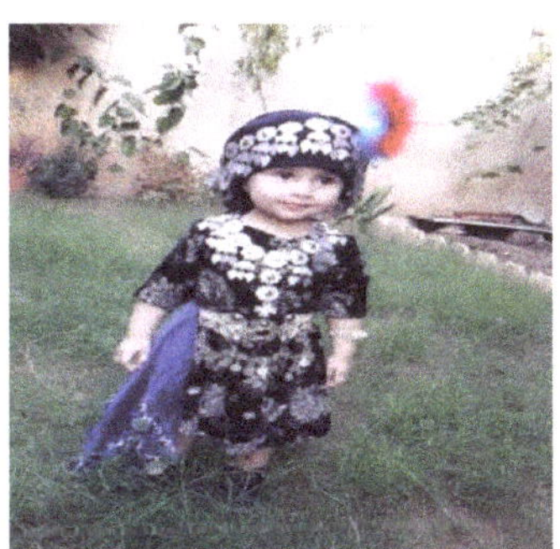

64

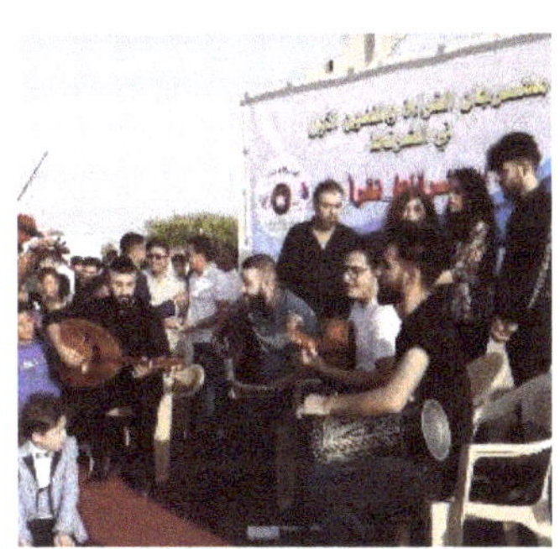

65

66

67

68

69

70

---

[14] الفريق الركن عبد الوهاب الساعدي قائد محور جهاز مكافحة الإرهاب في عمليات تحرير الموصل 2016-2017

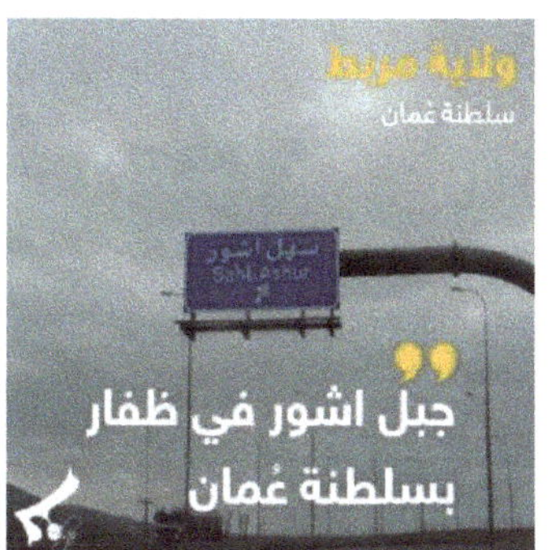

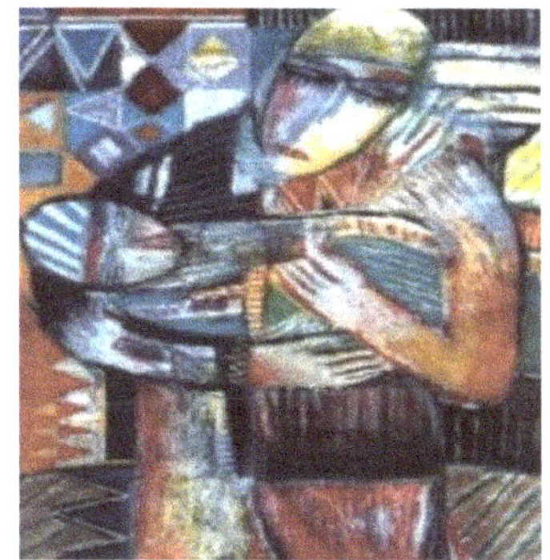

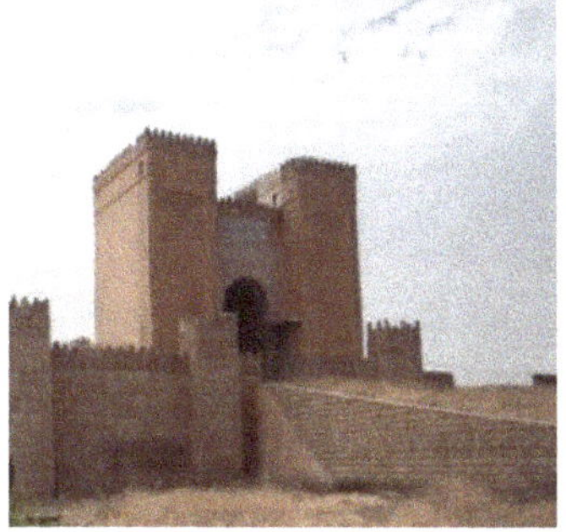

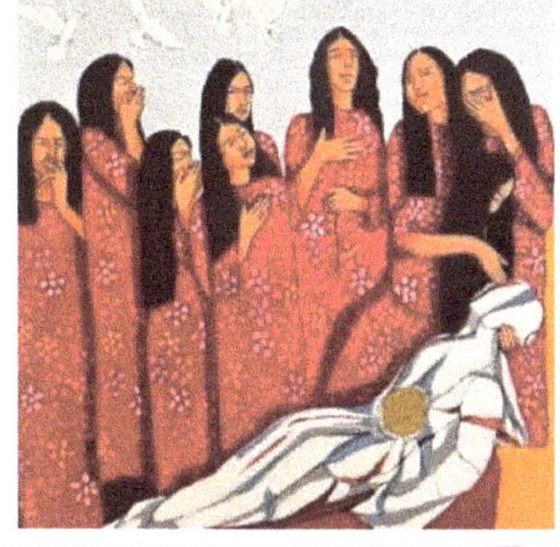

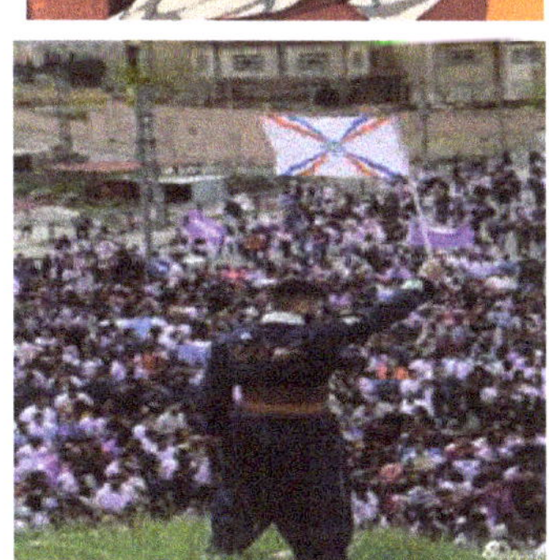

71

72

73

74

75

[15] رسوب, رمل ناعم في قاع البرك   Fine sand

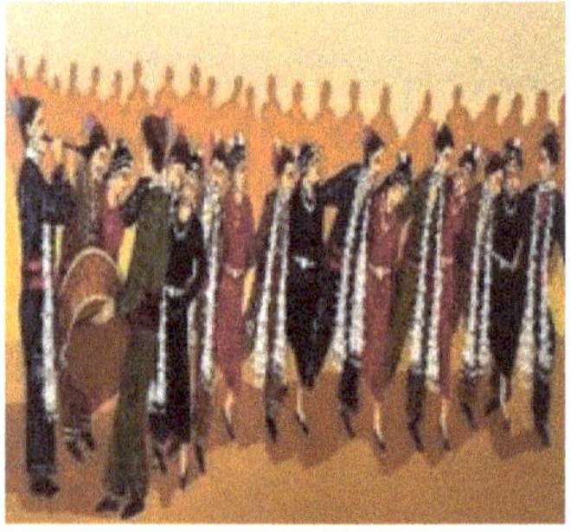

76

77

78

79

80

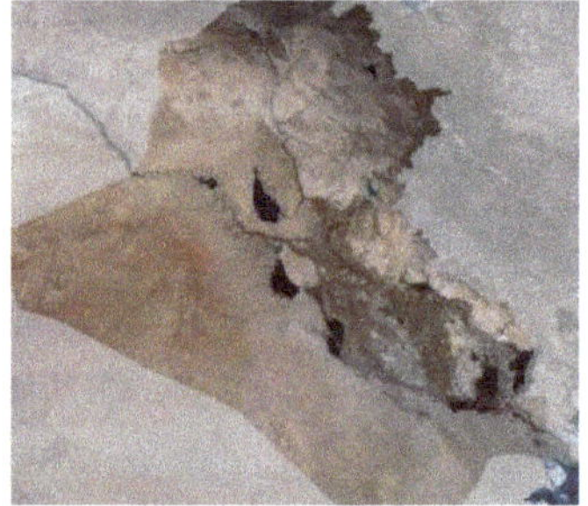

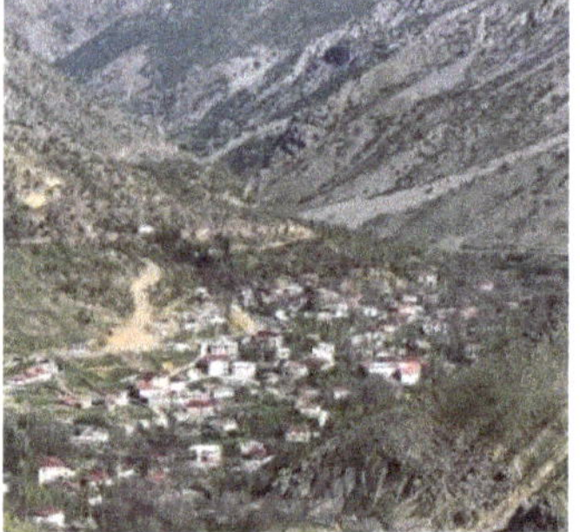

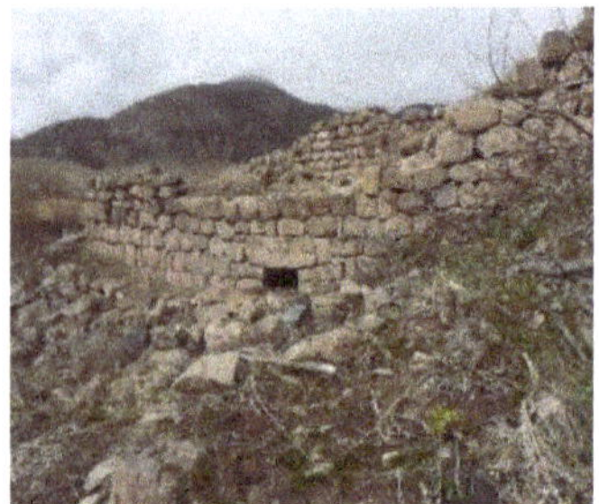

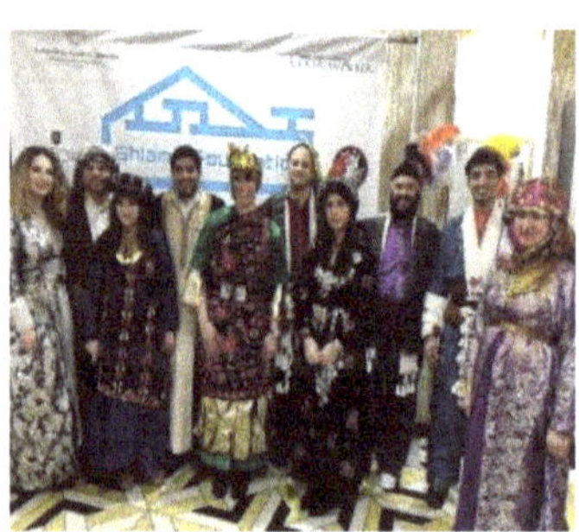

16 مدينة اشيثا في تيارى السفلى مقاطعة هكاري

81

82

83

84

85

ــــــــــــــــــــــــــ
17 المطرب الاشوري سركون يوخنا

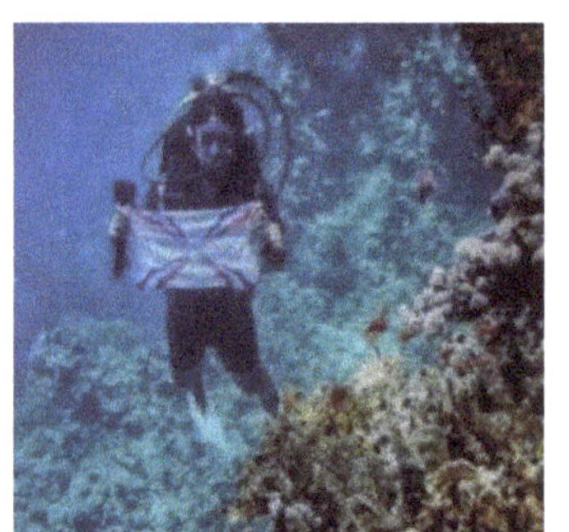

86

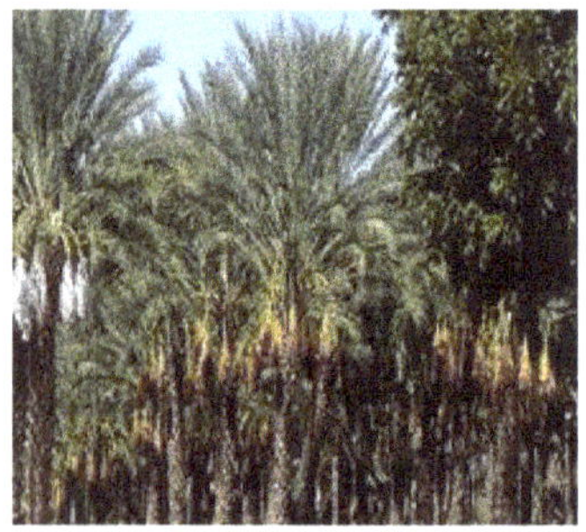

87

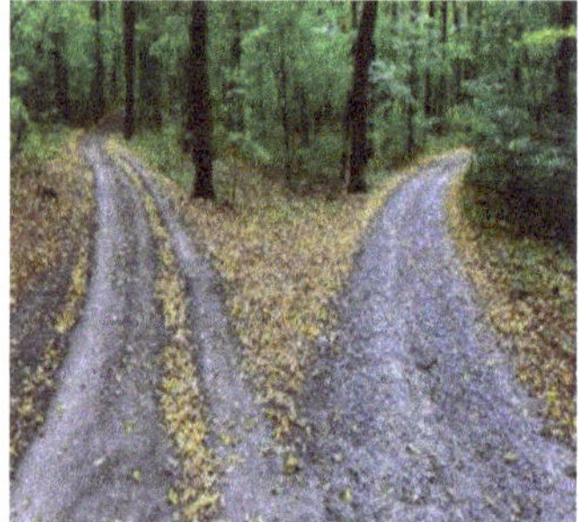

88

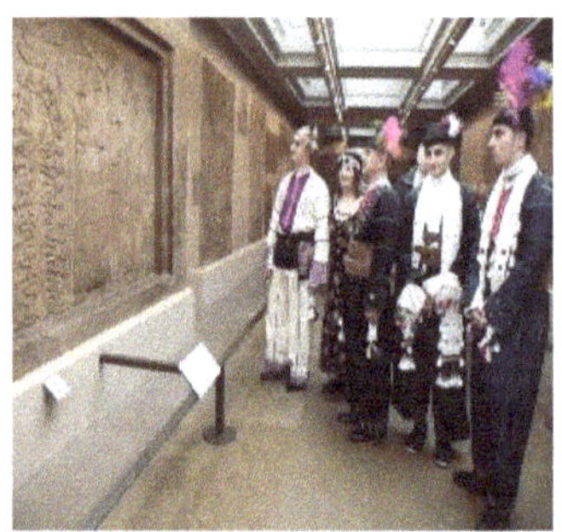

89

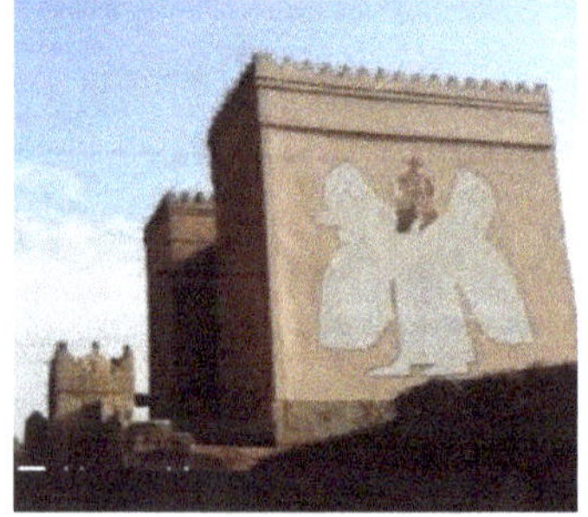

90

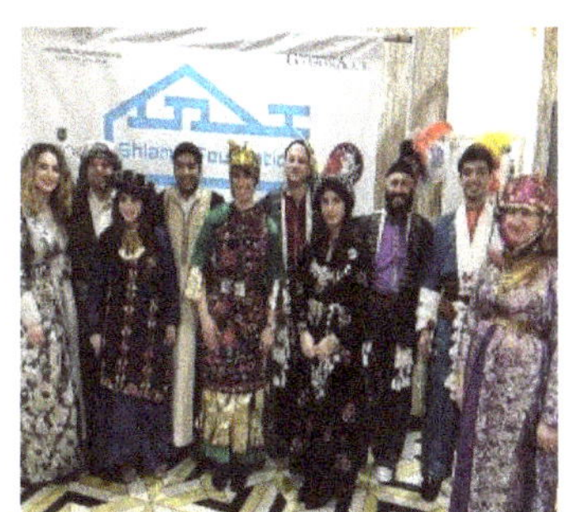

92

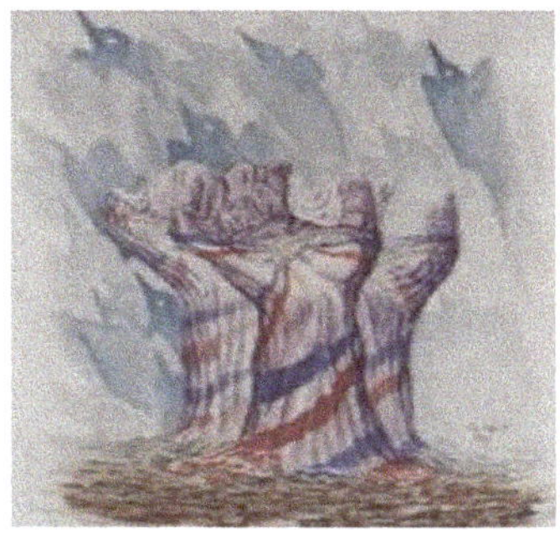

93

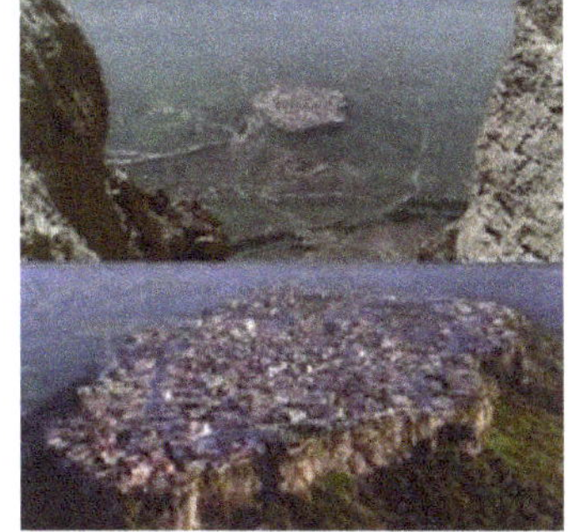

94

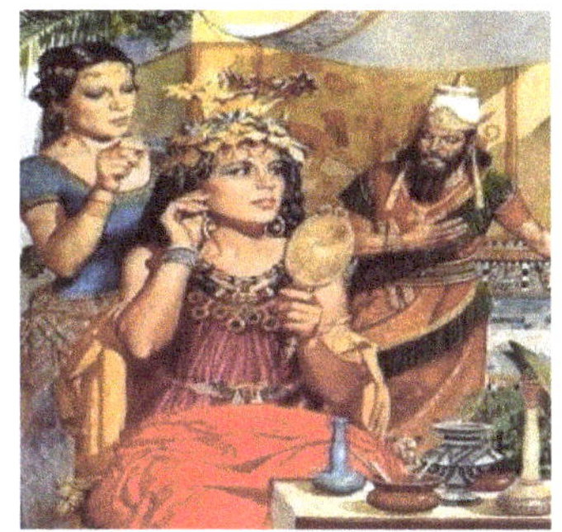

95

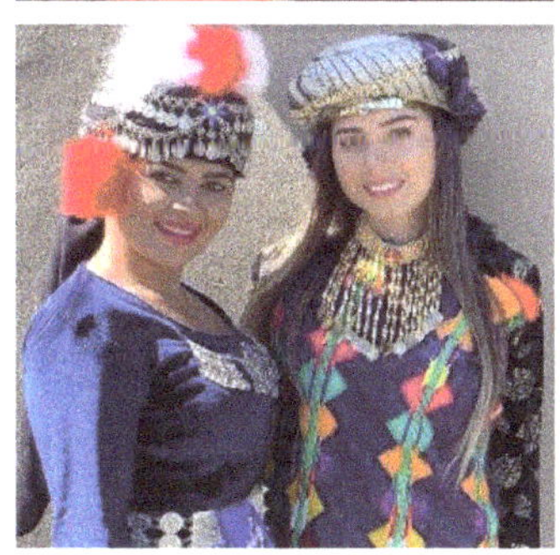

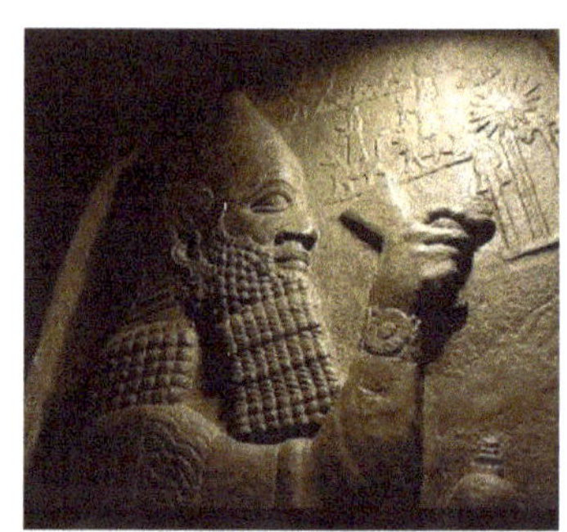

96

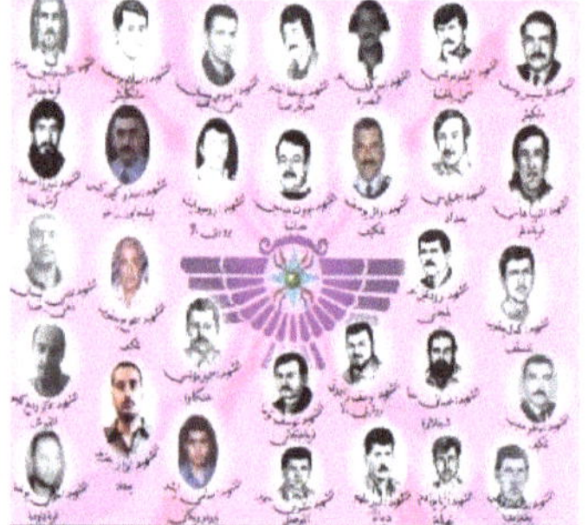

97

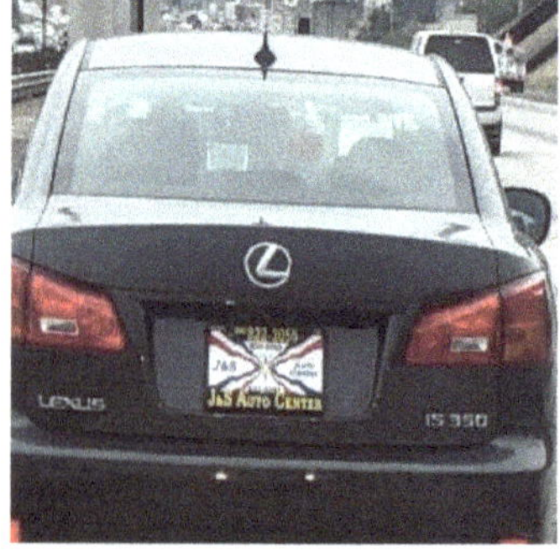

98

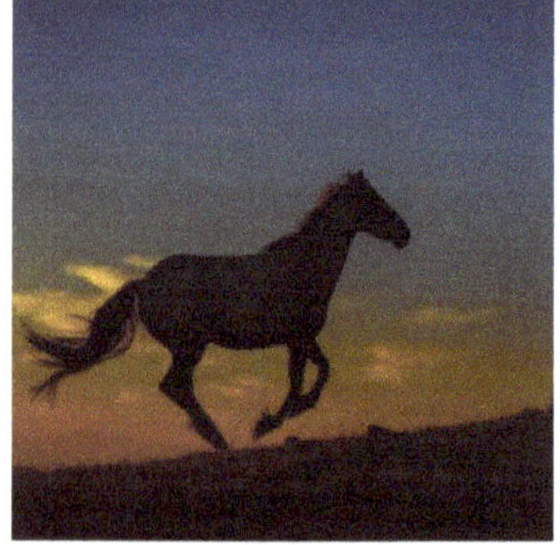

99

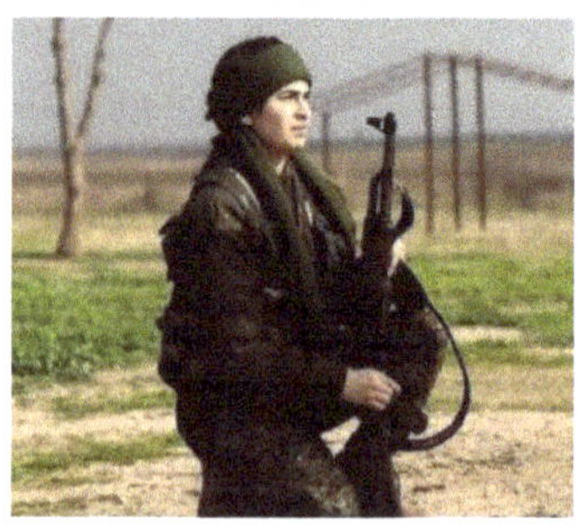

100

101

102

103

104

105

---

[18] القائد الاشوري اغا بطرس دباز Assyrian leader Agha Boutros Debaz
[19] نهر الخوصر كان تابعاً لنهر دجلة الذي يجري عبر وسط مدينة نينوى القديمة في شمال بلاد اشور. The khosr River was tribute of
the Tigris River which run through the Centre of the ancient city of Nineva in Ashur.
[20] قناة، مجرى Channel, Stream
[21] عكر, مياه الصرف الصحي Sewage, muddy

106

107

108

109

110

[22] خوف، رعب (تمثال الشهيد الاشوري, سدني أستراليا) عمل بيد الفنان الاشوري (لويس بطرس) Assyrian artist Louis Batros

[23] الفنان ادور الرسام Artist Edward Al-Rassam

111

112

113

114

115

---

٢٤ انانا أو نينا هي إلهة بلاد الرافدين القديمة المرتبطة بالحب والجمال والجنس والرغبة والخصوبة والحرب والعدالة والسلطة السياسية.
كانت تعبد في الأصل في سومر (الناشطة الاشورية انانا مردوخ Assyrian activist Anana Mardokh)

116

117

118

119

120

---

[25] نثارة، فتات
Tiny bits

[26] المطربين الاشوريين الكبيرين اشور بيث سركيس وايوان اغاسي
The great Assyrian Singers Ashur Beth – Sargis and Evan Agassi

121

122

123

124

125

---

[27] نينوس احو. شاعر وناشط اشوري. يُعرف بانه أحد رواد الحركة الحديثة Ninos Aho. An Assyrian poet and activist. He is recognized as one of the pioneers of the modern Assyrian nationalistic movement.

126

ܒܓܘܗܝ̈ ܠܚܡܒܕܗ̈ ܡܢ ܝܕܬܗ [28]
ܣܕܪ̈ ܒܝܕ ܒܝܕܬܗ ܘܦܝܕܬܗ
ܘܒܝ ܟܕ ܒܬܢܐ ܚܦܐ ܕܝܟܕܬܐ

127

ܡܕܝܟܝ̈ܬܐ ܡܝܠܗ ܕܒܒܓܘܓܝ̈
ܠܝܓܝܗ ܘܗܦܘܩܗ ܟܕ ܚܝܘܗ̈
ܦܠܒܥܝܗ ܘܟܕ ܘܕܝܠܝܗ ܡܢ ܩܘܒܝ̈

128

ܝܝܕܘܗܓ̈ ܕܝܒ ܟܗ ܟܗ ܦܠܒܩܐ
ܐܓܝ ܦܩܕܘܩܝܐ ܠܣܒܩܐ
ܚܘܒܐ ܕܚܠ ܗܘܕܝ ܠܚܕܒܩܐ

129

ܠܟܒܕܟܕܗܘ ܚܝܕܩܐ ܕܗܦܩܐ [29]
ܗܘܣܘܠܗܘ ܥܠܟܐ ܕܘܕܩܐ
ܗܠܒܣܕܗܘ ܒܕܢܬܐ ܘܓܕܩܐ

130

ܣܕܢܐ ܣܘܝ ܢܝܓ ܘܕܗܘܕܕܐ [30]
ܟܕ ܗܝܝ ܠܒܬܝ ܟܬܗܕܐ
ܠܣܘܢܩܐ ܐܢܐ ܗܩܕܐ

<hr>

[28] عائلة مسلمة من هكاري اشورية الأصل تبحث عن أقارب لها.
A Muslim family from Hakkari, of Assyrian origin, looking for relatives

[29] الغزوات الاسلامية

[30] سراب
Mirage

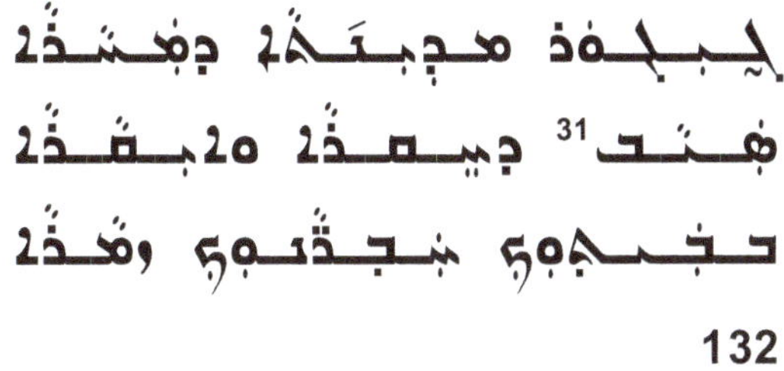

131

132

133

134

135

---

[31] بدر شاكر السياب شاعر عراقي من مدينة جيكور قرب البصرة. Badr Shakir al-Sayyab, was an Iraqi poet, from jaykur, near Basra.

[32] رحم Womb

[33] ينظر، يتأمل Viewed, ponder

[34] يقاوم Resist

136

137

138

139

140

---

[35] قرية اشورية اشوتية, محافظة دهوك. العراق an Assyrian village, Duhok Iraq

[36] راعي Shepherd

[37] أربعة رؤساء امريكيون نحتو رؤوسهم على جبل في ولاية داكوتا الجنوبية

141

142

143

144

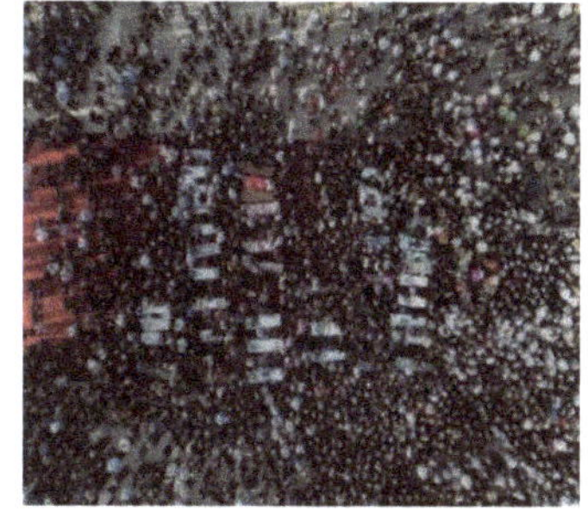

145

---

[38] قصة، رواية — Story

[39] ملحمة — Epic

[40] وليم دانيال، شاعر وكاتب وملحن موسيقي اشوري عظيم — William Daniel. Great Assyrian poet, writer, and music composer

146

147

148

149

150

[41] شعاع — Beam
[42] مسافر، مهاجر — Migrant, traveller

151

152

153

154

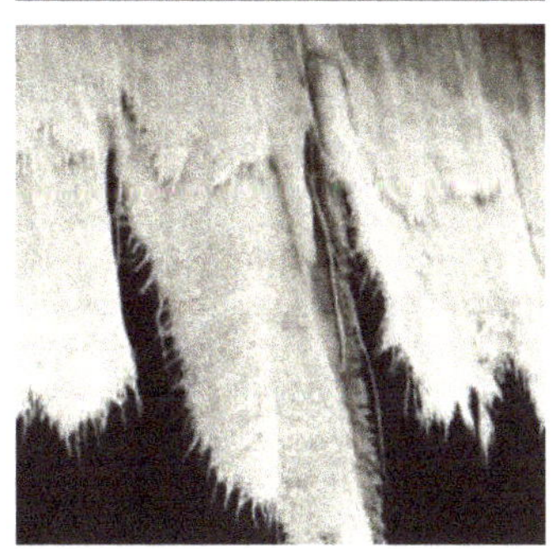

155

---

[43] صالحون — Righteous
[44] شهداء — Martyrs
[45] شهود — Witnesses

156

157

158

159

160

---

46 لوحة لامراة اشورية بريشة الفنانة العراقية فرح اليوسف في احدى معارض دبي

161

162

ܥܓـــــܘܡ ܒܝ ܒܝܬܐ ܕܗܘܒܖ̈ܐ[47]
ܝܠܒܝܩـــܐ ܣܗܣ ܚܚܠ ܕܟܝܬܐ
163

---

[47] نينوس احو. شاعر وناشط اشوري. يُعرف بانه أحد رواد الحركة الحديثة

Ninos Aho. An Assyrian poet and activist. He is recognized as one of the pioneers of the modern Assyrian nationalistic movement.

[48] بيت القائد الاشوري اغا بطرس في منفاه في تولوز، فرنسا. لاحظ صورته ما زالت معلقة على جدران البيت.

The house of the Assyrian leader Agha Boutros in exile in Toulouse, France. Notice his picture is still hanging on the walls of the house.

ܐܝܩܪܐ ܐܝܩܪܐ

ܣܛܝܣܒܘܟܐ ܘܚܝܘܬܐ

ܩܨܝܕܐ ـ ܒ ـ ܣܘܟܐ ܘܚܒܝܒܘܬܐ

1

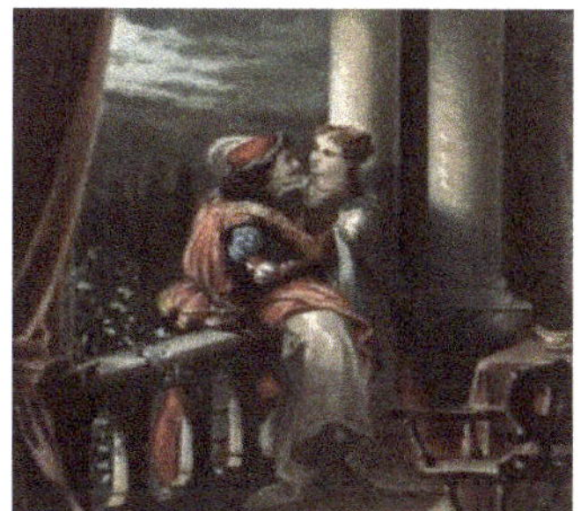

2

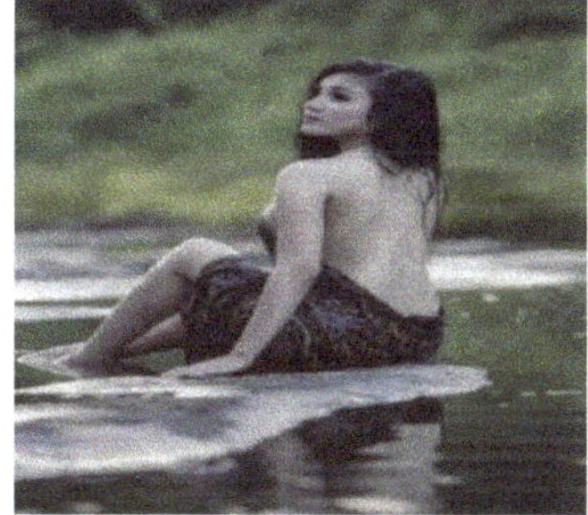

3

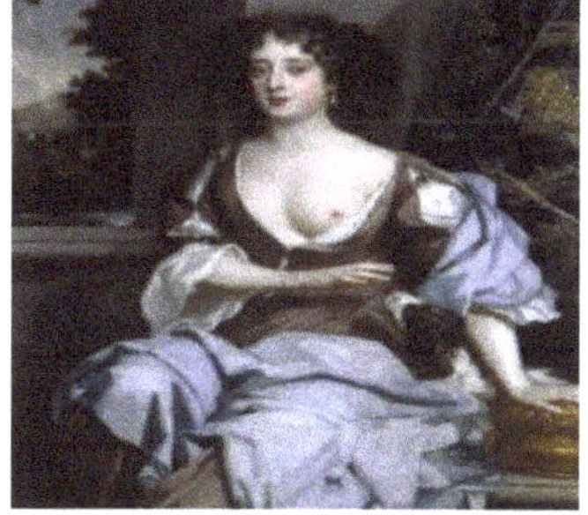

4

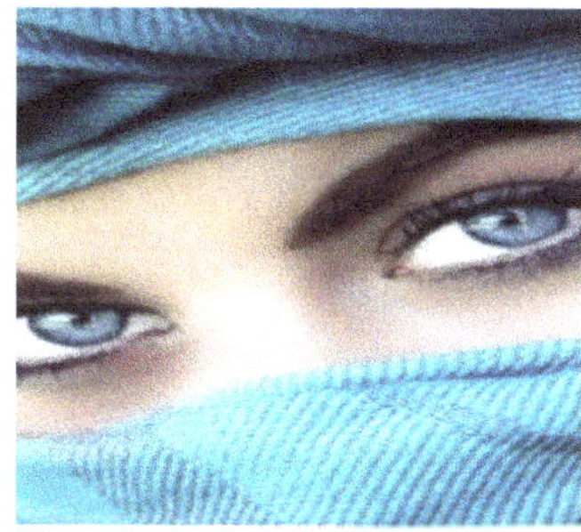

5

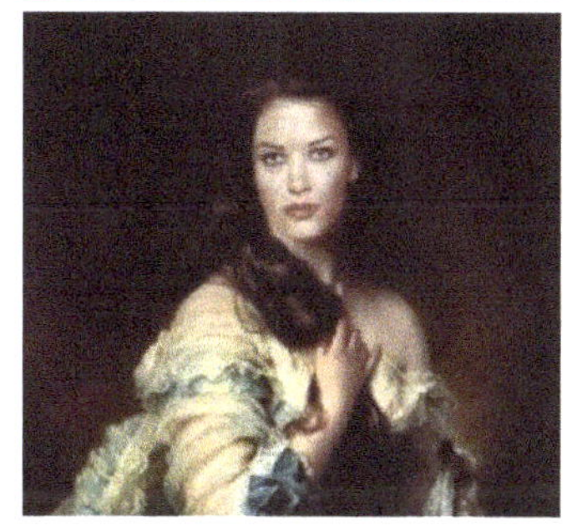

---

[1] حبيب، عشيق   Lover, sweetheart

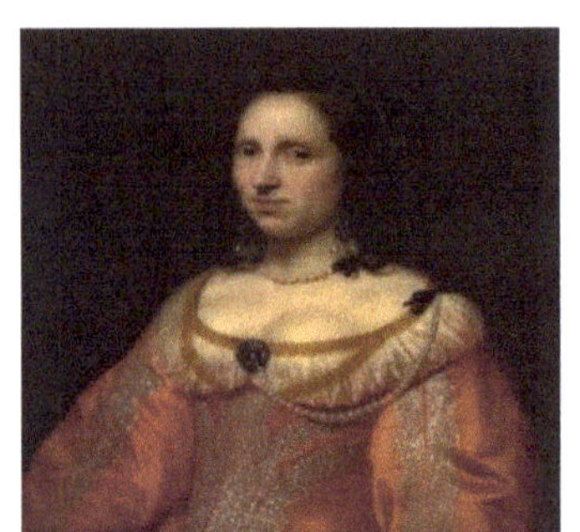

6

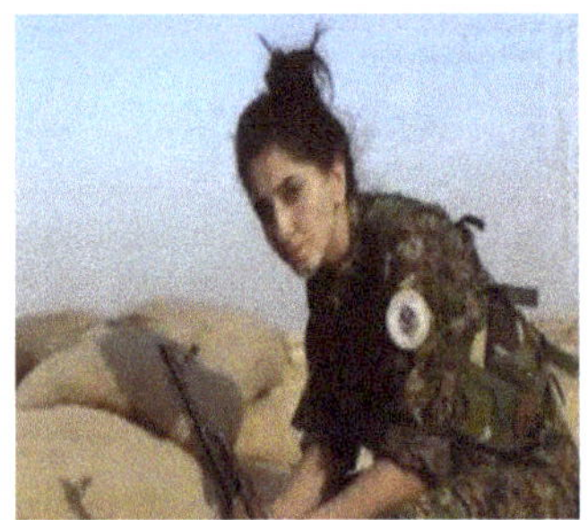

7

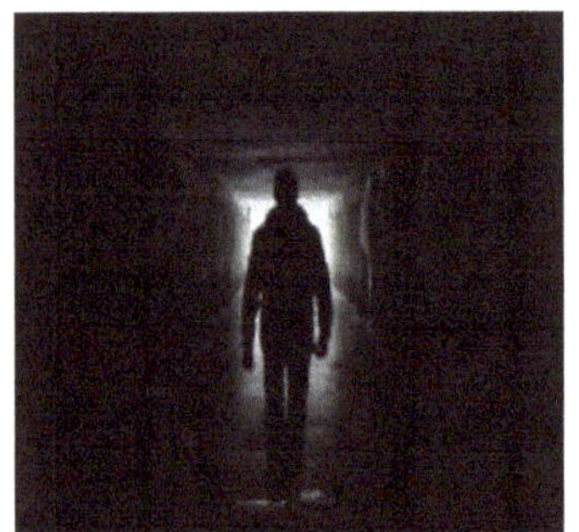

8

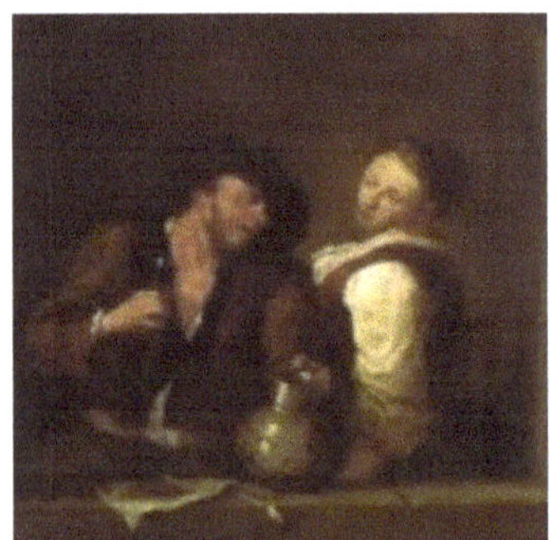

9

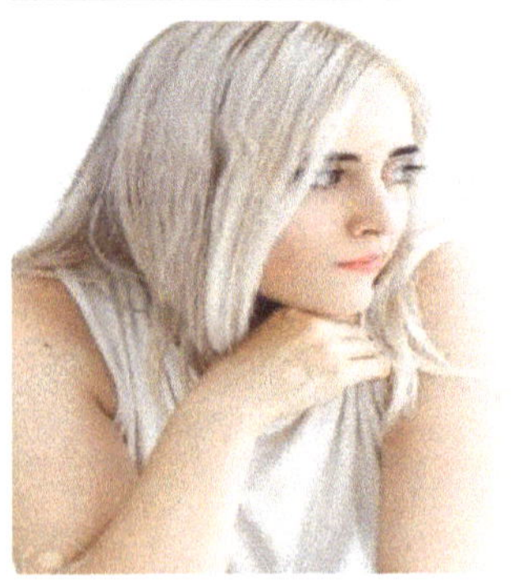

10

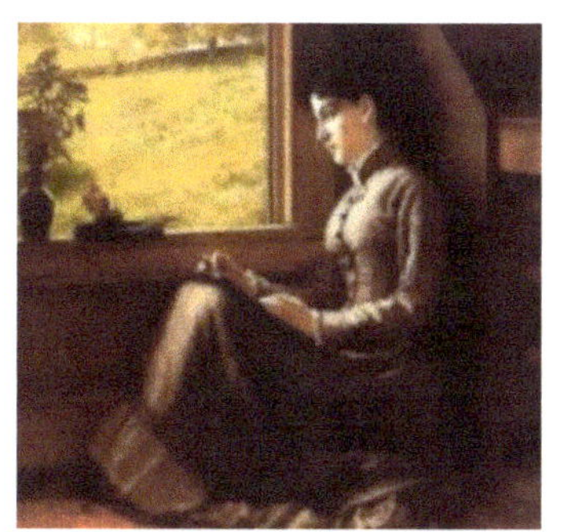

11

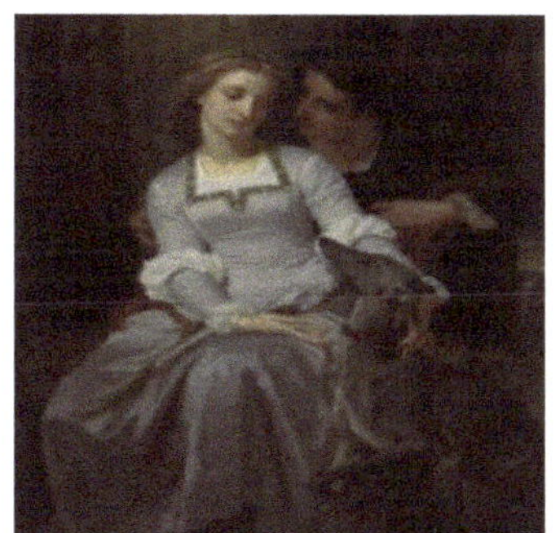

12

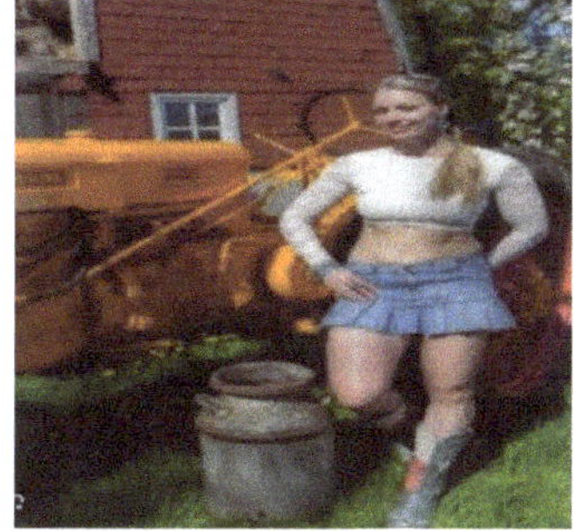

13

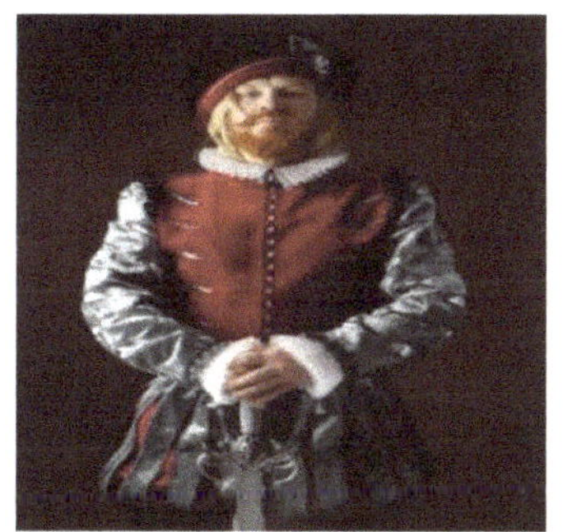

14

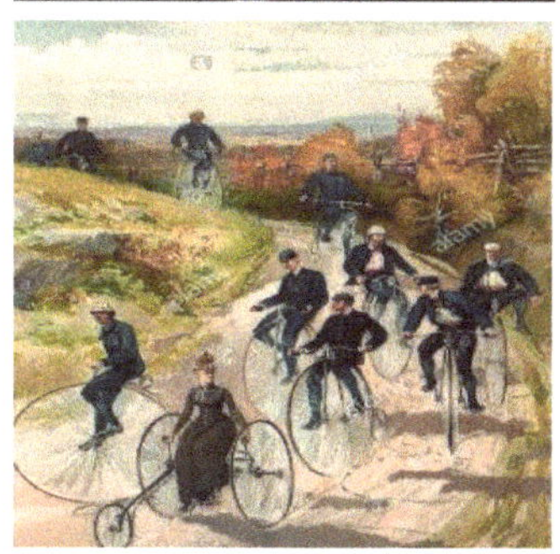

15

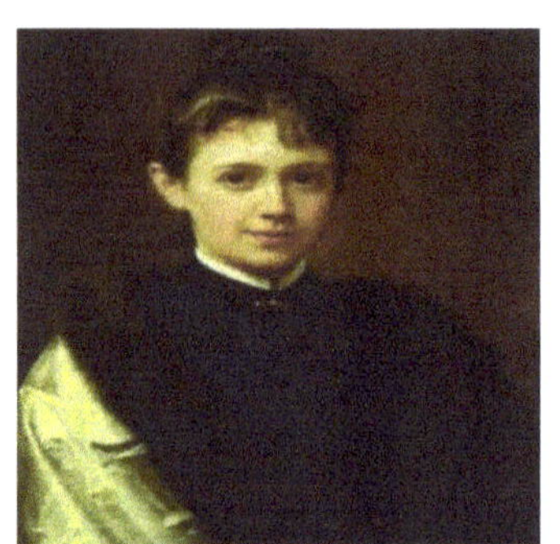

16

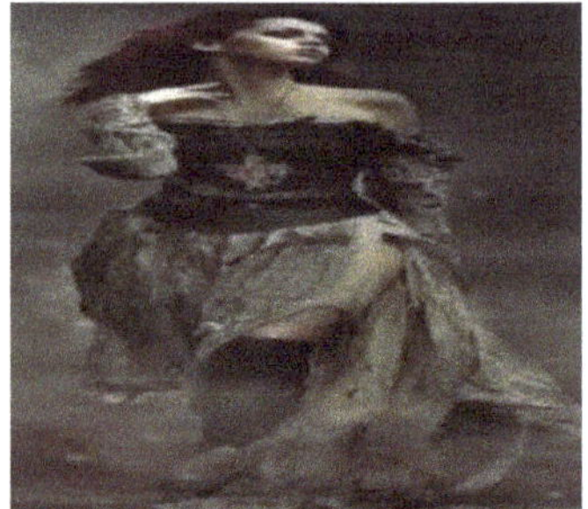

17

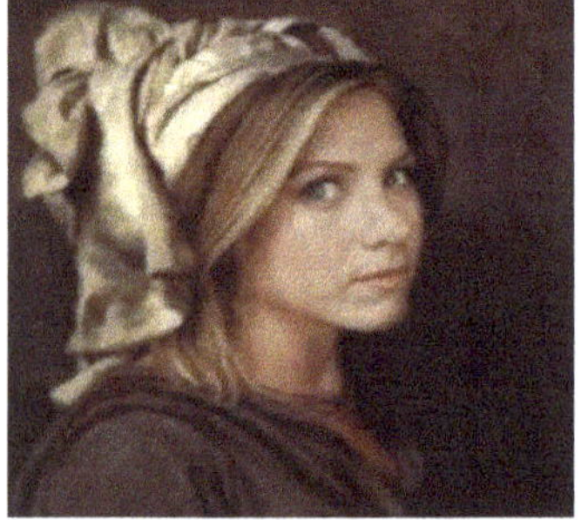

18

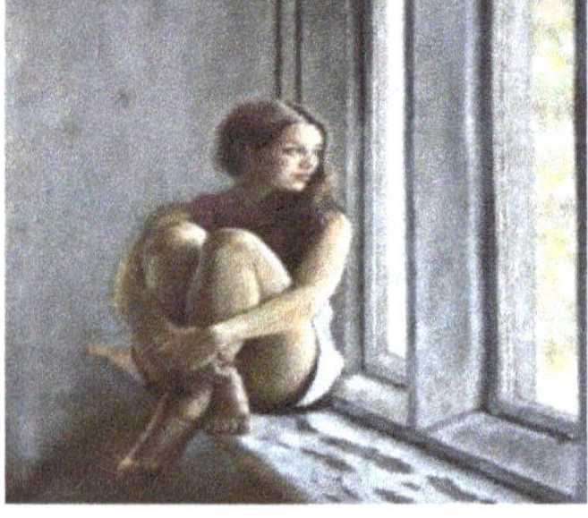

19

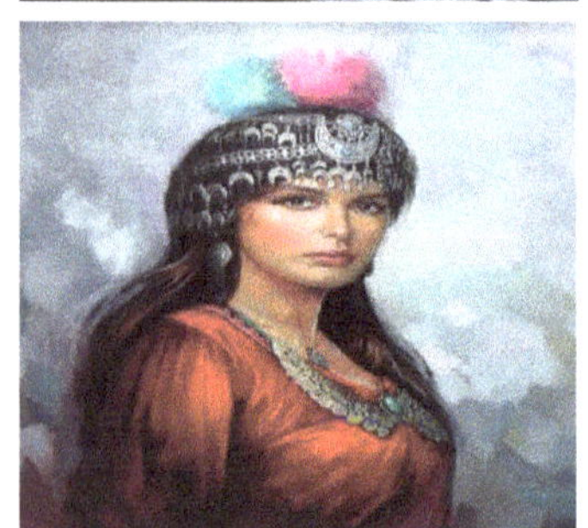

20

[2] قوام، قامة — Stature
[3] قدَ، لعل — May be, might

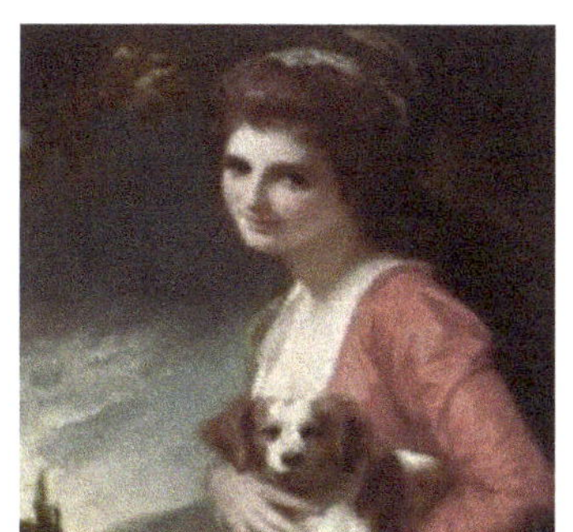

21

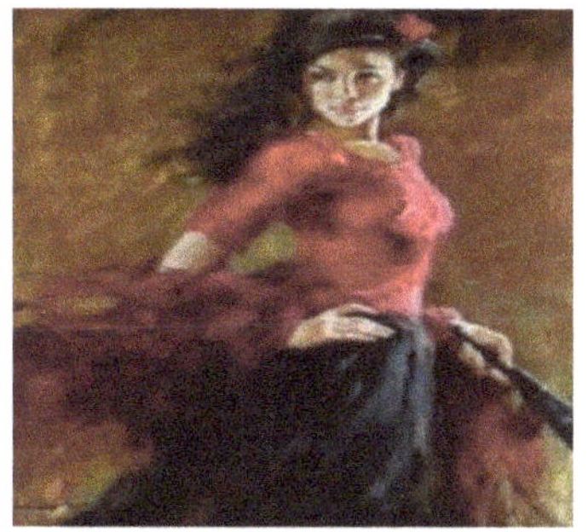

22

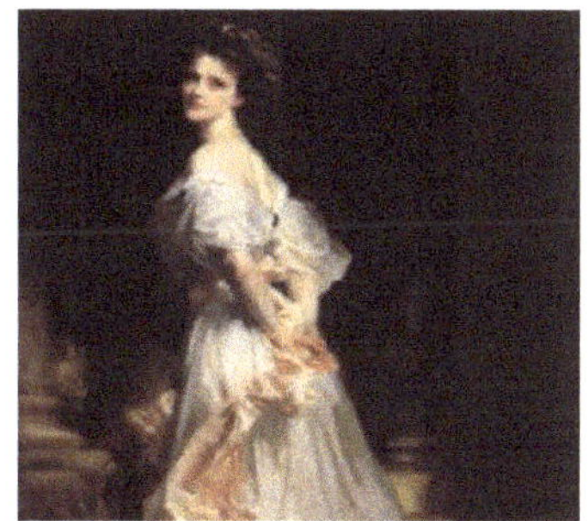

23

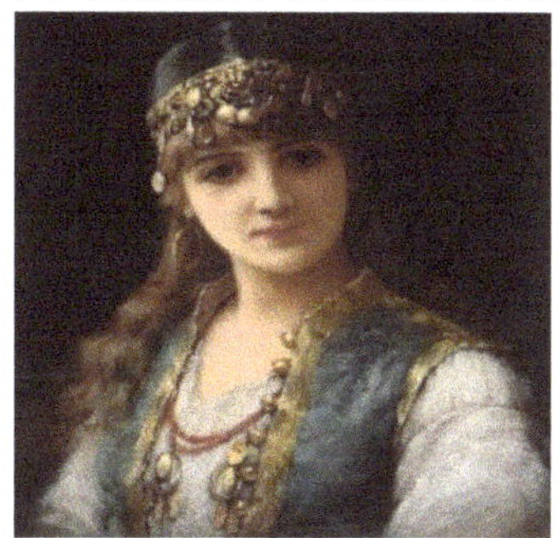

24

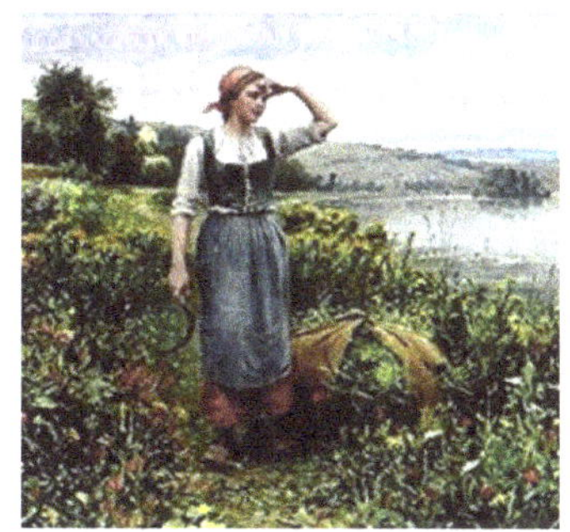

25

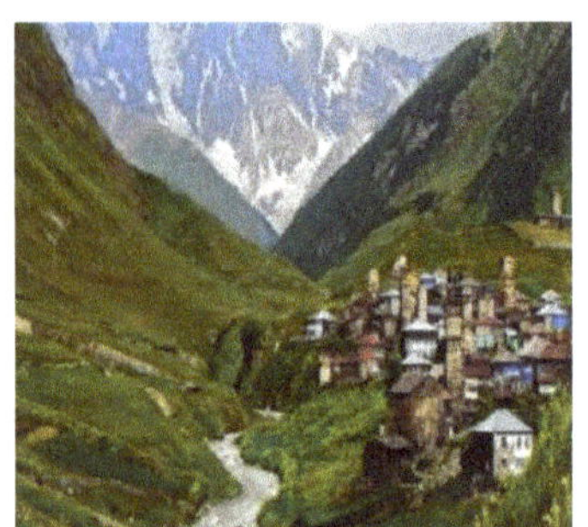

26

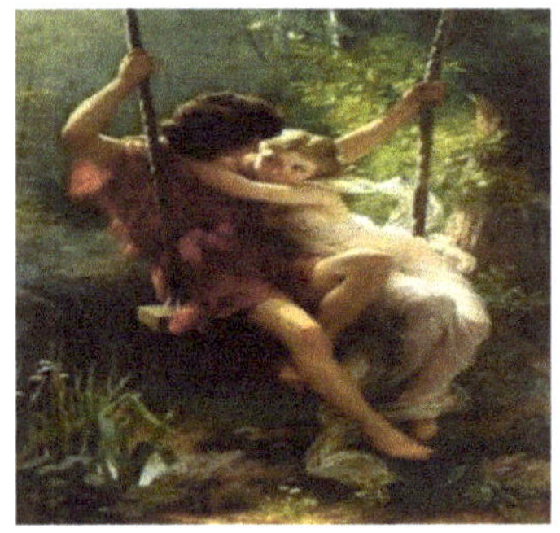

27

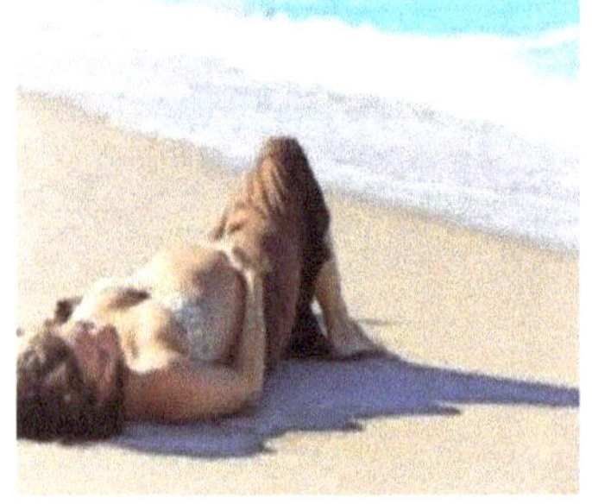

28

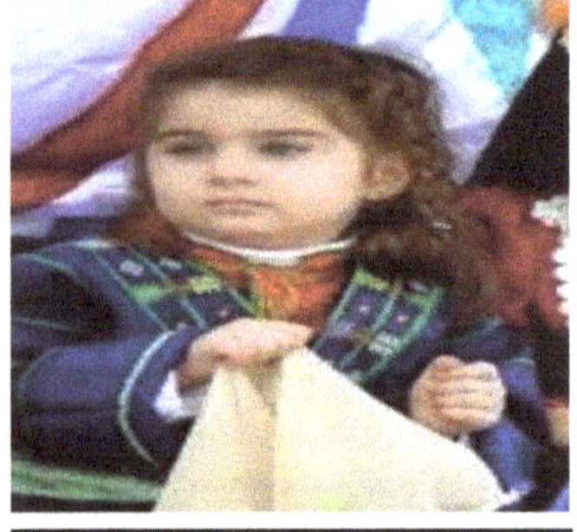

29

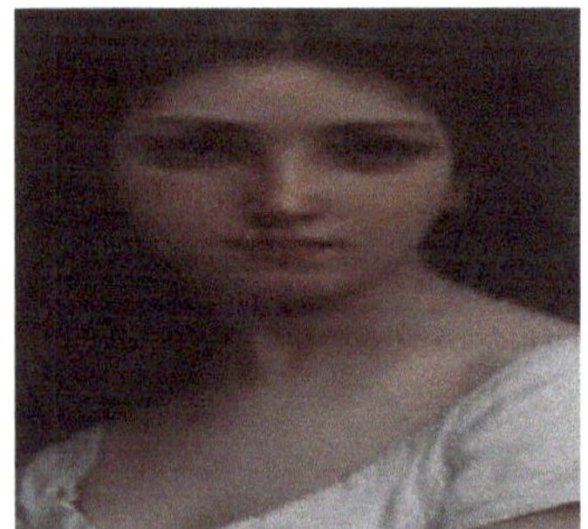

30

---

[4] المضارع على حصول الحدث في الزمن الماضي

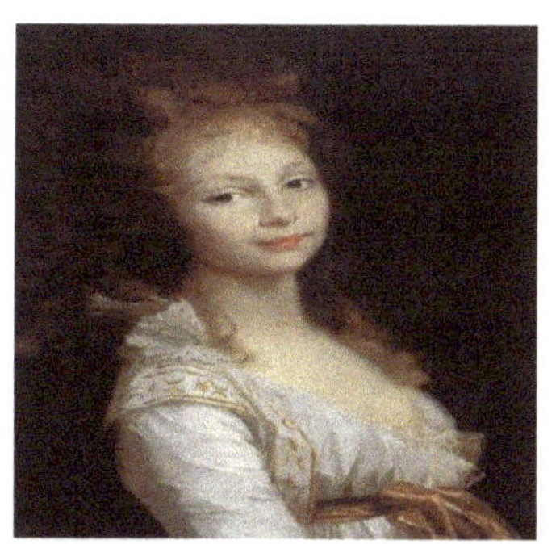

31

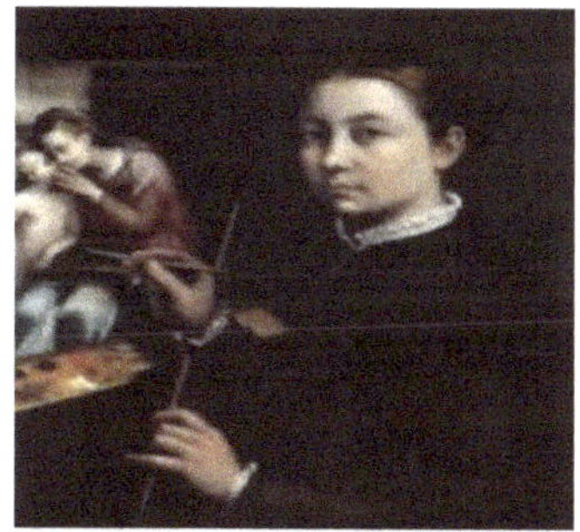

32

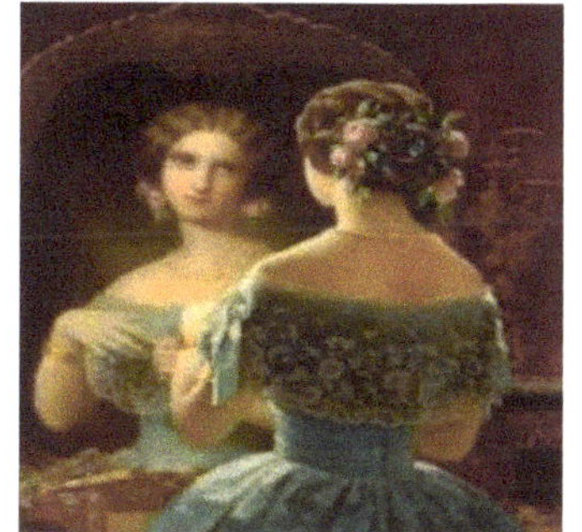

33

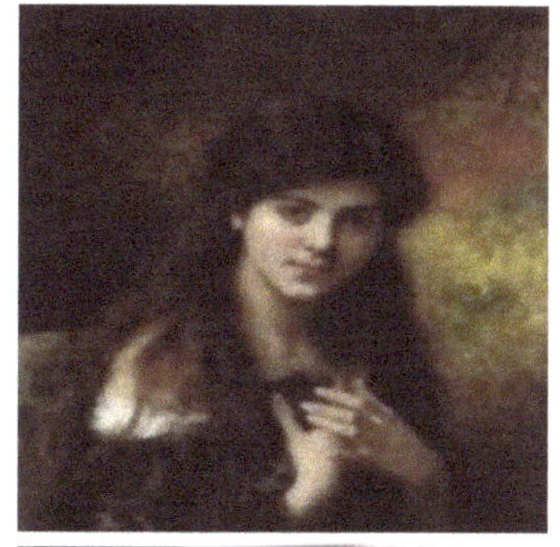

34

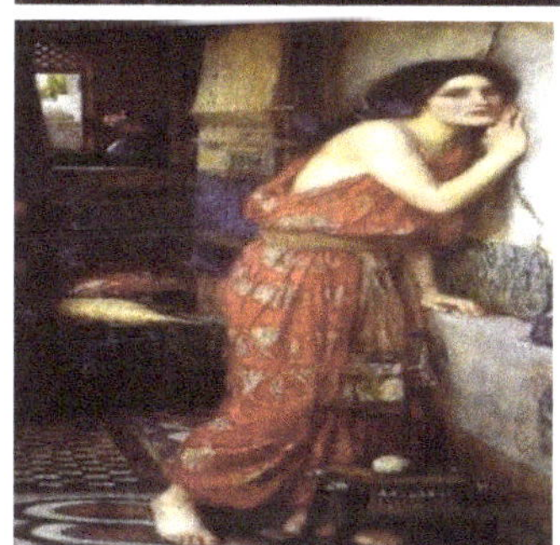

35

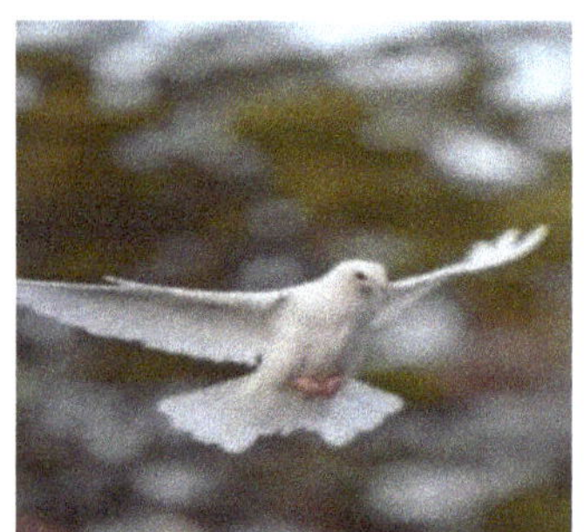

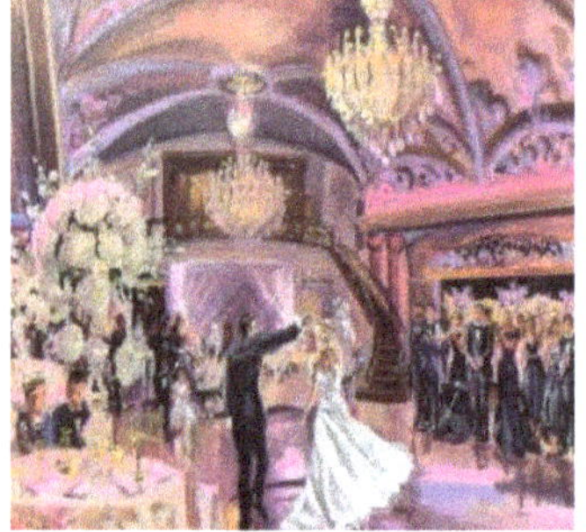

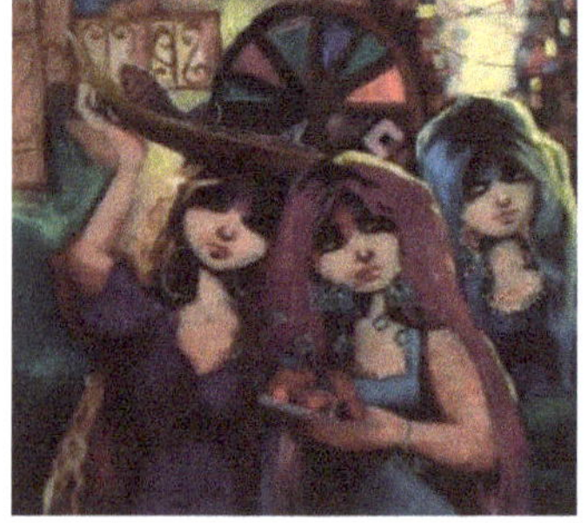

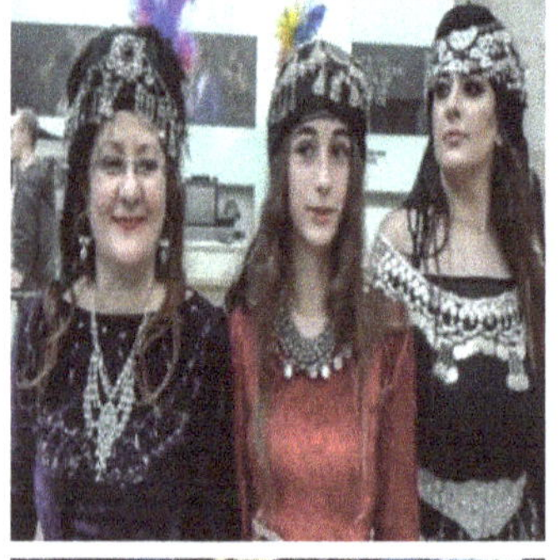

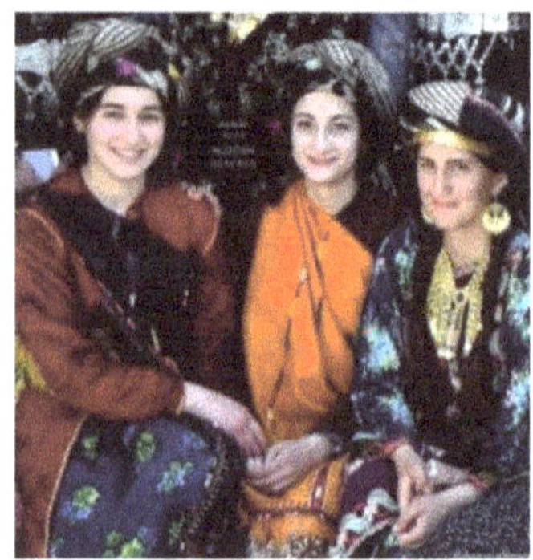

36

37

38

39

40

Darken, dim   يظلم, يعتم [5]

41

42

43

44

45

<hr>

⁶ الناشطة الاشورية سفينا داوود المقيمة حالياً في كاليفورنيا

46

ܗܠܝܠܟ ܦܥܒܕܟ ܚܣܩܬܐ
ܙܒܢܐ ܚܝܠܗܒ ܗܘ ܗܠܟܬܐ
ܟܘܡܝܐ ܕܟܕܐ ܥܬܚܬܐ

47

ܒܬܢܬܐ ܠܢܣܒ ܗܙܬܐ
ܗܩܬܐ ܚܣܘܬܐ ܕܕܬܐ
ܕܟܐ ܩܬܐ ܘܟܐ ܒܬܬܐ

48

ܥܘܩܬܐ ܕܦܟܕܐ ܗܘܣܘܬܐ
ܥܕܒܗܠܟ ܗܕܝܕܐ ܕܒܝܬܐ
ܦܢ ܕܟܐ ܚܚܒ ܥܒܝܬܐ

49

ܗܢ ܩܕܡ ܒܓܢܐ ܘܒܓܬܐ ܠܒ
ܦܢ ܕܟܐ ܚܚܕܐ ܣܩܒܬܐ ܠܒ
ܗܢ ܗܩܬܐ ܥܒܝܬܐ ܠܒ

50

ܗܠܢܐ ܩܠܕܐ ܕܒܝܬܐ
ܒܘܕܐ ܗܝܠܗ ܝܬܚܐ ܘܕܒܬܐ
ܣܒܝܬܐ ܚܗܢܟܬܐ ܕܘܒܬܐ

51

ܒܓܢܬܐ ܕܣܘܬܐ ܓܘ ܣܘܝܬܐ
ܒܐܘܕܫܐ ܕܦܪܨܘܦܐ ܕܪܒܝܬܐ
ܗܚܒܝܬܐ ܠܗ ܝܚܒ ܡܣܒܝܬܐ

52

ܐܢ ܓܘ ܣܘܐܡܘ ܒܬܢܝܐ
ܐܦ ܘܢ ܚܘܩܐ ܕܝܩܐܝܐ
ܝܘܢܐ ܟܒ ܘܡܝܢܐ ܐܥܐ

53

ܒܕܒ ܗܩܠܢܝܐ ܒܩܝܐ [7]
ܕܣܘܡ ܡܢ ܝܠܐ ܕܪܬܐ
ܓܘ ܣܝܗ ܥܘܟܓܐ ܕܗܩܐ

54

ܘܕܒ ܘܕܒ ܠܕܒܝܬܐ
ܠܓܘܢܐ ܐܣܪܐ ܗܘܡܠܐ
ܡܢ ܬܚܕ ܗܓܒܠܓܐ ܗܘܢܝܐ

55

ܐܢ ܓܐ ܝܠܒ ܘܚܕܐ ܠܒ
ܒܕܝܬܐ ܕܕܒ ܠܠܒܝܬܐ ܠܒ
ܚܩܐ ܕܐܡܕܝ ܓܘ ܢܥܬܐ ܠܒ

---

[7] ܒܩܝܐ: ساحر، عراف. Magician, charmer.

56

57

58

59

60

---

[8] جهاز المراة من حلي ومجوهرات
[9] رغبة، مبادرة
Initiative, desire

61

62

63

64

65

---

[10] القهوة.
Coffee
[11] جميلة بلهجة اشيثا
Beautiful with Ashitha accent

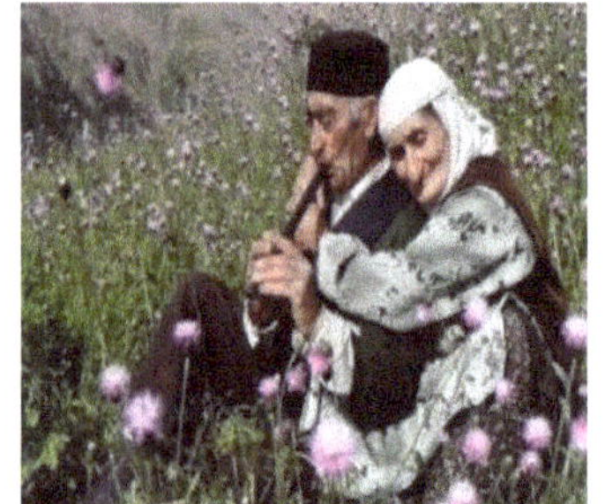

66

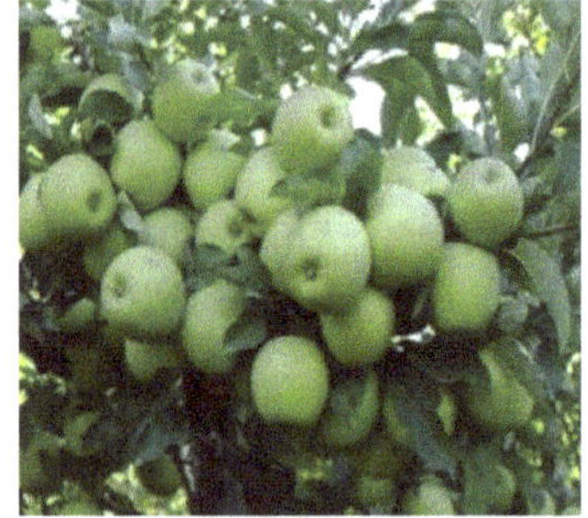

67

68

69

70

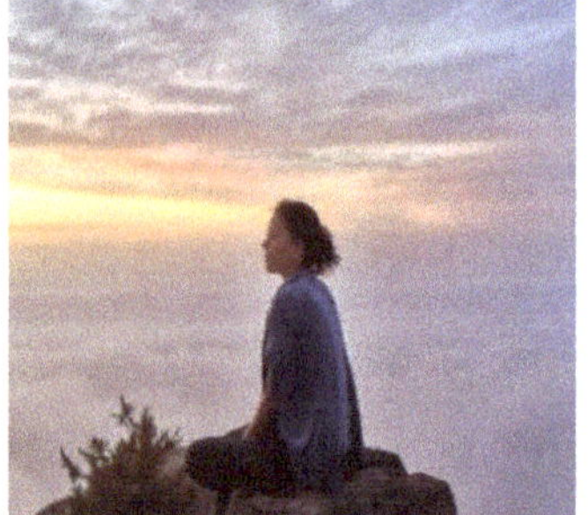

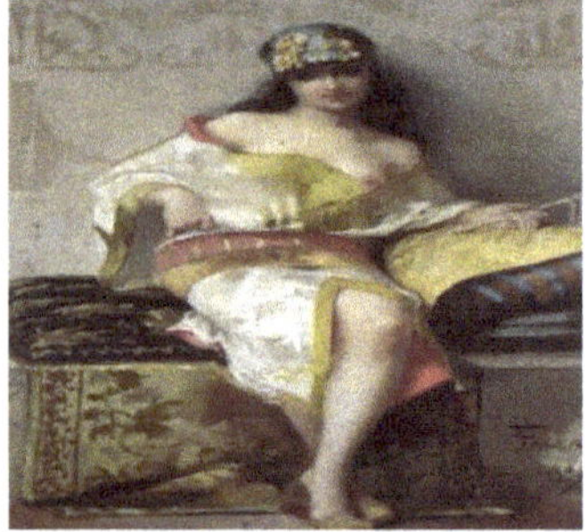

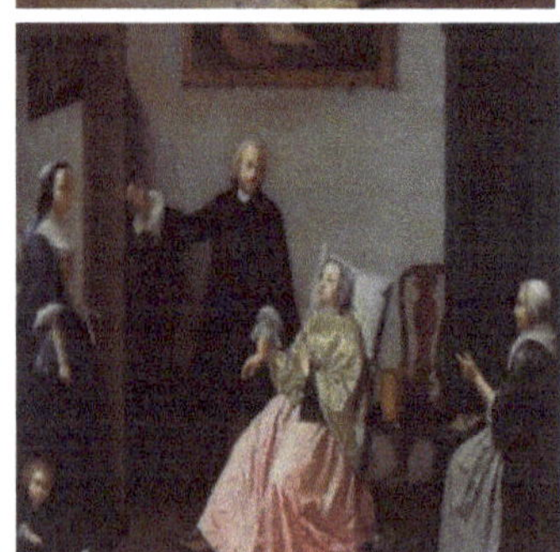

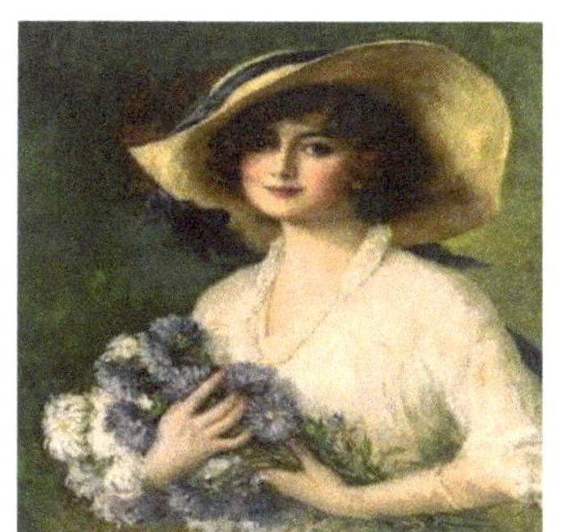

71

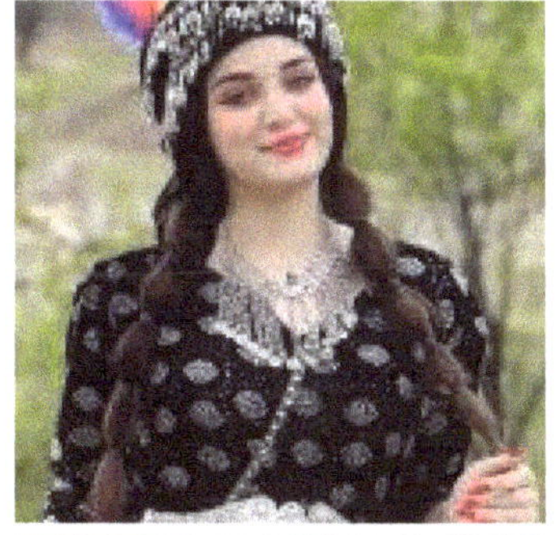

72

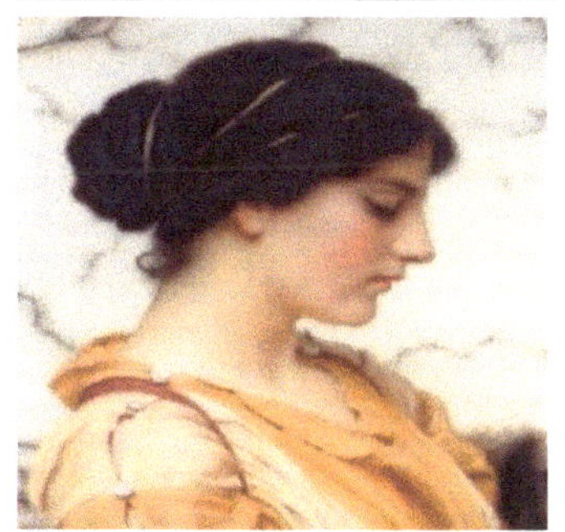

73

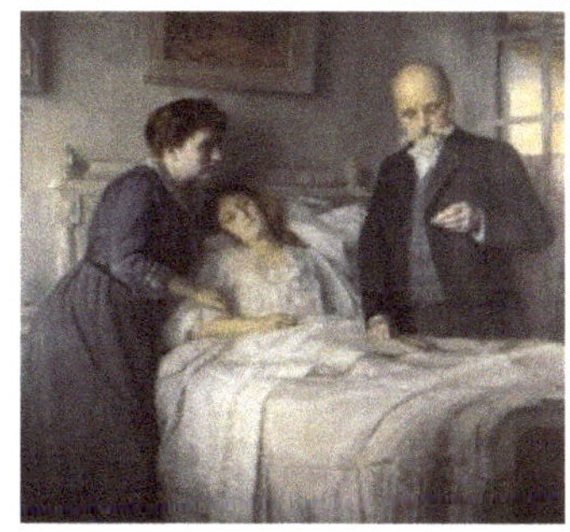

74

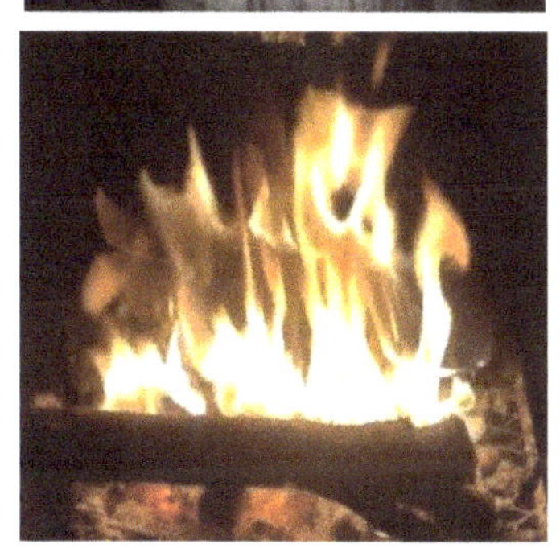

75

76

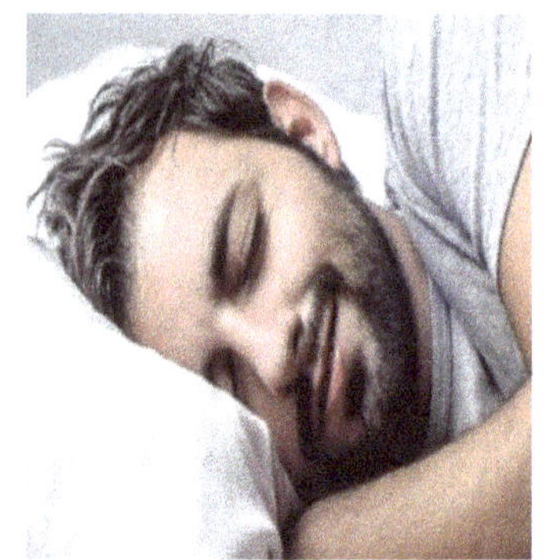

77

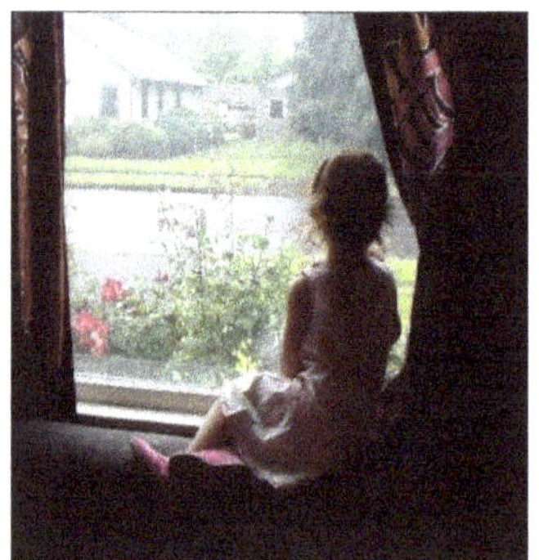

78

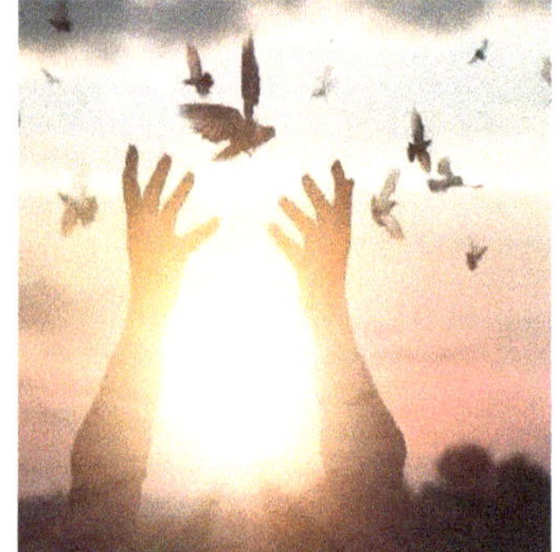

79

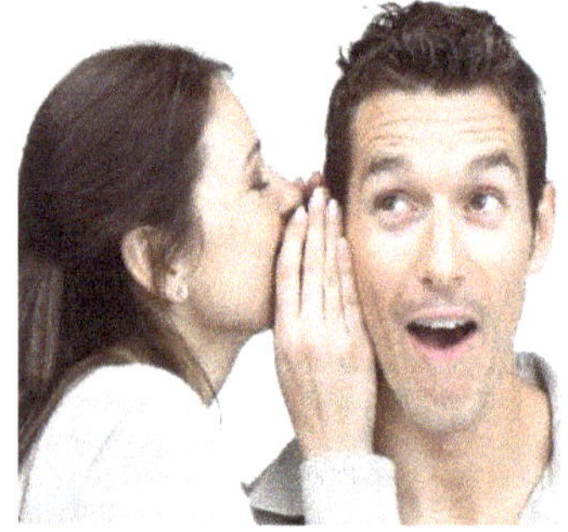

80

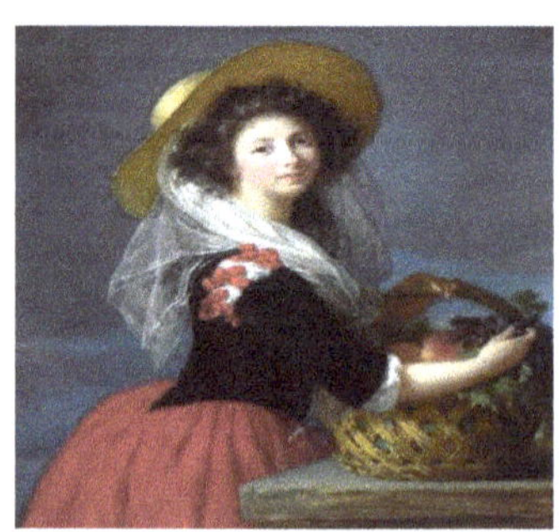

81

ܝܠܗ ܝܥܩܘ ܕܟܠܝܕ ܗܝܕܝܟܗ
ܘܒܝ ܐܢܬܢ ܕܟܐ ܫܘܠܟܗ
ܒܝܡܩܕ ܕܗܩܘܓܒ ܕܘܐܟܗ

82

ܐܘܓܝ ܗܘܪ ܝܗ ܘܗ ܝܬܗ
ܩܘܐ ܝܕܒܘܗܐ ܡܗܪ ܚܣܘܬܗ
ܝܠܗ ܩܕܥܩܗ ܘܕܝܗ ܕܘܬܗ

83

ܒܘܚܡܟܕ ܕܝܕܘܬܗ ܗܘܗܣܝܬܗ
ܚܩܘ ܕܣܘܬܐ ܗܘܥܝܬܗ
ܕܟܕ ܒܚܘܒ ܒܕ ܢܥܝܬܗ

84

ܠܝܕܘܬܗ ܕܓܒܣܠܒ ܚܩܝܕ
ܝܐܒ ܕܓܒܣܠܒ ܗܢܟܕ ܗܢܝܕ
ܡܗܒܝܬܗ ܕܟܕ ܒܢܝܝܕ

85

ܕܚܒܕ ܠܒ ܚܢܝ ܝܬܐ ܗܓܒܕܗ
ܣܘܬܐ ܚܩܐ ܗܘܗ ܩܚܒܝܕܗ
ܝܠܗ ܝܬܗ ܗܝ ܢܗܒܕܗ

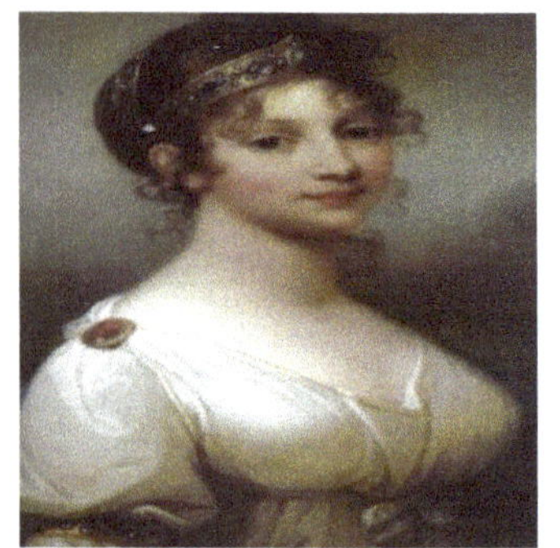

86

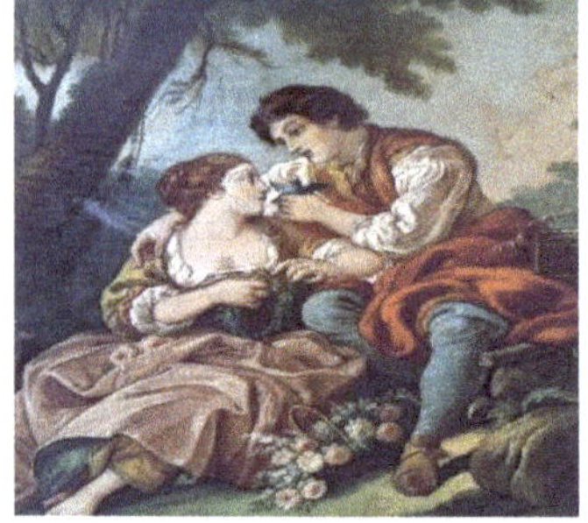

87

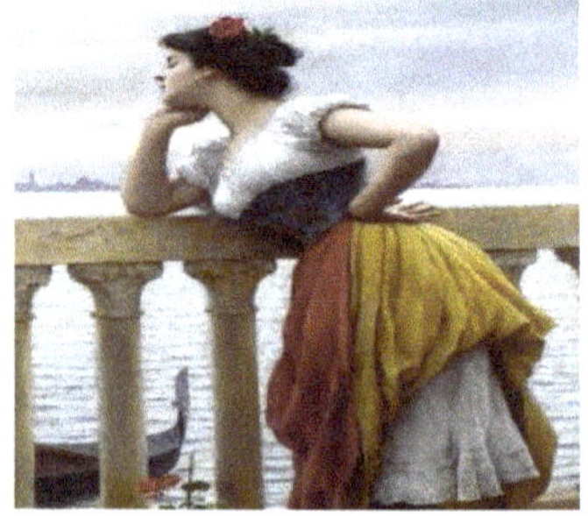

88

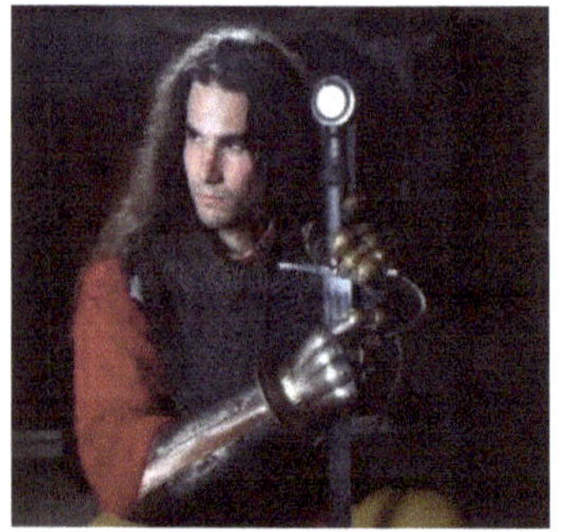

89

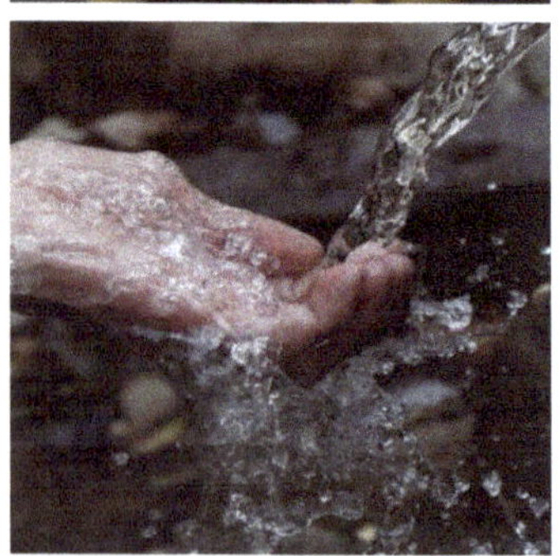

90

Her lover
13 عشيقها، حبيبها

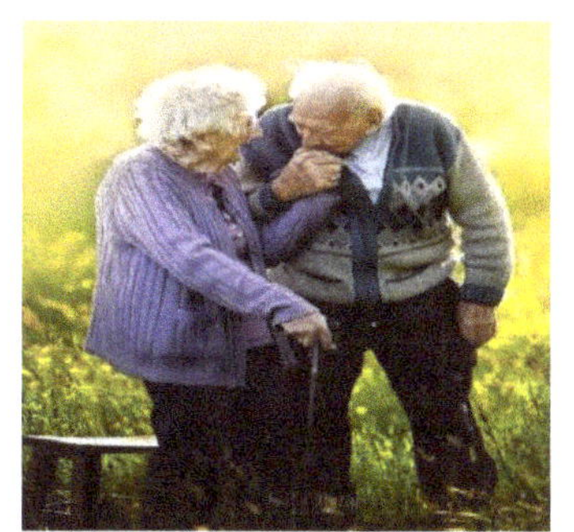

91

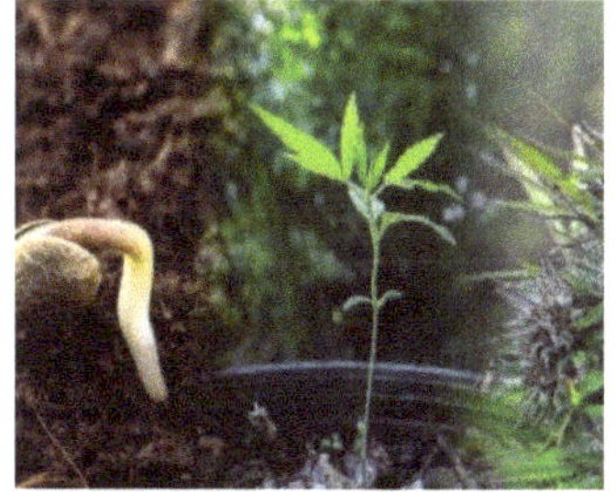

92

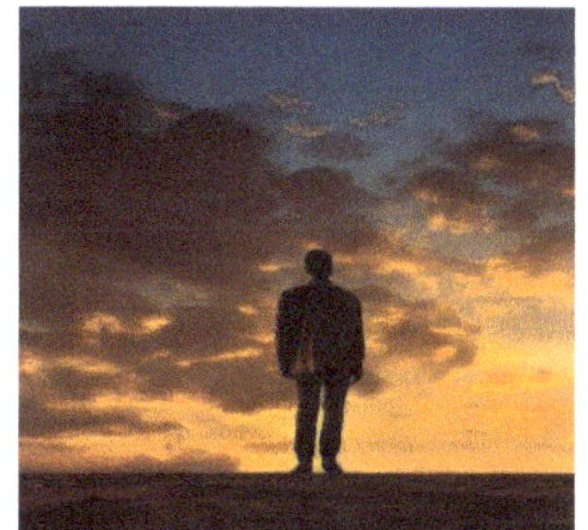

93

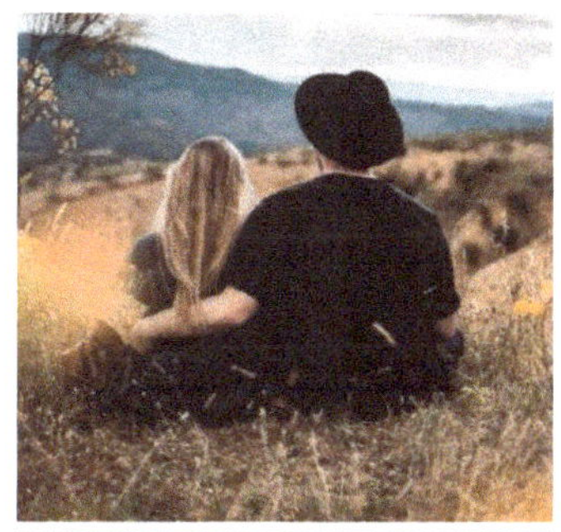

94

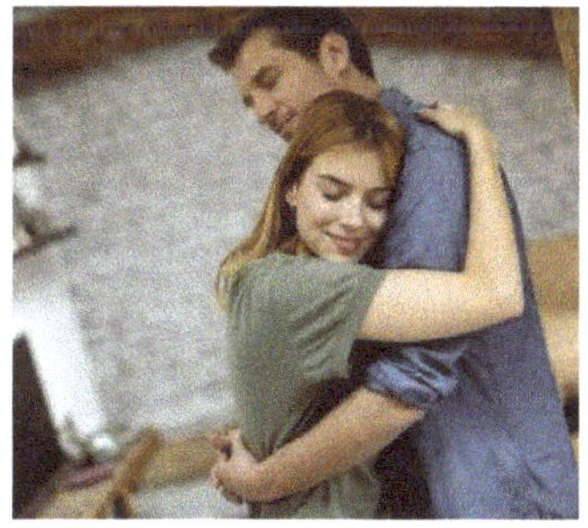

95

96

---

[14] ابحث — Search

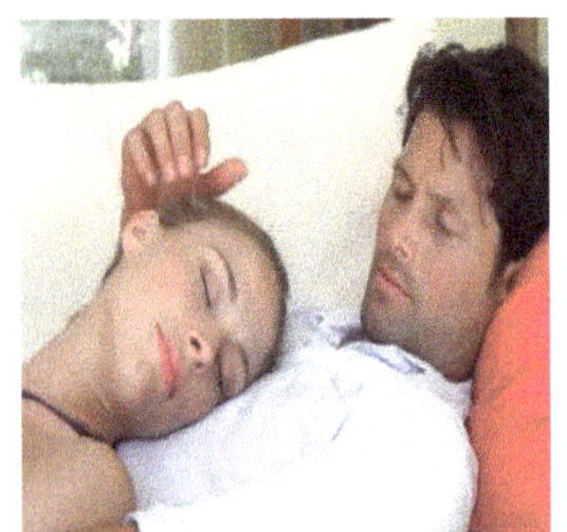

97

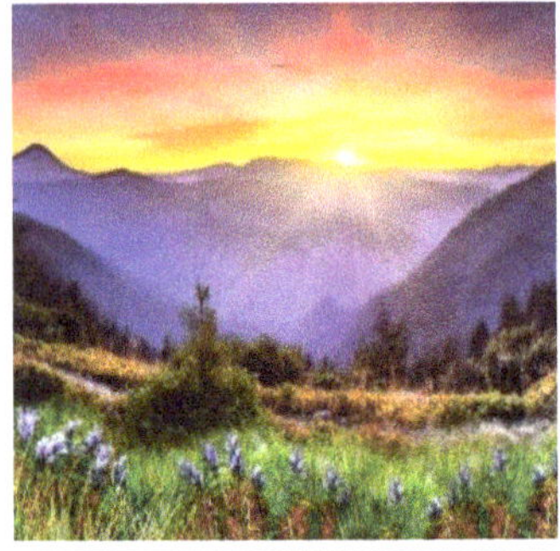

98

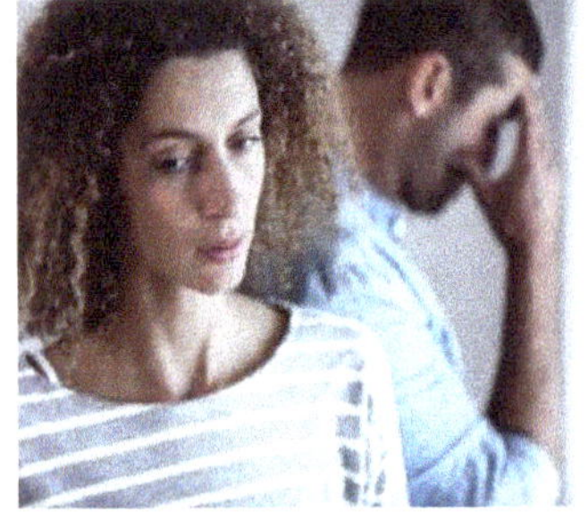

99

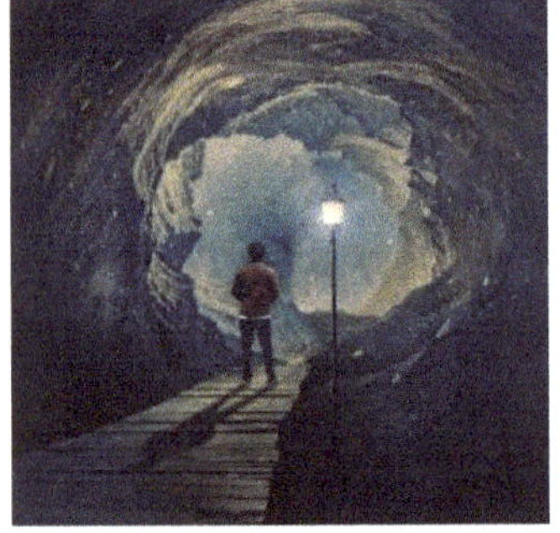

100

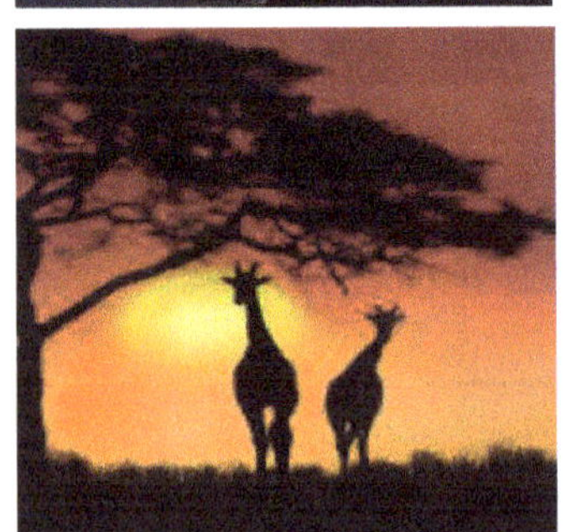

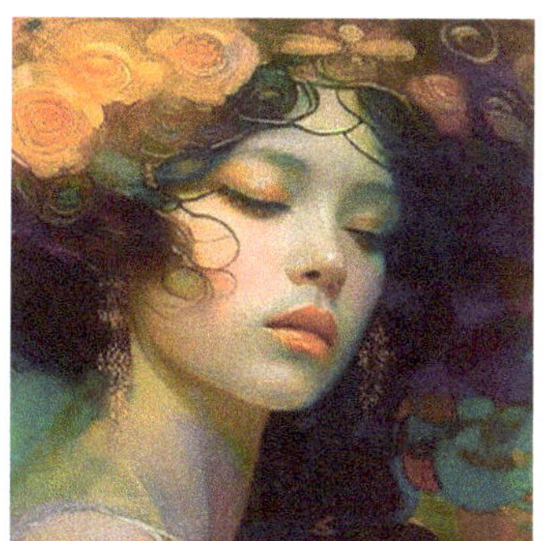

101

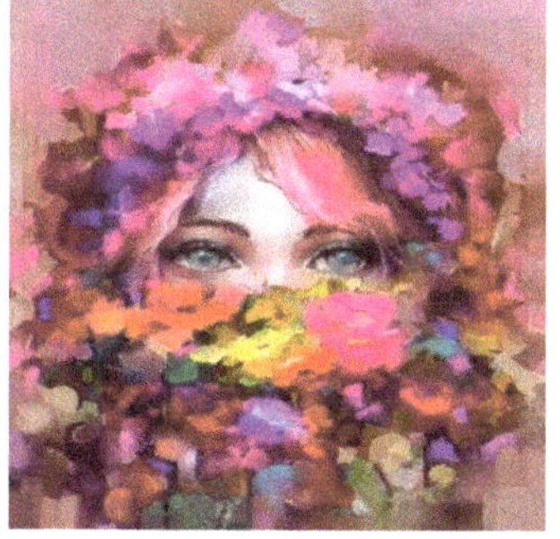

102

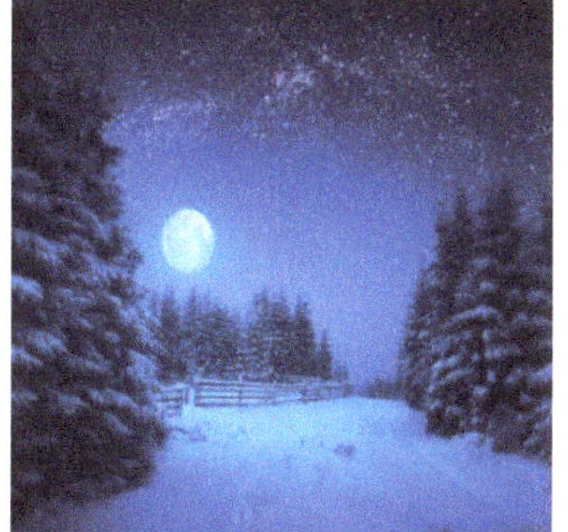

103

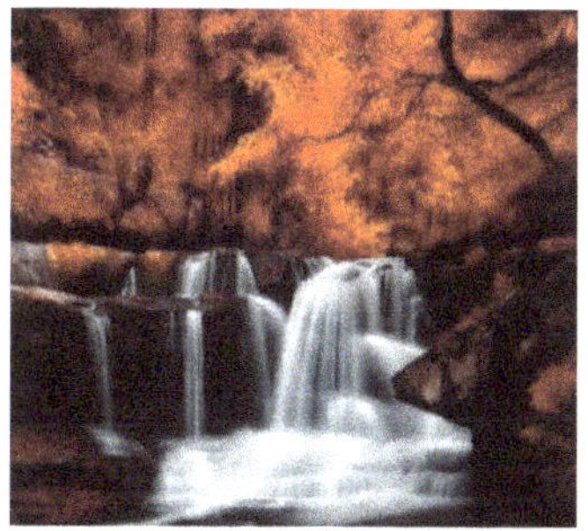

104

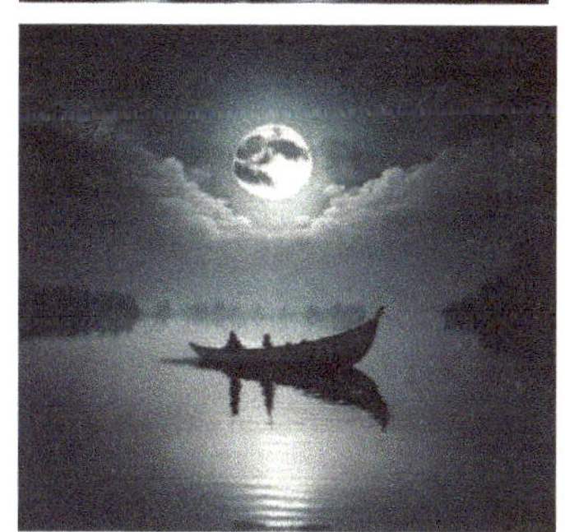

105

---

[16] محتار، متردد   Confused, hesitant

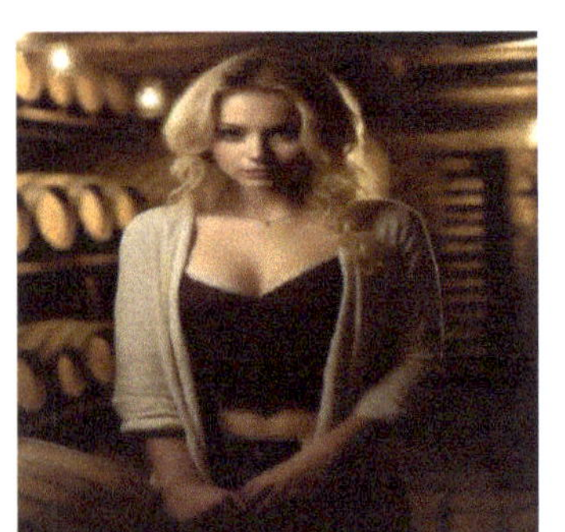

106

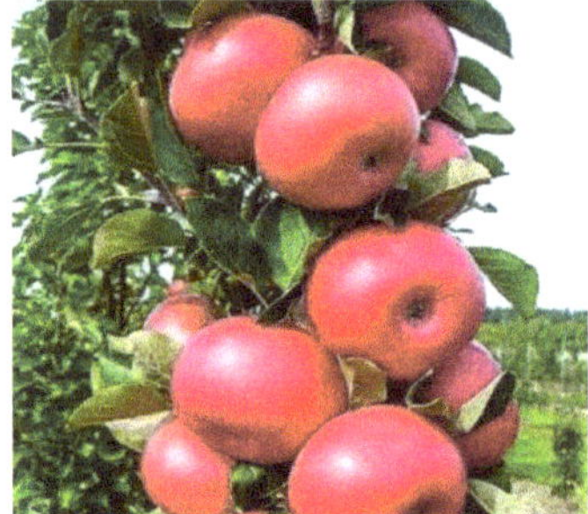

107

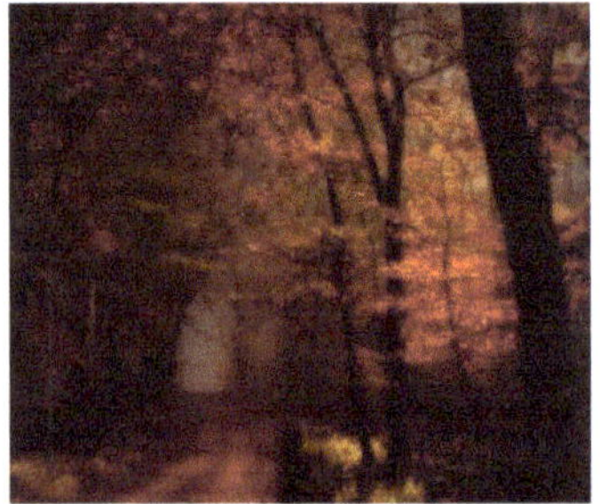

108

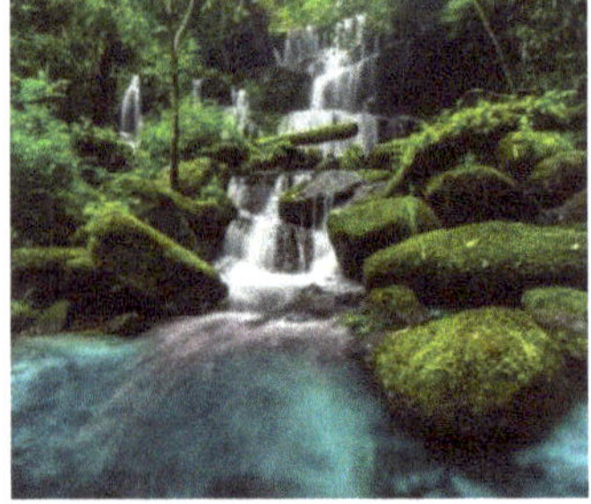

109

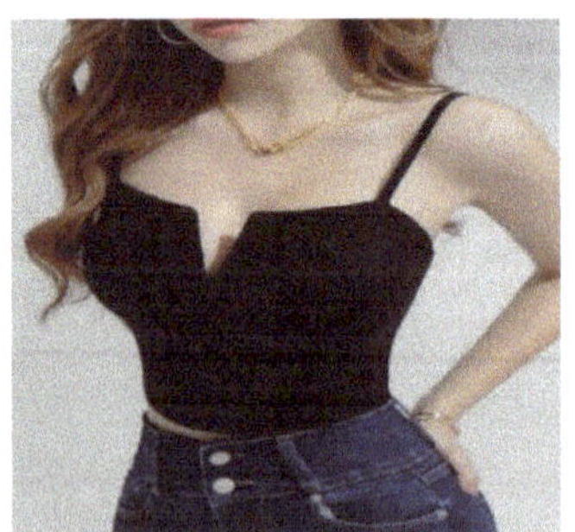

110

---

[17] شوق، رغبة، تلهف   Desire, Eagerly

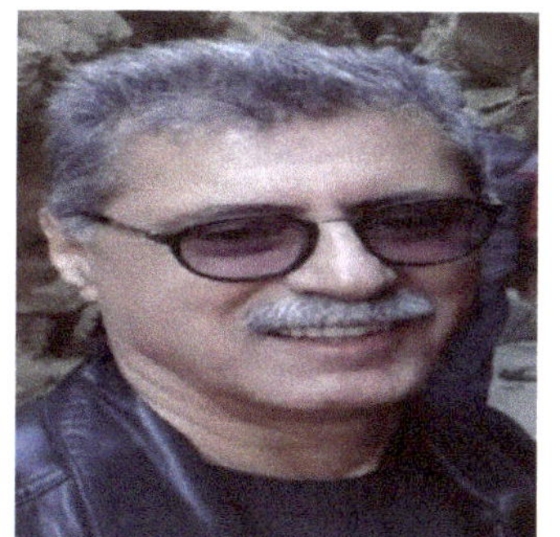

111

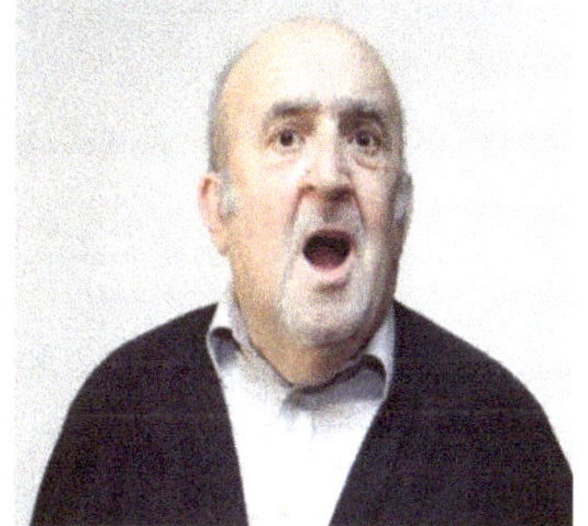

112

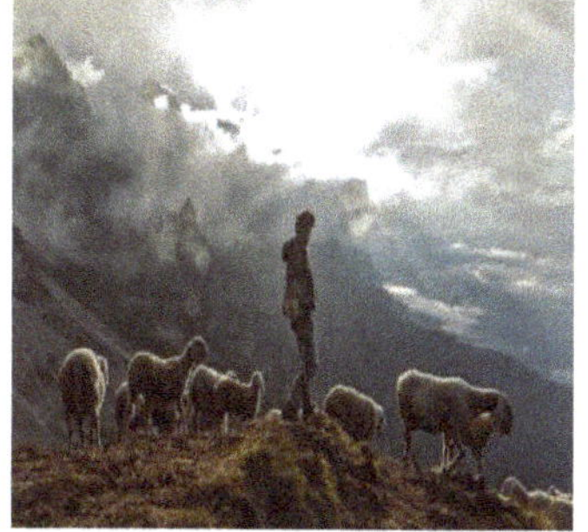

113

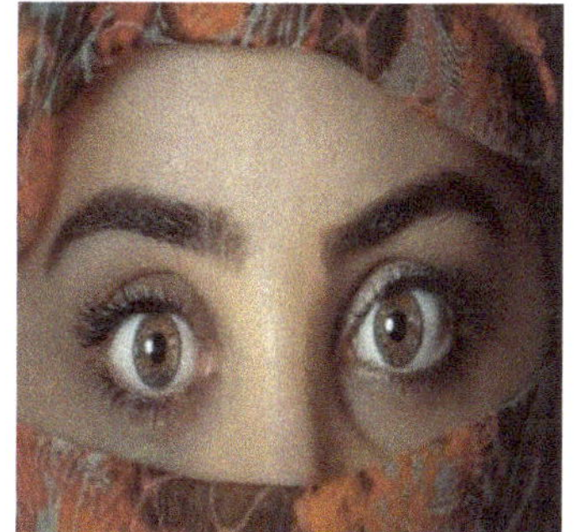

114

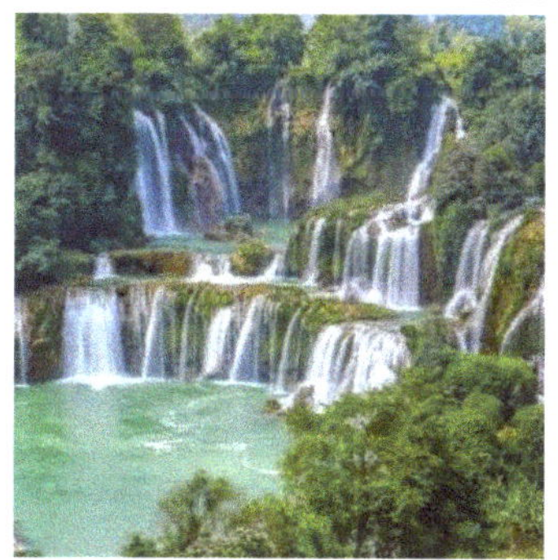

115

---

[18] يزنجر، يصدأ

Rusts

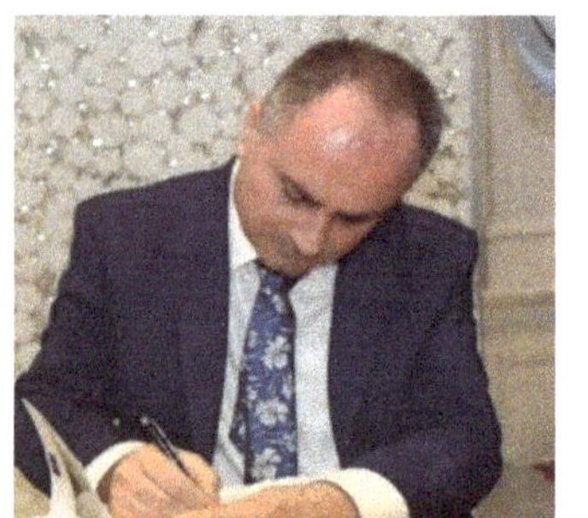

116

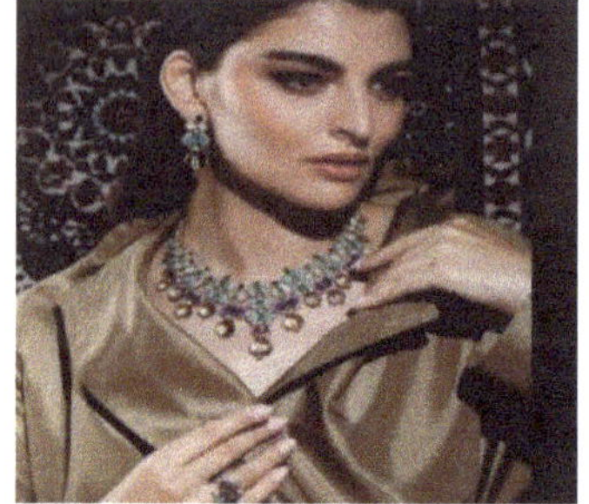

117

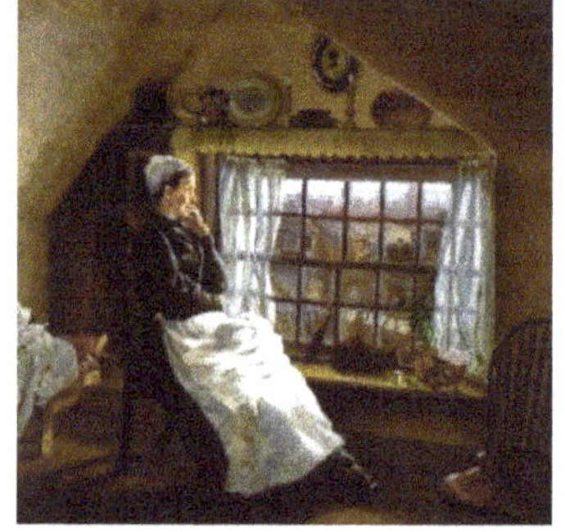

118

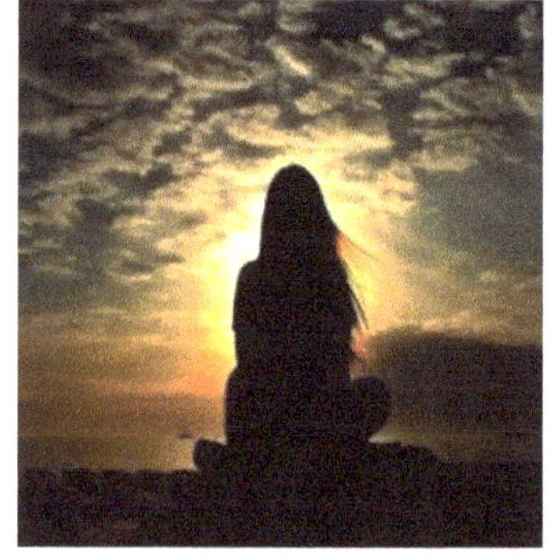

119

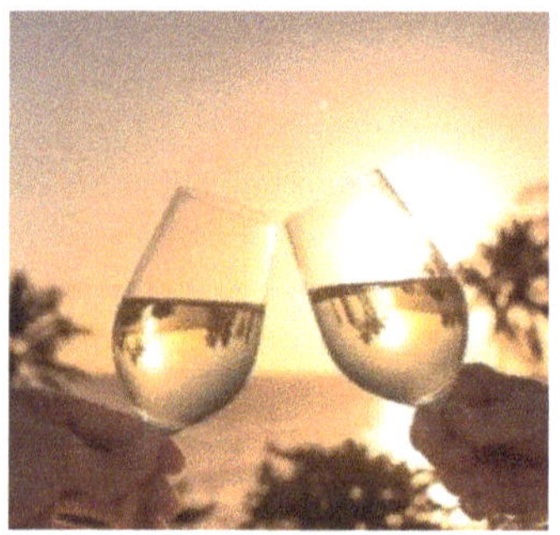

120

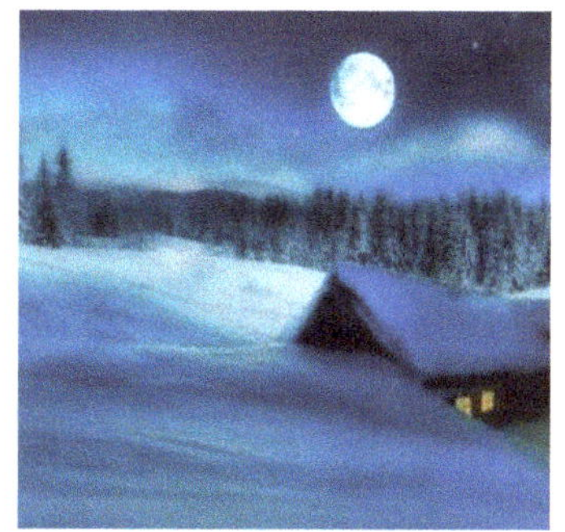

121

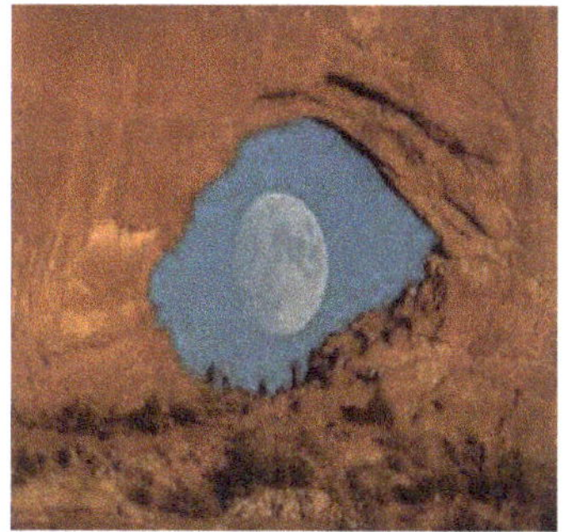

122

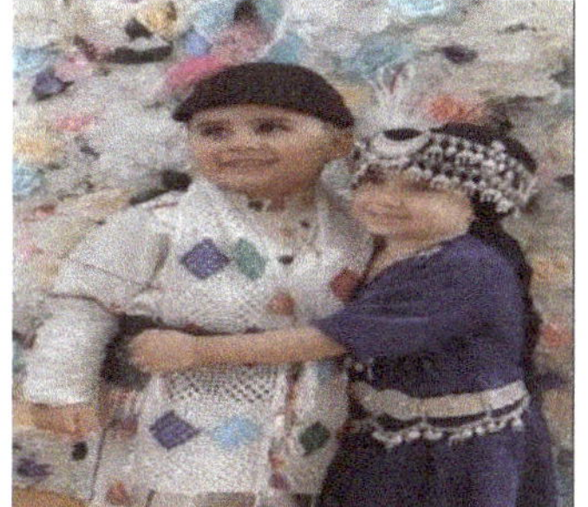

123

124

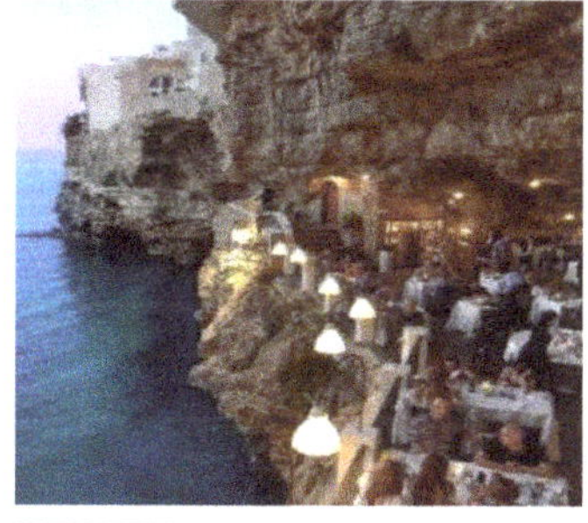

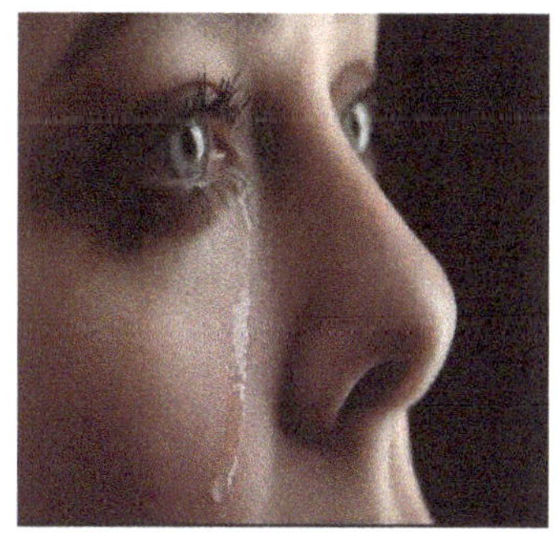

125

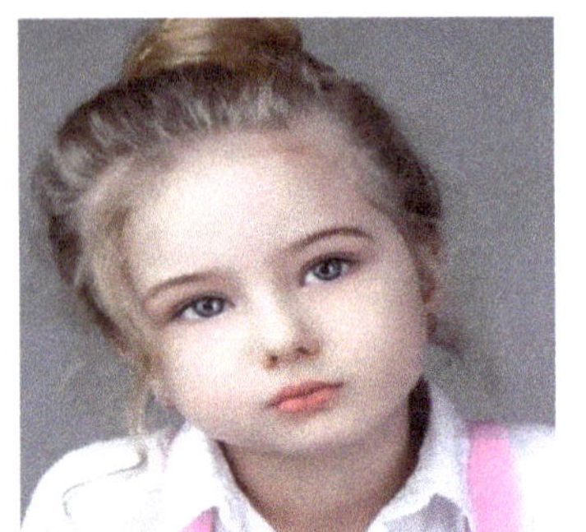

126

127

128

129

130

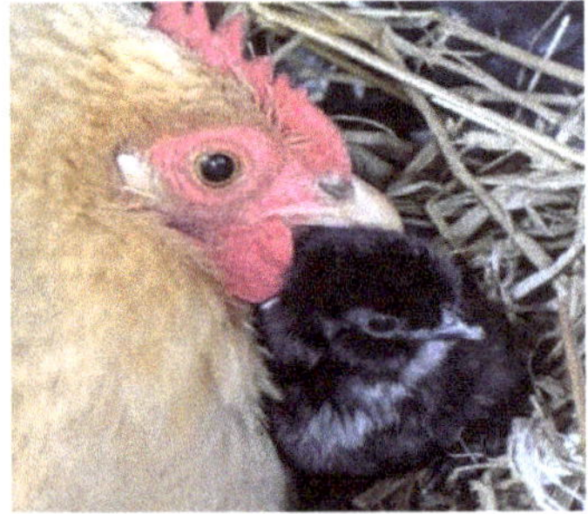

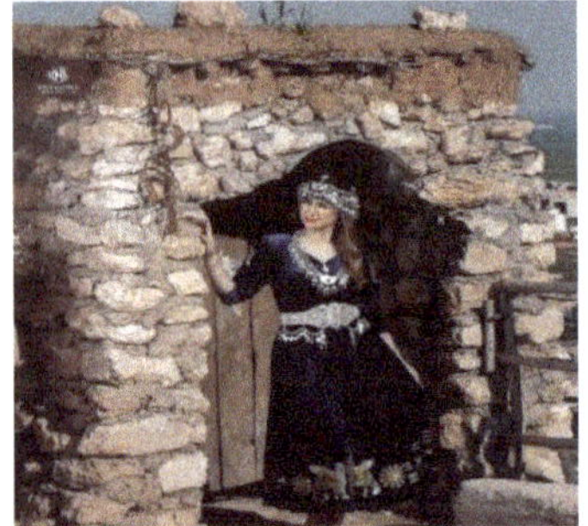

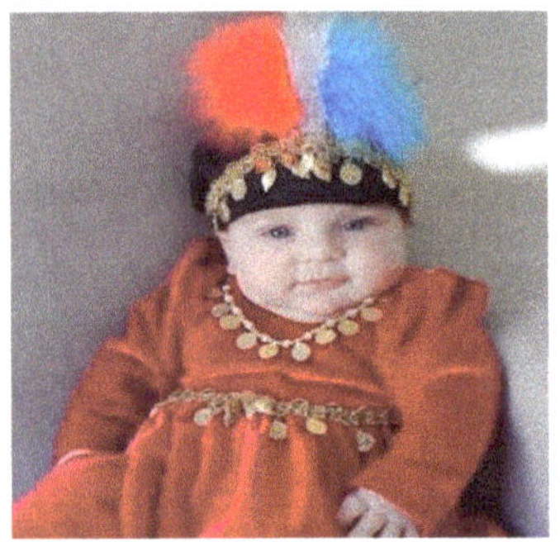

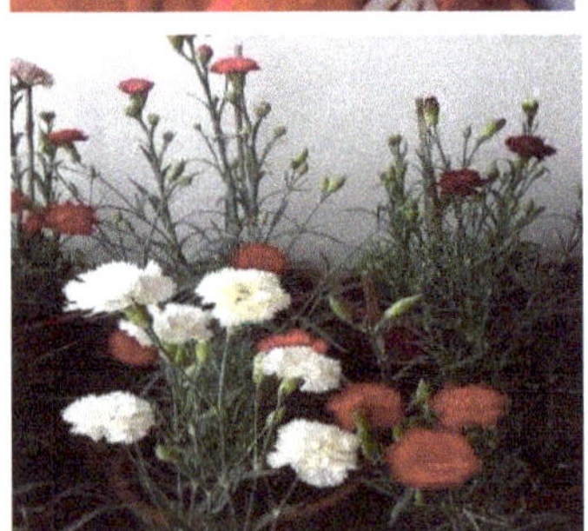

Her thoughts   ‏افكارها‎ [20]
Defects   ‏عيوب‎ [21]

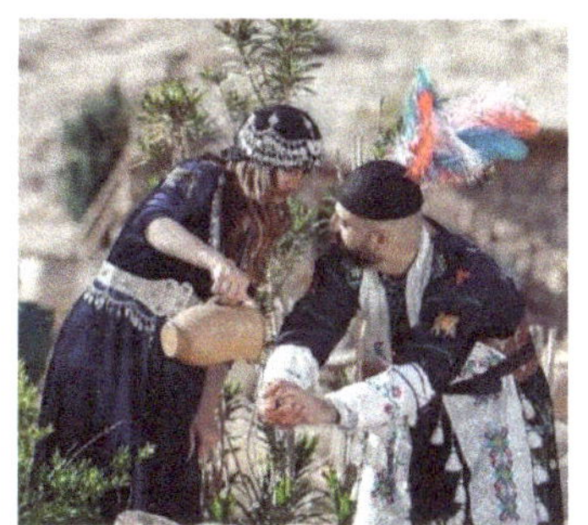

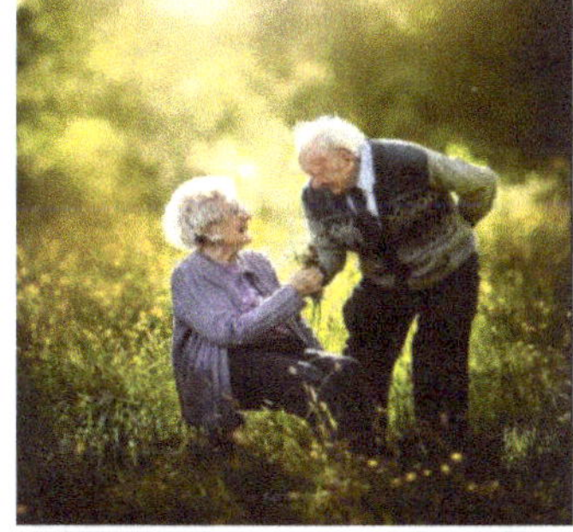

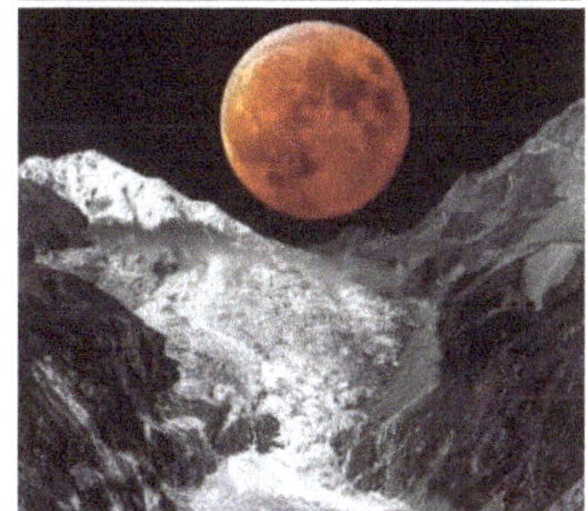

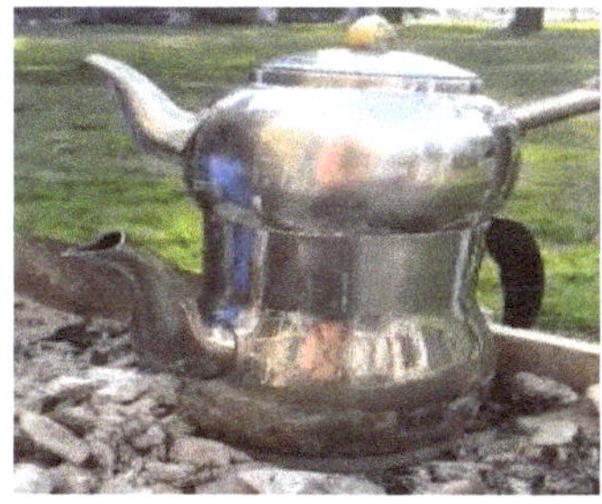

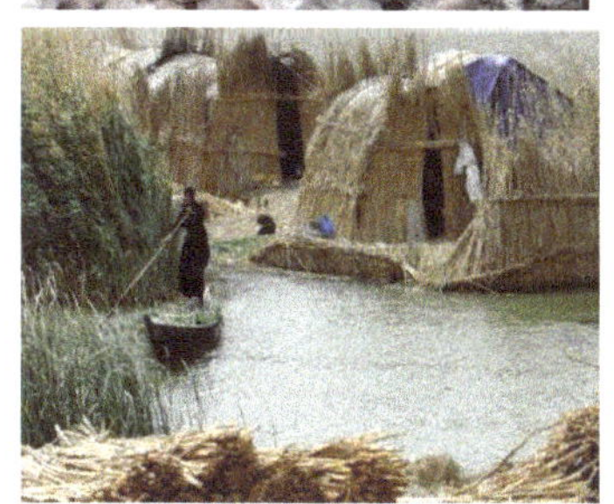

131

132

133

134

135

---

[22] هور، مستنقع — Swamp, Marshes
[23] ضجيج — Noise

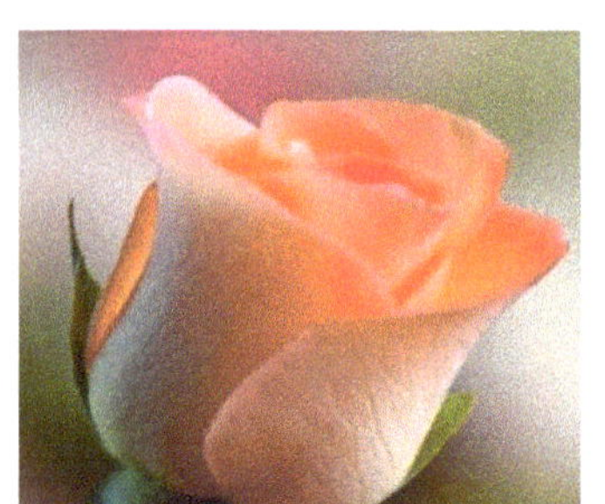

136

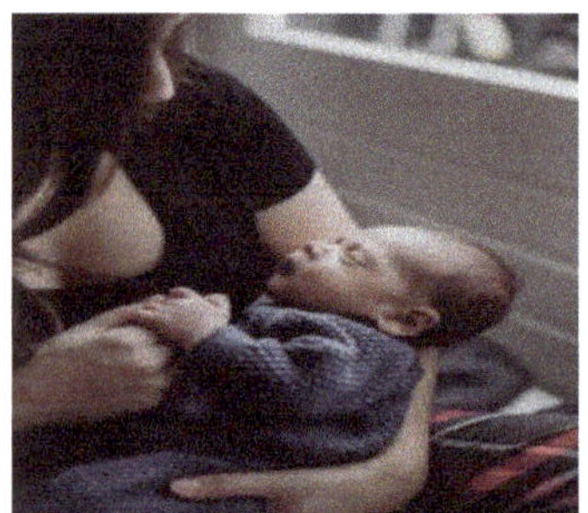

137

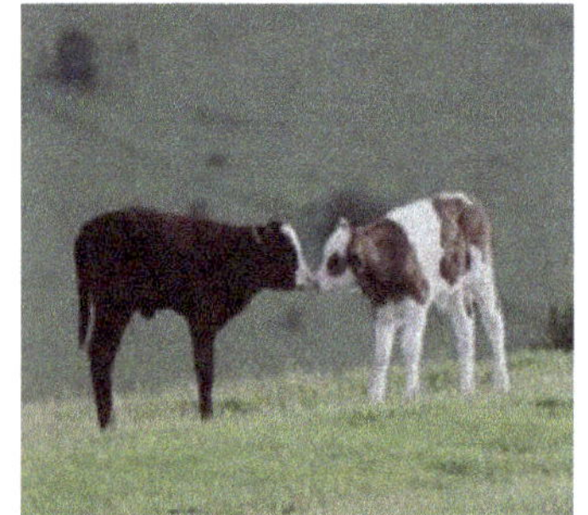

138

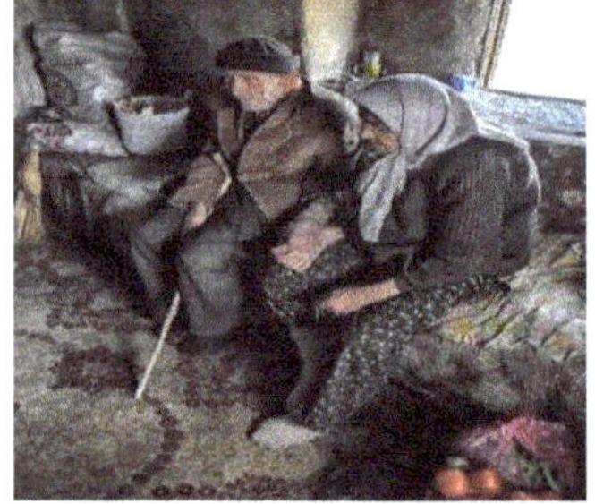

139

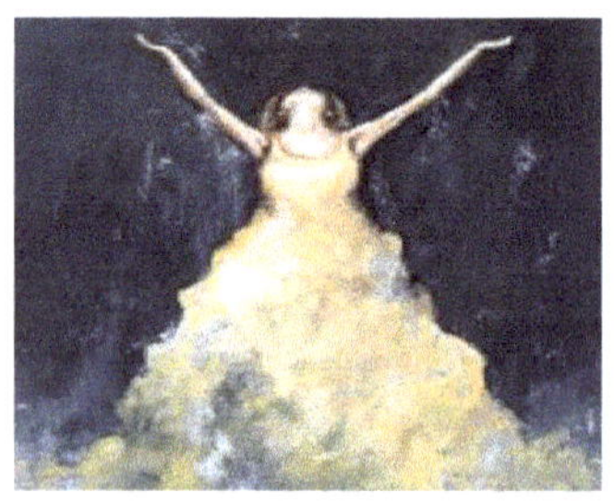

140

141

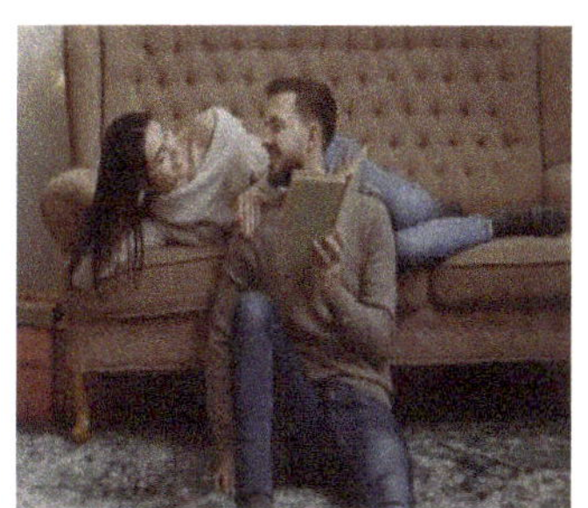

142

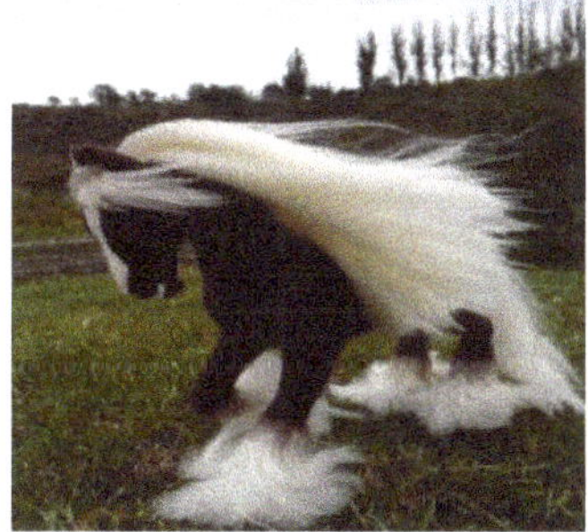

143

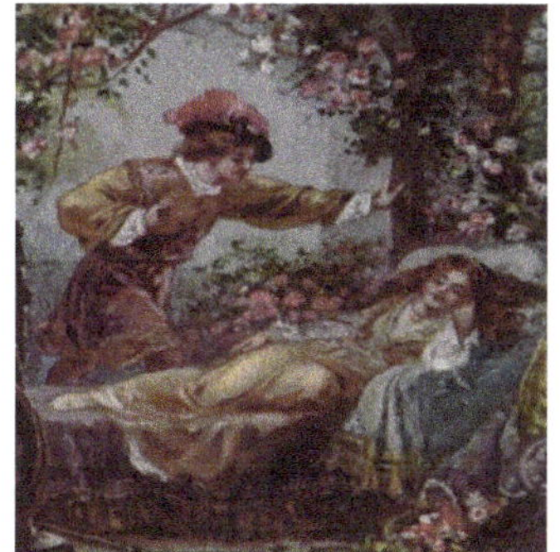

144

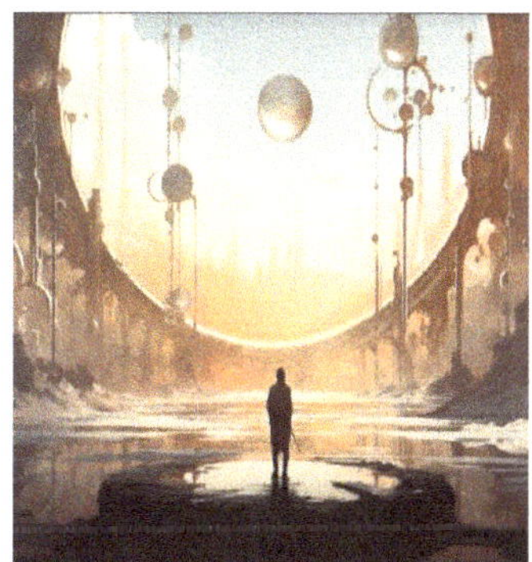

145

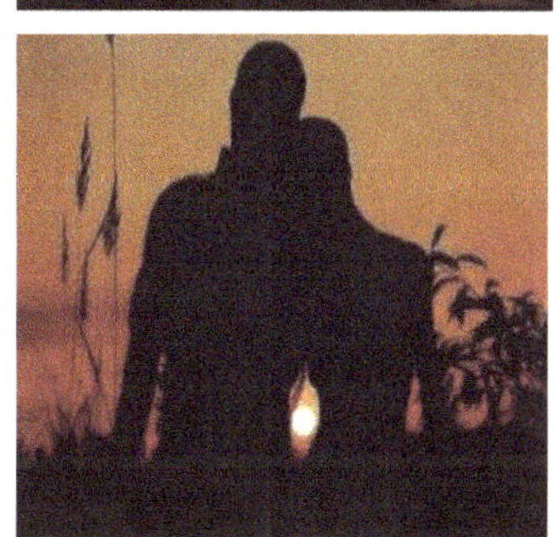

---

[24] كنف، رعاية
Suit, auspices

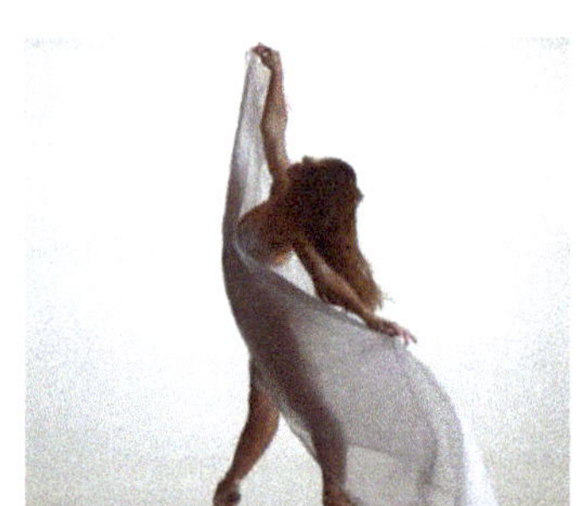

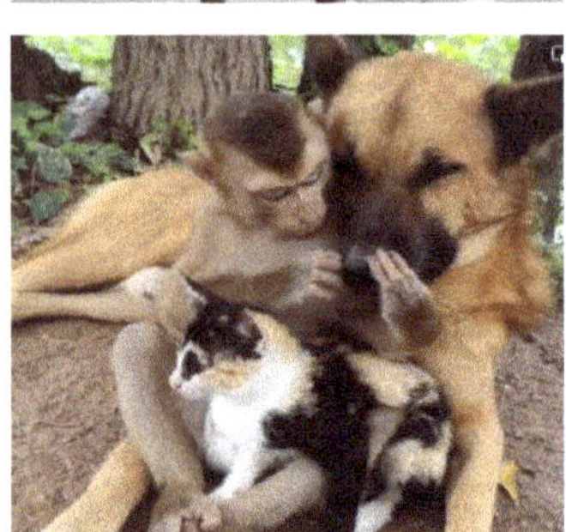

146

147

ܚܘܐ ܡ̈ܠܟܐ

ܚܟ̈ܡܐ ܟܠܗܘܢ

1

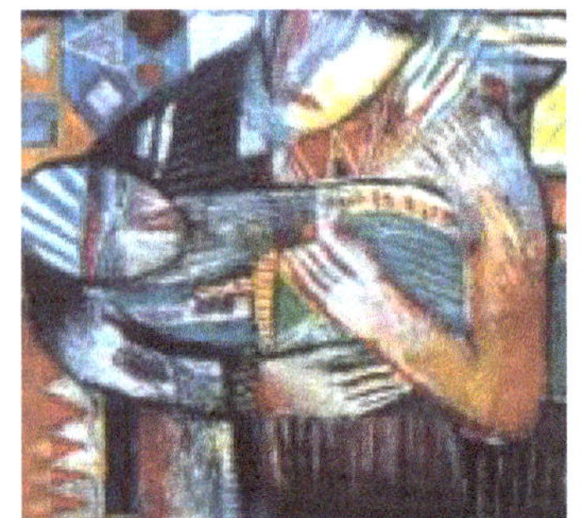

2

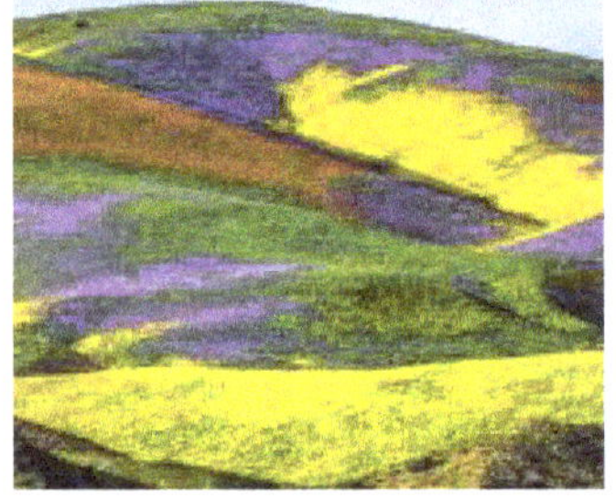

3

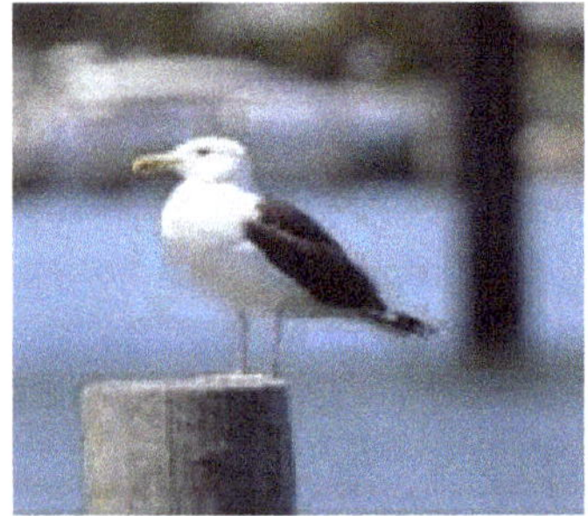

4

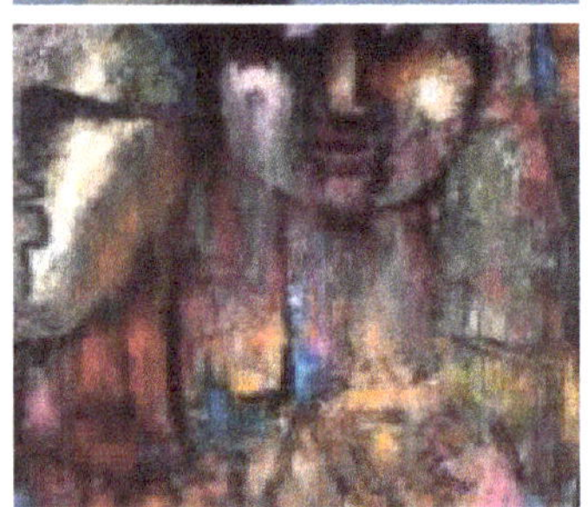

5

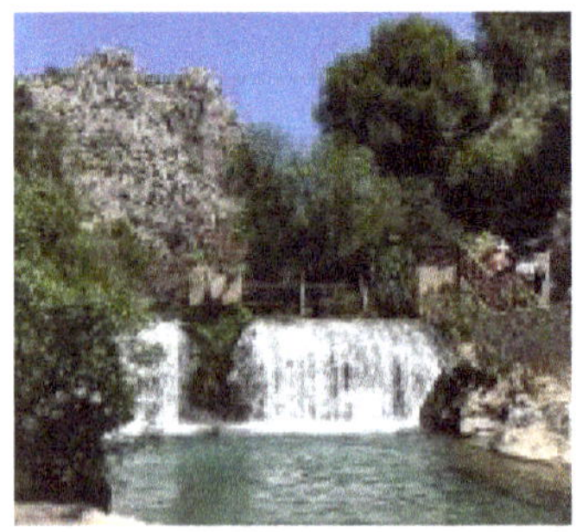

6

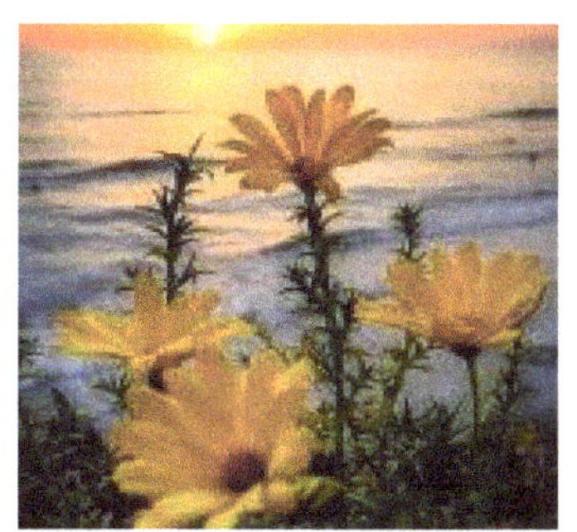

7

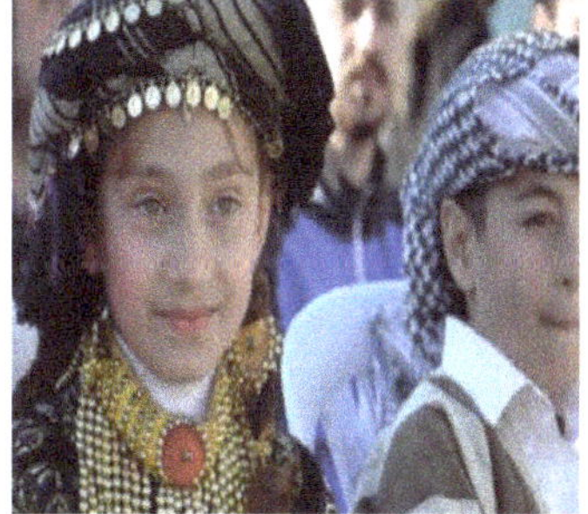

8

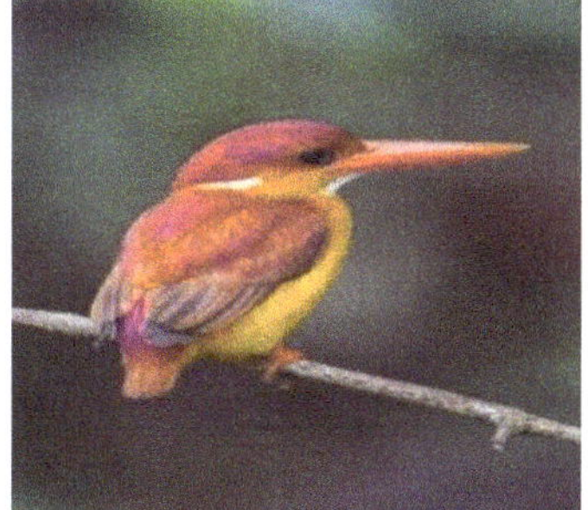

9

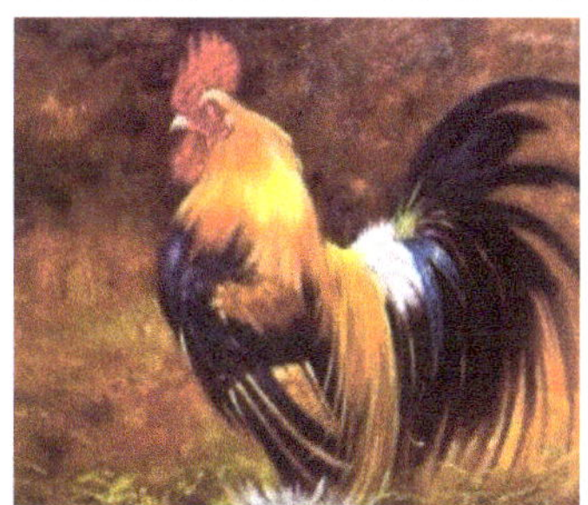

10

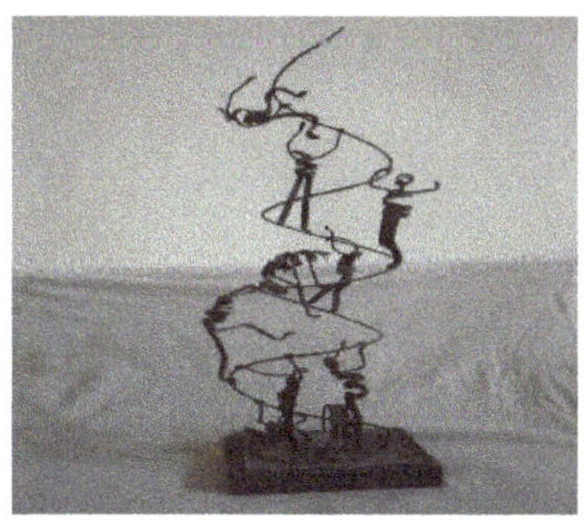

<hr>

11

ܝܳܢܶܐ ܐܰܓܠܶܐ ܚܰܛܢܶܛܒ[2]
ܘܰܢܶܝܕ ܗܣܗ ܐܒܶܚܶܒ
ܗܩܶܪ ܗܠܝܢ ܗܩܶܢܶܒ

12

ܟܳܒܠܰܗܘܝ ܟܶܗ ܗܗܓܢܘܒܓܐ
ܣܝܒܠܰܗܘܝ ܢܒܶܬ ܚܝܩܣܘܓܐ
ܕܶܣܩܶܬ ܡܶܢ ܐܢܶܡܘܓܐ

13

ܟܶܗ ܢܩܶܬ ܒܣܒܶܢܶܐ
ܠܝܶܗ ܚܗܓܕܐ ܝܠܩܶܢܶܐ
ܒܒܝܶܗ ܠܐܒܠ ܓܕܘܐ ܗܠܢܶܐ

14

ܐܓܐ ܒܚܝܕ ܠܐܢܬܐ ܗܒܐ
ܠܪ ܗܩܶܕܗ ܠܝܠܚܢܐ ܠܚܒܐ
ܡܢ ܩܠܩܐ ܕܝܢܕܝܗ ܣܕܒܐ

15

ܓܐ[3] ܕܝܣܗ ܡܢ ܕܩܣܘܓܐ
ܠܪ ܡܗܠܝܡܠܟܗ ܢܒܘܓܐ
ܒܚܓܕܐ ܕܣܘܗܕܢܘܓܐ

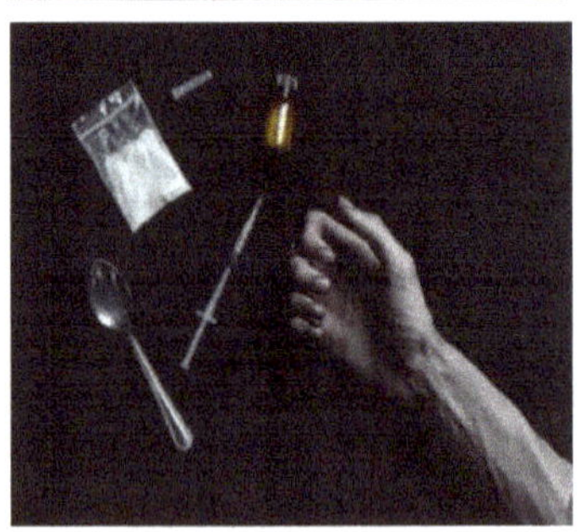

---

[2] ܝܢܶܐ ܝܩܕܬܐ ܠܒܢܕܩܘܗ݄ܝ ܕܠܒܝܬܐ ܕܓܝܣܐ ܕܚܒܐ ܕܗܣܘܕܐ ܝܢܠܕܐ ܕܢܩܝܟ ܚܓܬܒܐ. الصقر يطير حول بيت المؤلف يريد ان يخطف الدجاج.

[3] A tool for emphasis أداة تفيد التوكيد

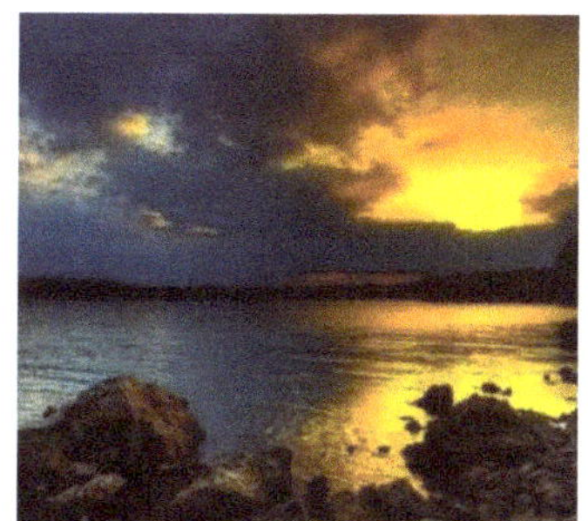

16

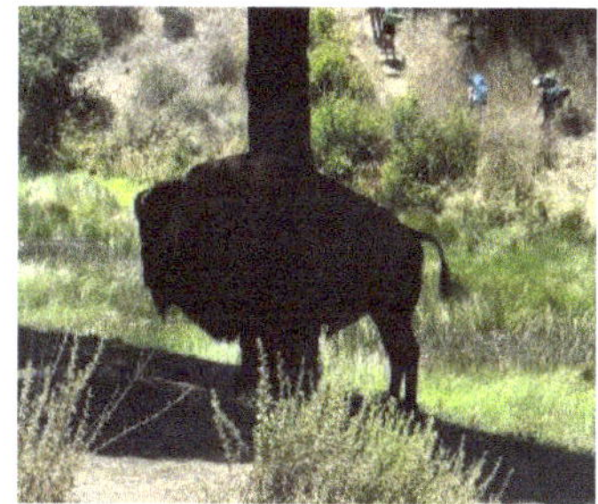

17

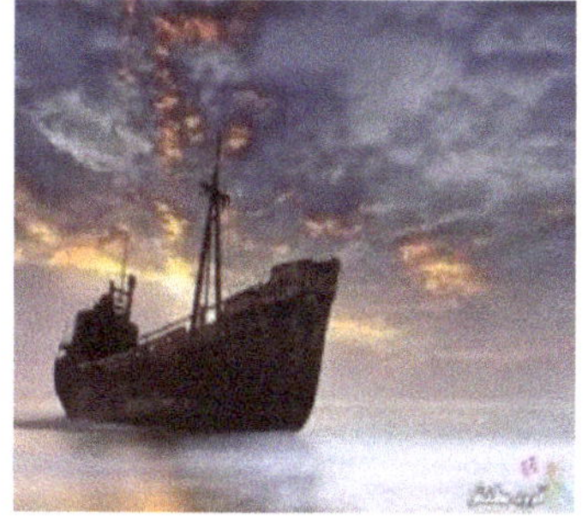

18

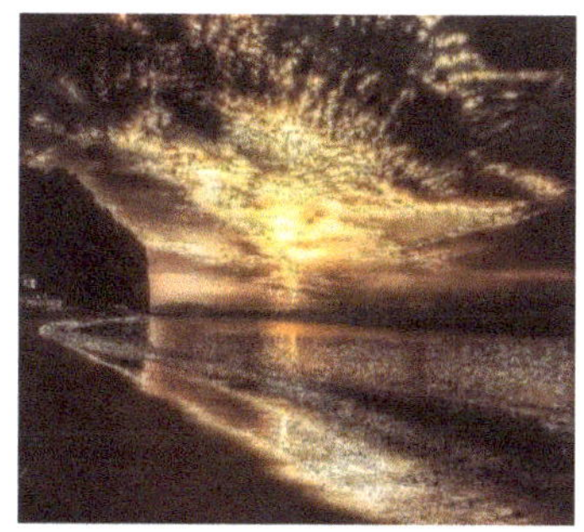

19

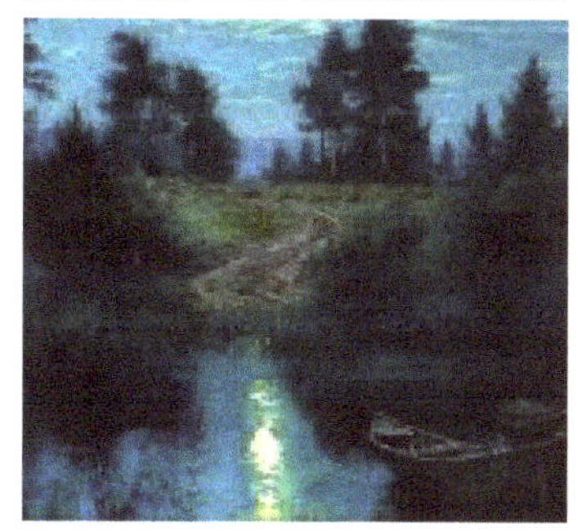

20

21

22

23

24

27

---

[4] يحسد, يغار, ينافس   jealousy
[5] أجهر, كليل البصر   Blind

28

29

30

31

32

---

[6] Parrot — الببغاء

[7] Trebah Garden England — اسم حديقة في المملكة المتحدة

[8] Executioners — جلادين.

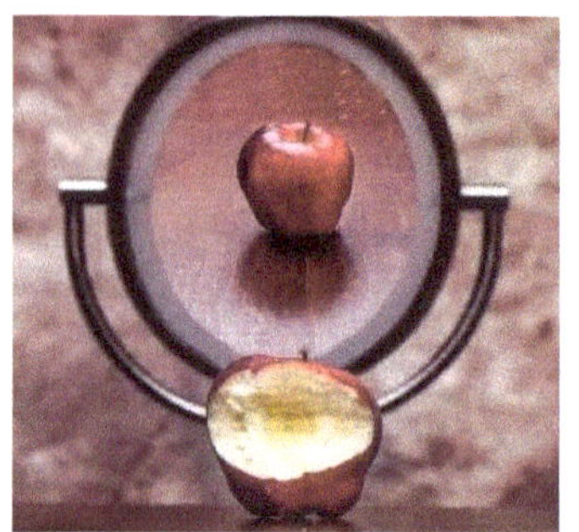

33

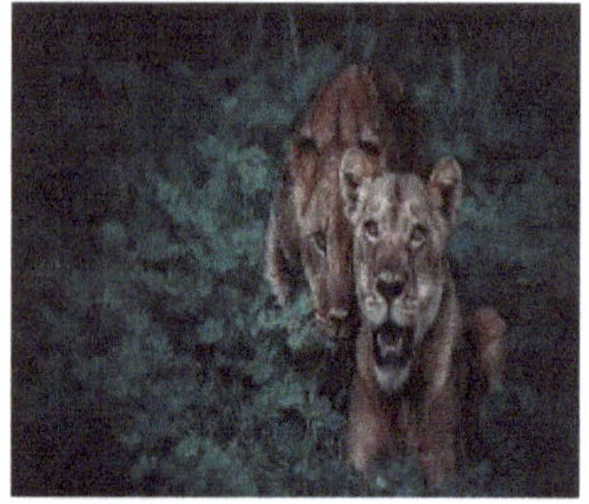

34

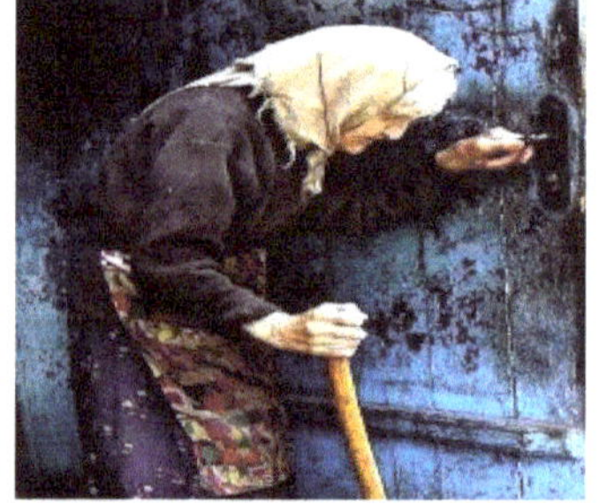

36

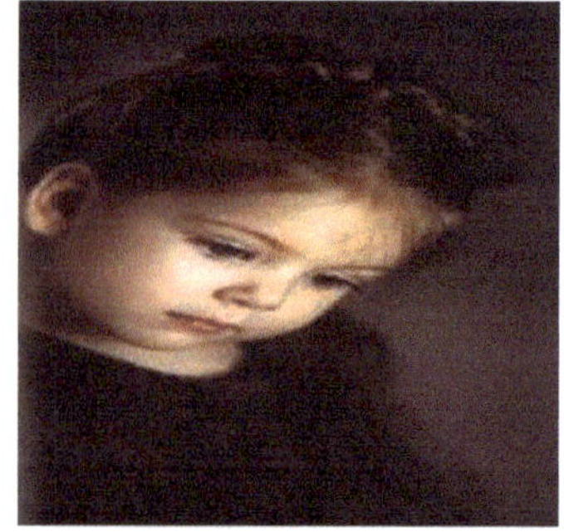

37

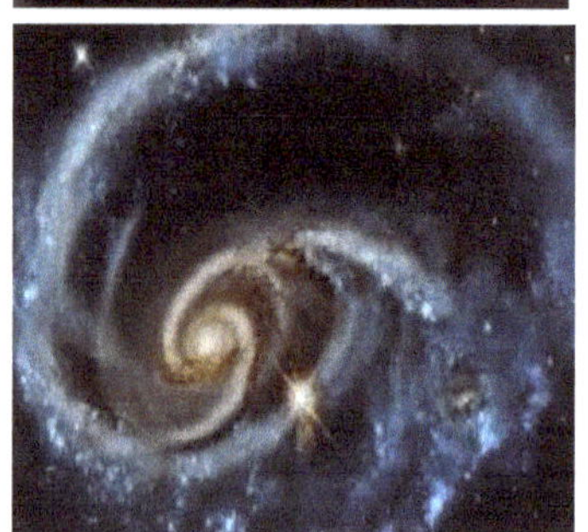

38

39

<hr>

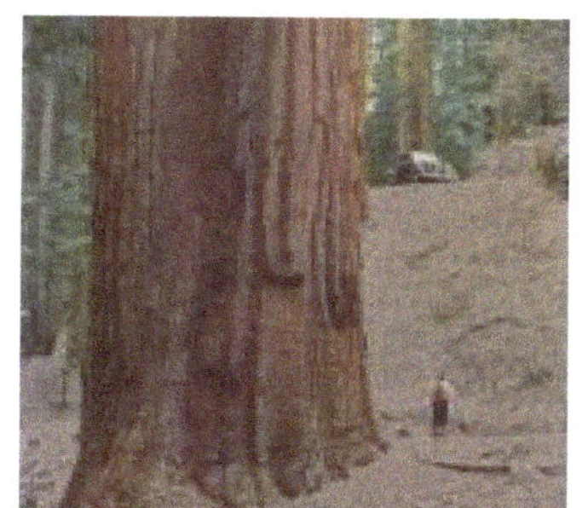

40

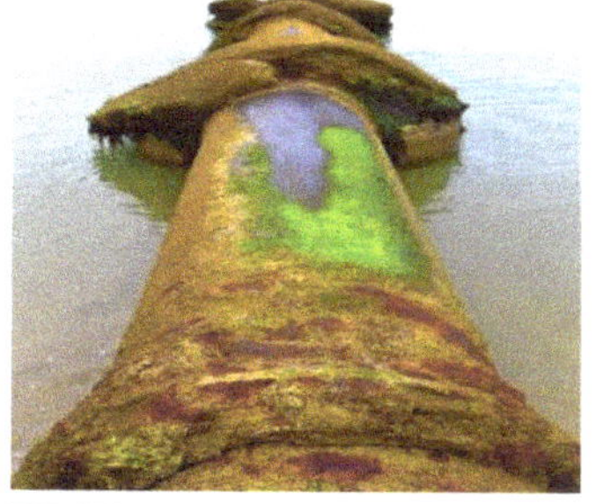

41

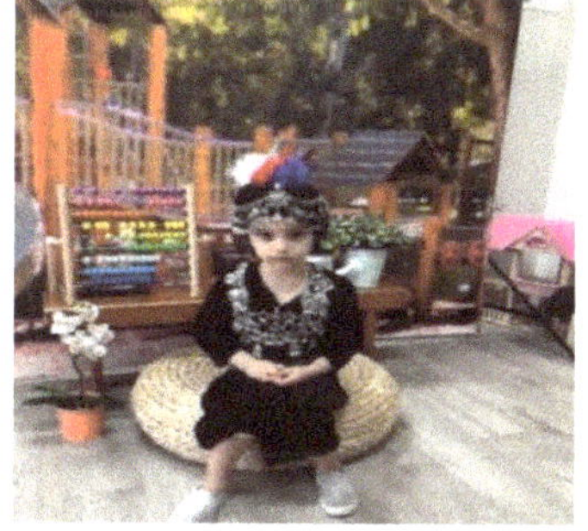

42

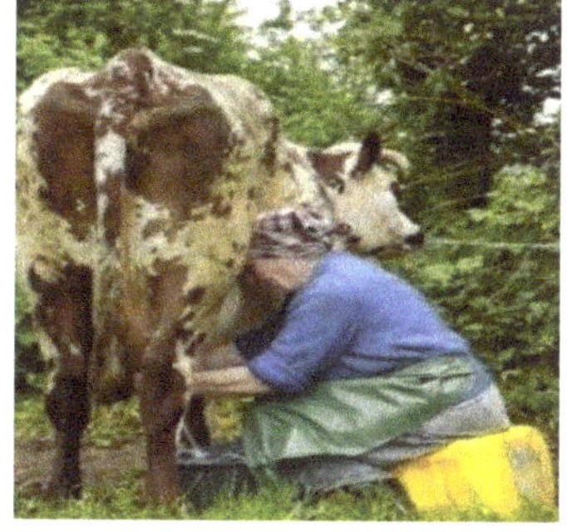

43

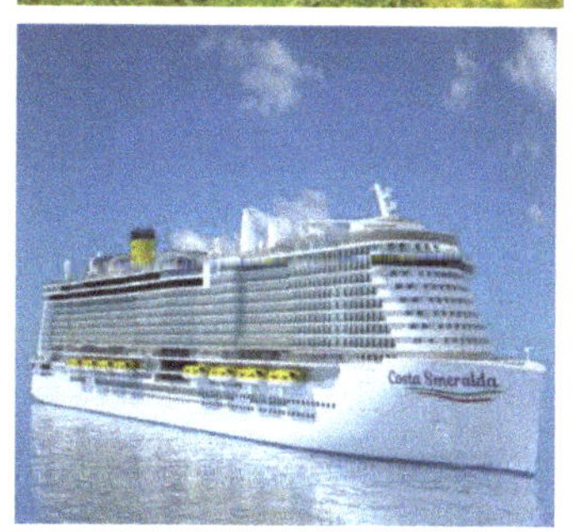

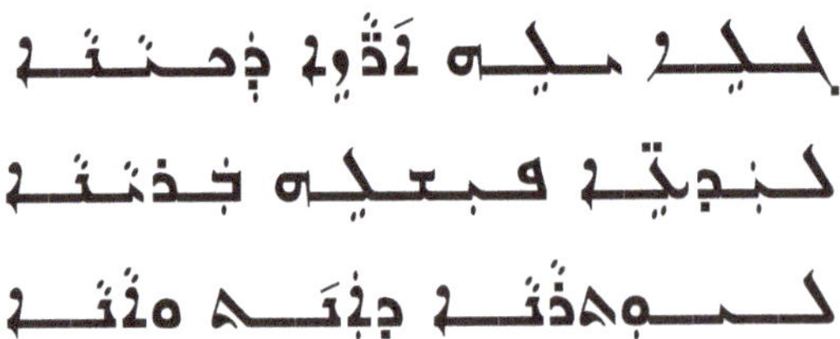

44

45

46

47

---

[10] خائن، غادر — traitor
[11] ألبرت أينشتاين — Albert Einstein

49

50

51

52

53

12 عالم عربي مسيحي نسطوري (حنين ابن اسحق) Hunayn ibn ishaq

13 ܢܓܕ، يجر, يسحب, يجذب Pulls up

54

ܟܗܓܕܐ ܕܕܓܝܡ ܐܘܐ ܚܘܕܟܐ
ܝܝܢܝܕܐ ܐܝܗ ܗܘܒܟܟܐ
ܚܘܕܝܟܟܐ ܬܢ ܡܝܦܟܟܐ

55

ܘܕܘܐ ܝܘܗܘ ܚܘܕ ܩܝܒܝܐ
ܟܪ ܗܝܐ ܠܗܘܢ ܕܦܬܒ ܕܗܒܝܐ
ܚܘܗܕܒܝܕܐ ܕܦܠܝܓܘ ܘܘܒܝܡ

56

ܚܢܢܐ ܗܡܗܘܦܐ ܗܕܝܓ ܕܘܐ
ܐܝܗ ܠܗ ܐܓܟܢܐ ܕܝܢܦܐ
ܚܚܠ ܕܘܦܐ ܗܘܐ ܘܘܦܐ

57

ܗܘܝܡ ܝܝܓܕܐ ܝܗܒܝܕܐ ܚܘܘܟܐ
ܠܘܡܩܒܐ ܩܓܢܐ ܚܝܢܓ ܝܟܐ
ܚܕܘܗܘܝ ܕܝܝܟܐ ܚܝܝܓ ܕܕܟܐ[14]

58

ܟܪ ܝܝܟܓܐ ܠܘܝ ܗܘ ܚܘܟܕܐ
ܚܚܠ ܚܝܓܐ ܐܝܗ ܝܝܓ ܗܘܡܕܐ
ܕܟܐ ܟܪ ܚܝܣܘܒ ܠܝܗܟܕܐ[15]

[14] دَرب, طريق — Path, road
[15] عكر, كدر — Turbid

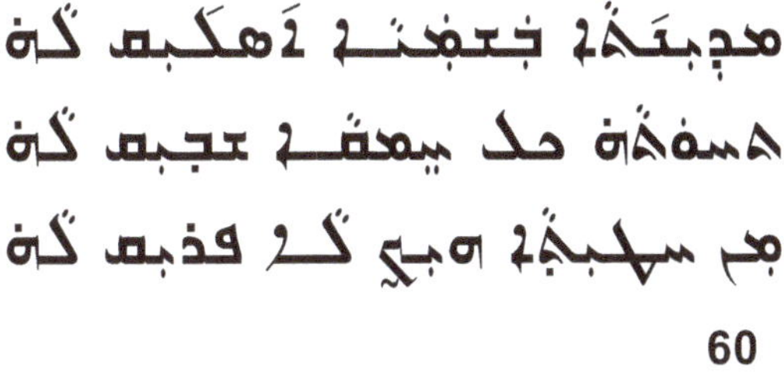

59

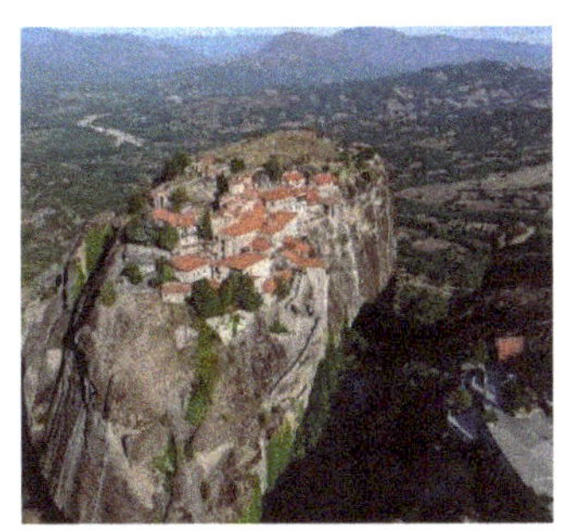

60

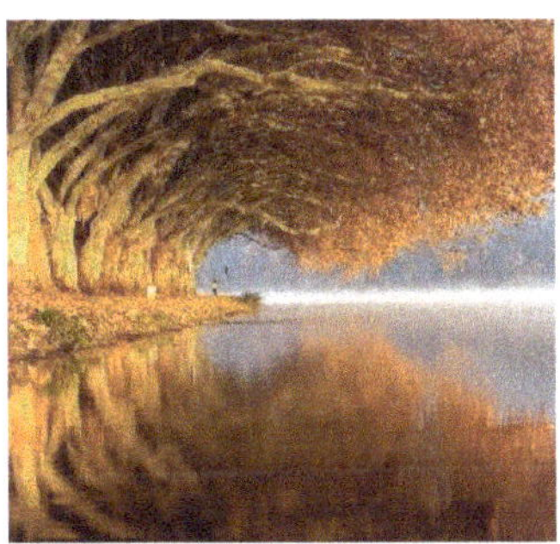

61

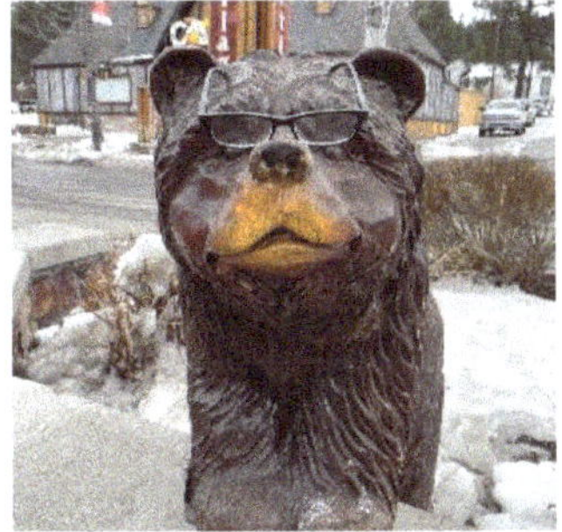

62

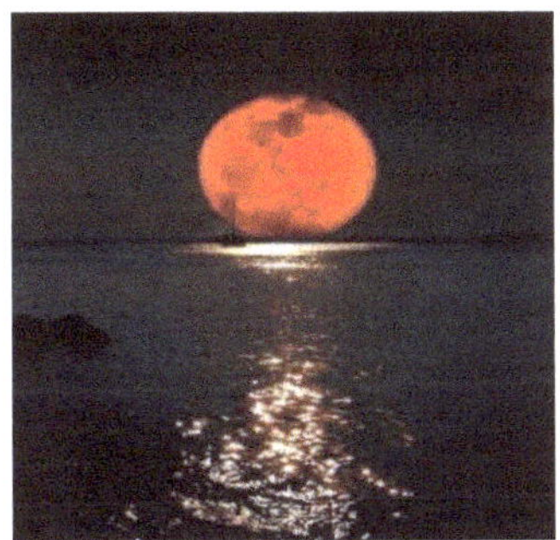

63

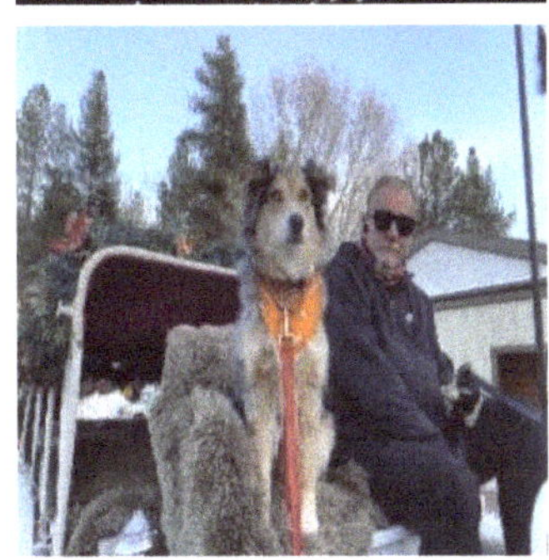

64

65

66

67

68

---

[16] الدكتورة ساندي شمعون اخصائية طب العائلة في اونتاريو، كندا

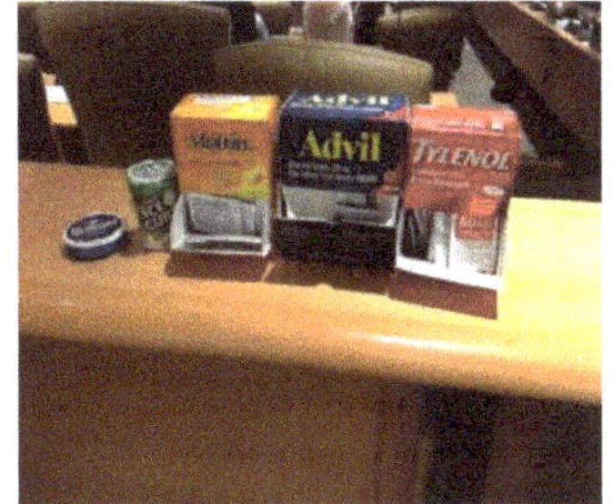

69

70

71

72

73

Containment	احتواء [17]
Covid 19	مرض الكورونا [18]
Headache	ألم في الراس [19]

74

75

76

77

---

[20] اعتمَ, غُشِي على بصره   He went blind
[21] تكنولوجيا, أتقان.   Technology, Technique

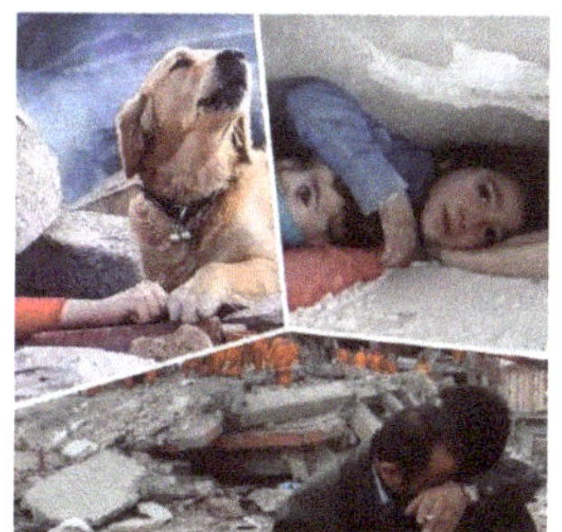

78

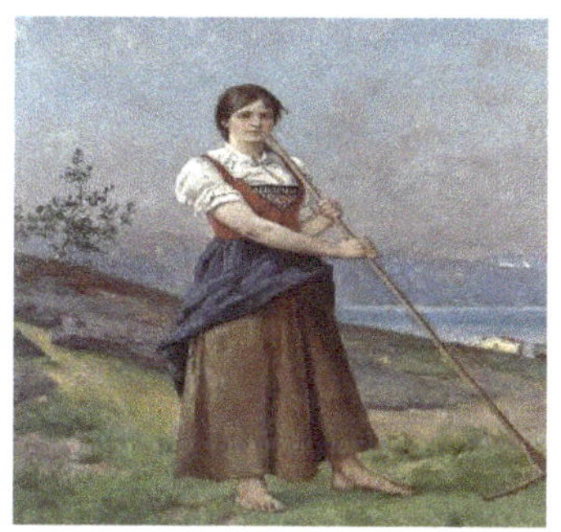

79

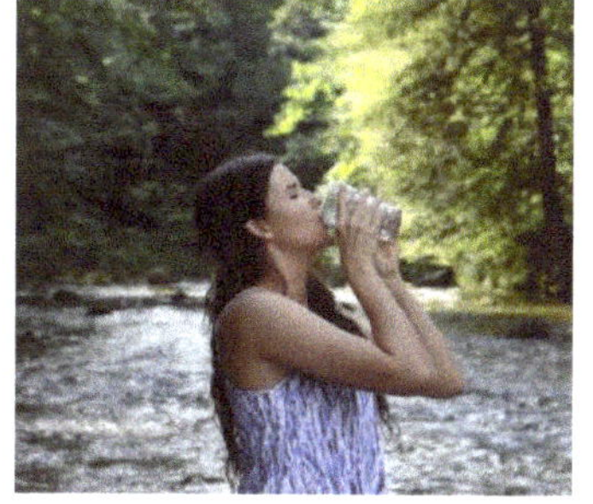

80

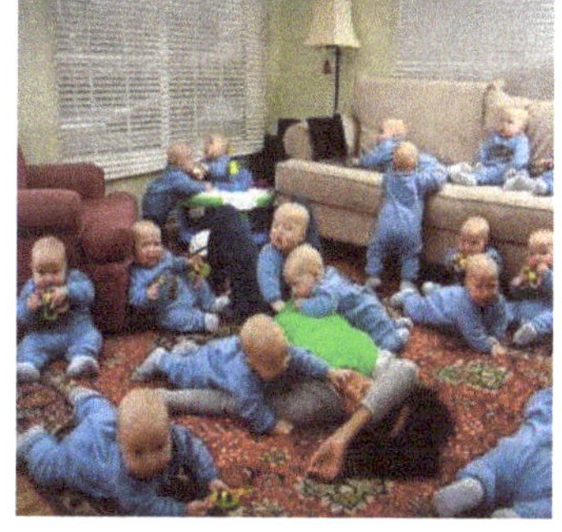

81

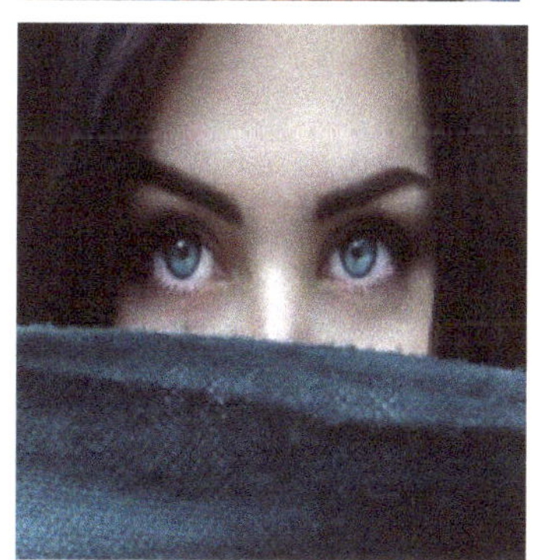

82

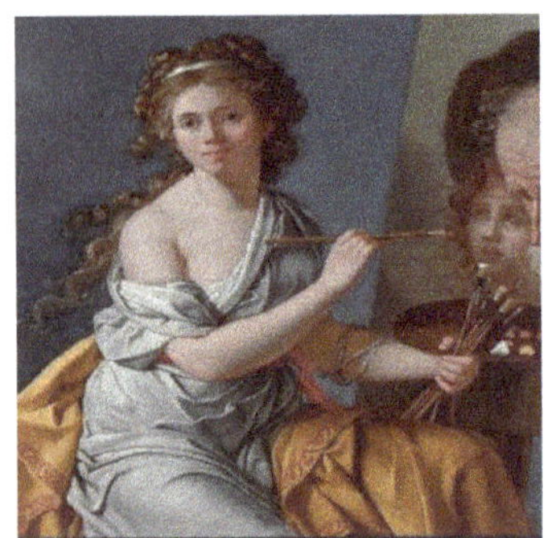

83

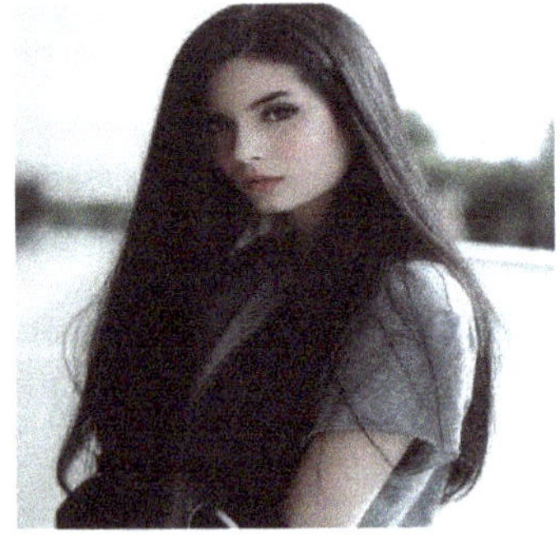

84

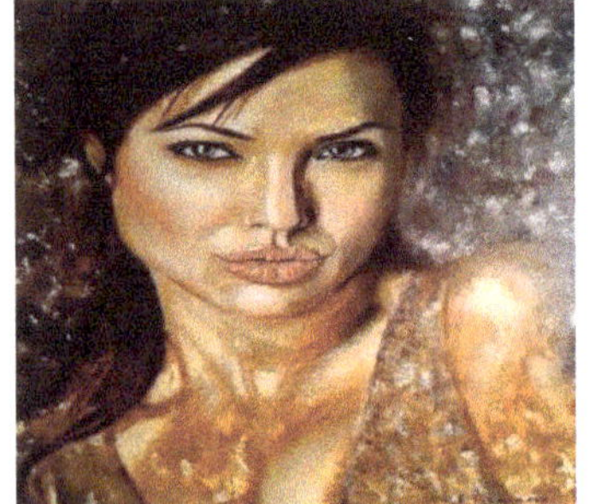

85

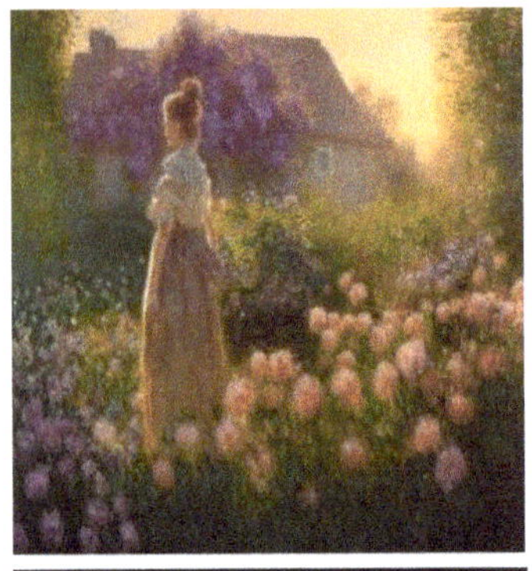

86

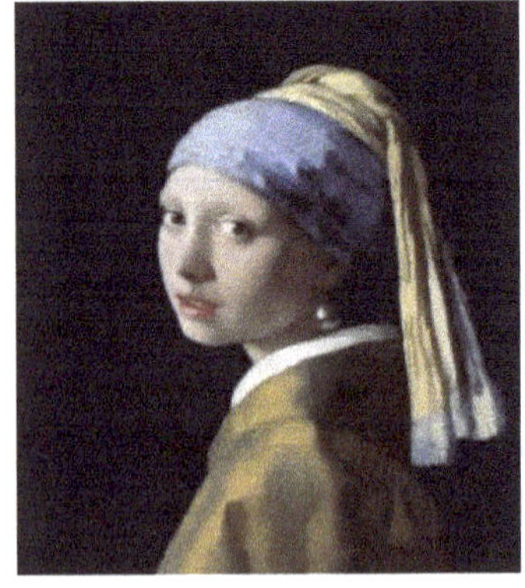

87

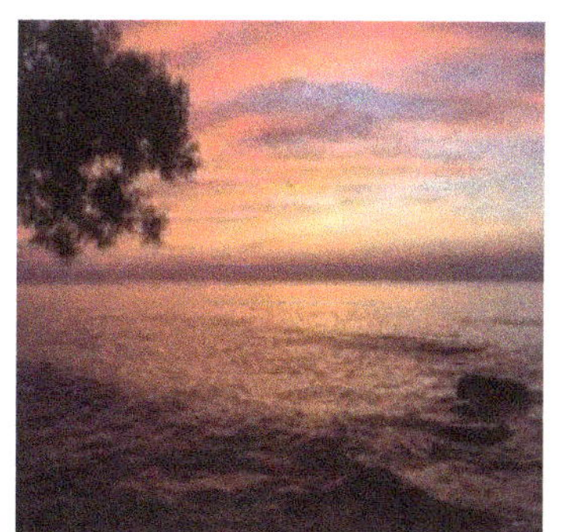

88

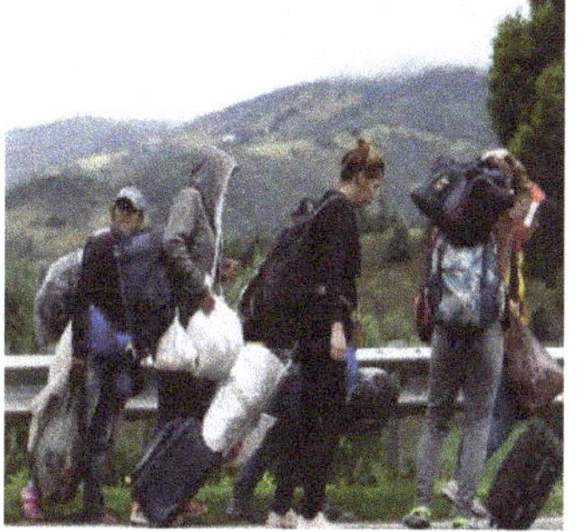

89

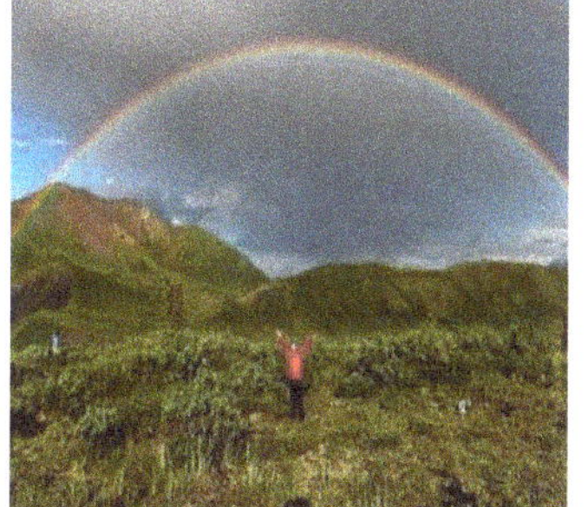

90

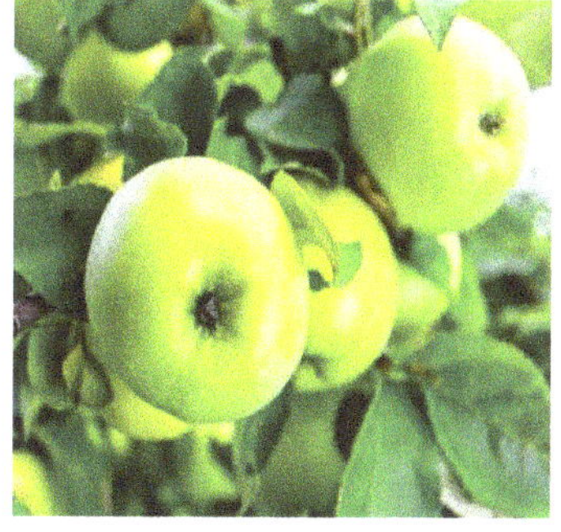

91

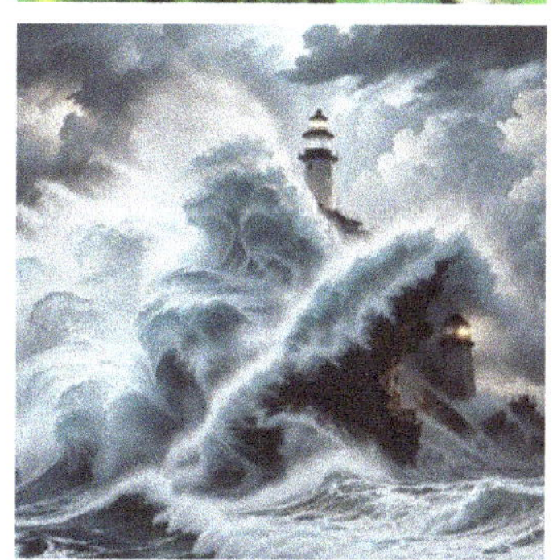

92

---

22 توابل   Spices

93

ܒܝܬܐ ܕܩܘܒܠܐ ܝܩܝܪܬܐ
ܠܩܠܐ ܕܢܦܫܐ ܝܩܝܪܬܐ
ܘܕܝܐ ܕܝܘܡܝܐ ܢܣܝܟܬܐ

94

ܕܘܝܐ ܕܡܒܝܟܐ ܚܝܠܘܘܓ
ܝܥܬܐ ܩܠܒܣܟܐ ܗܢܡܘܓ
ܦܘܓܐ ܚܢܓܕܐ ܢܣܘܓ

95

ܥܘܩܕܘܗ ܕܥܒܦܐ ܚܒܓ ܩܕܢܐ
ܗܓܘܝܬܐ ܝܓܐܠܘܗ ܢܝܕ ܕܕܢܐ
ܣܘܡܗܘܗ ܩܝܒܣܘܓܐ ܓܕܢܐ

96

ܠܝܝܐ ܟܐ ܝܡܬܐ ܚܝܠܘܘܓ
ܗܠܝܐ ܟܐ ܠܕܢܐ ܕܢܒܣܘܓ
ܣܘܕܝܐ ܘܕܩܐ ܚܟܝܠܕܘܓ

97

ܝܠܩܐ ܠܗܘܓܕܐ ܣܕܐ ܚܕܠܩܐ
ܥܠܒܓܐ ܚܕܘܝܐ ܕܝܐ ܢܠܩܐ
ܝܪ ܥܦܢܐ ܠܓܒܬܐ ܥܠܩܐ

98

99

100

101

102

---

[23] ܝܘܢܐ: غَشاوة العين, خَيال Imagination, Blurred eye
[24] قلق, اضطراب Anxiety, disorder

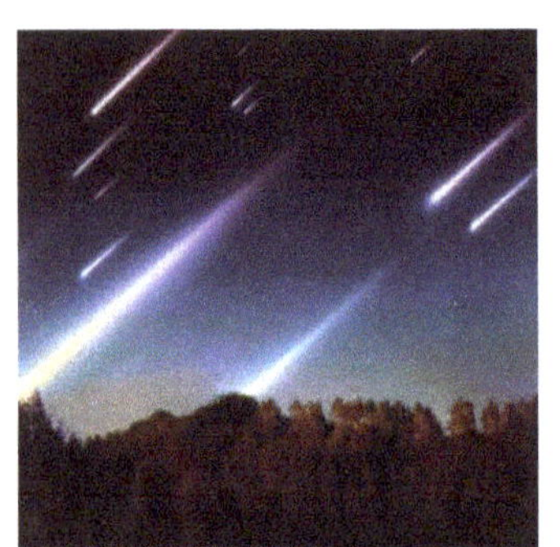

103

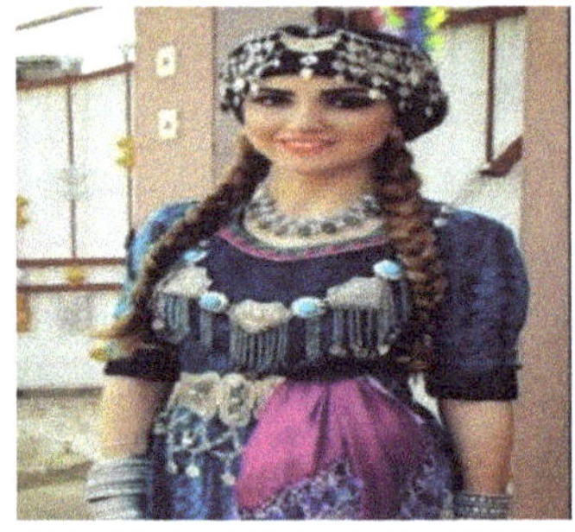

104

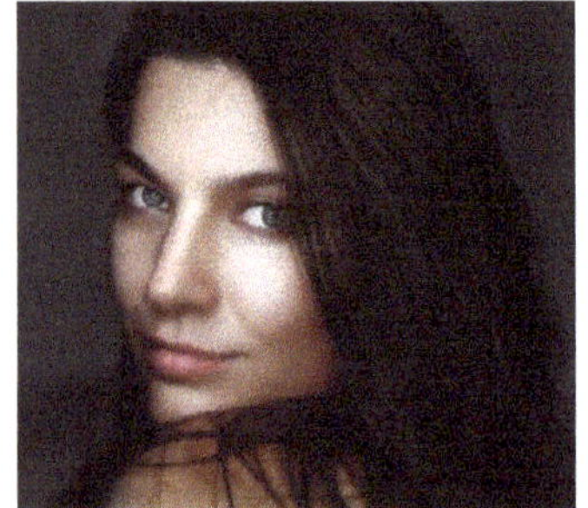

105

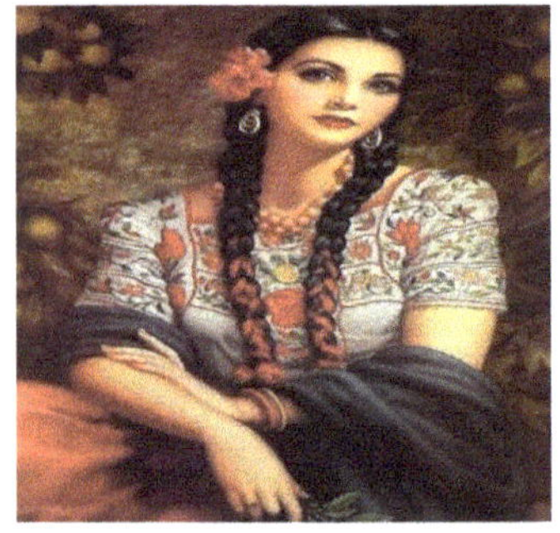

106

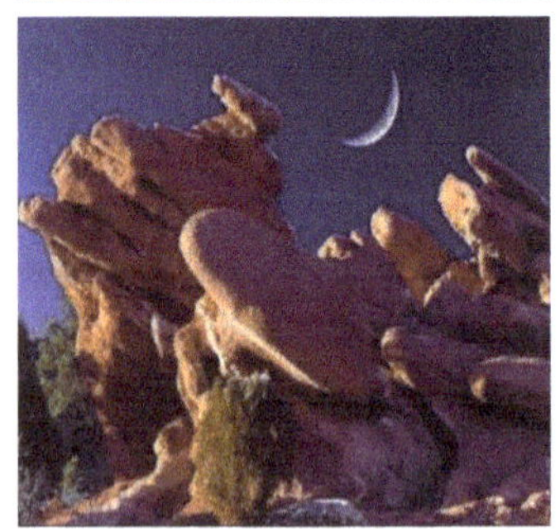

107

108

109

110

111

112

113

――――――――――――――――
[25] جوم، بئر غزير الماء   A well with abundant water

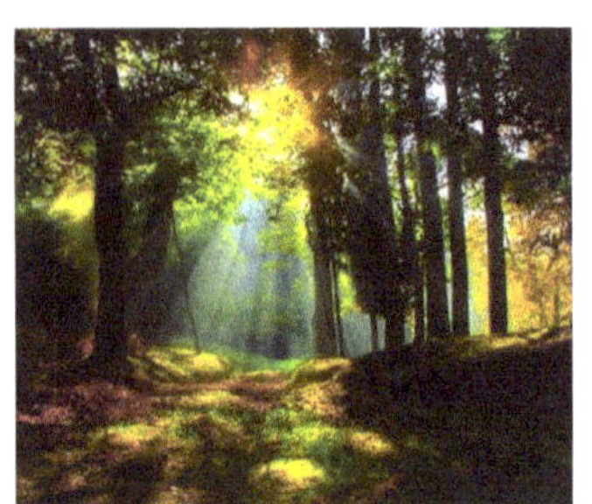

114

115

116

117

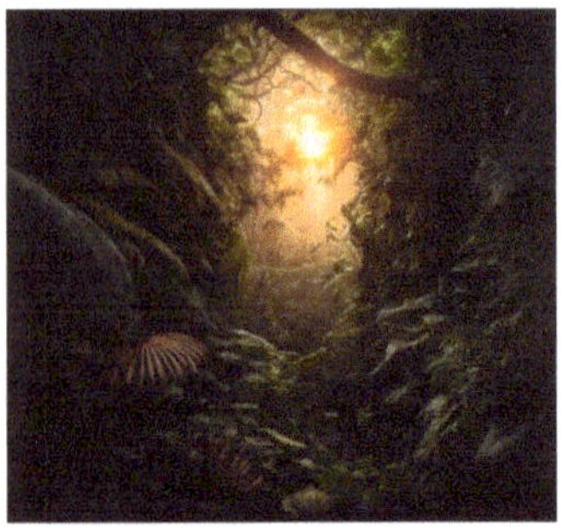

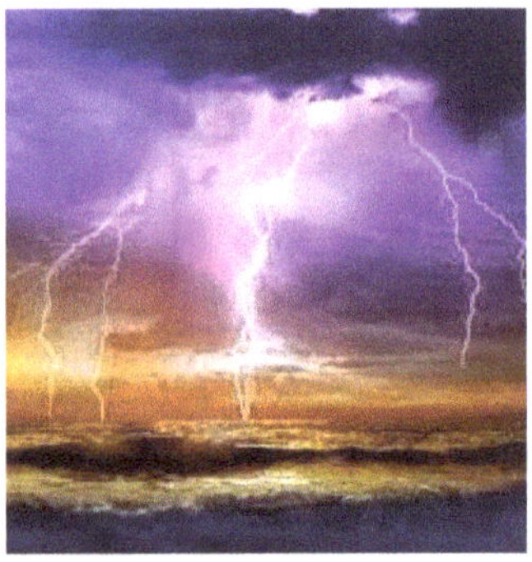

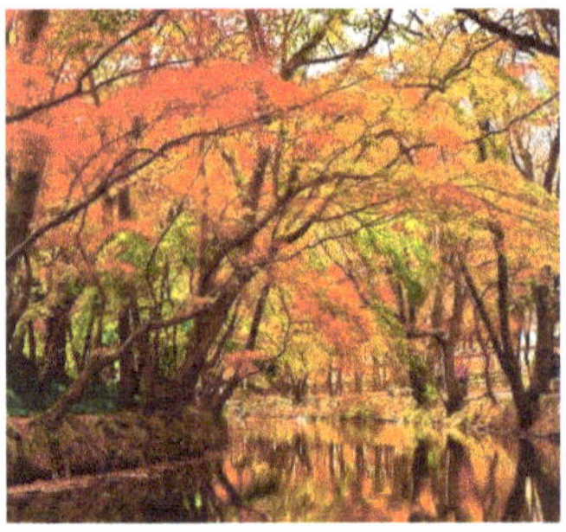

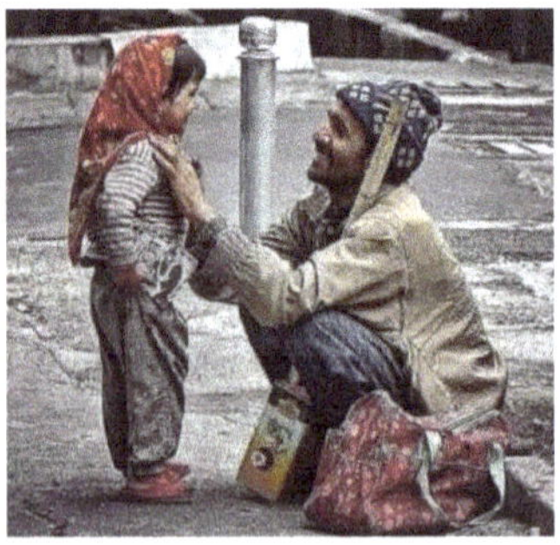

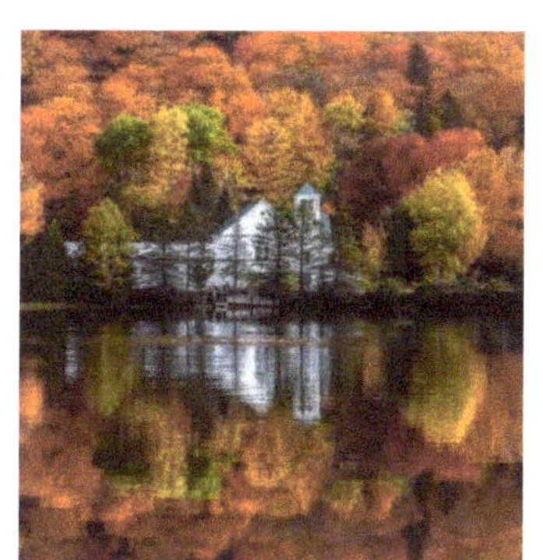

118

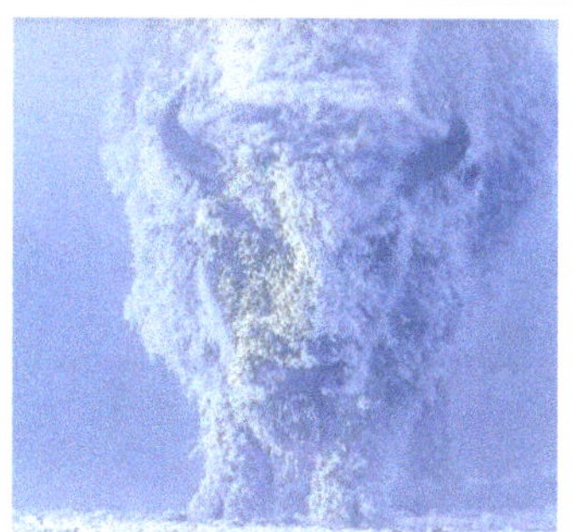

119

120

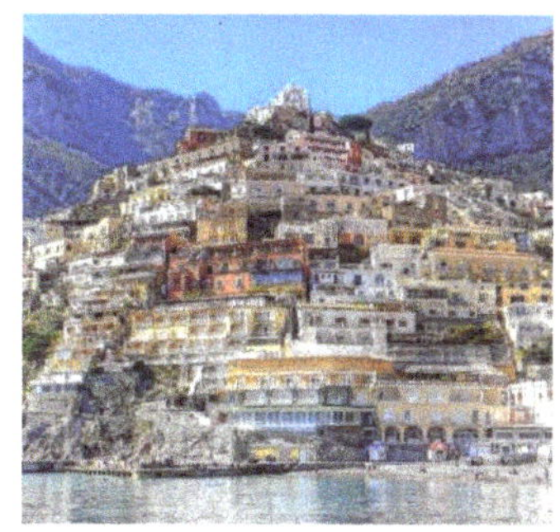

121

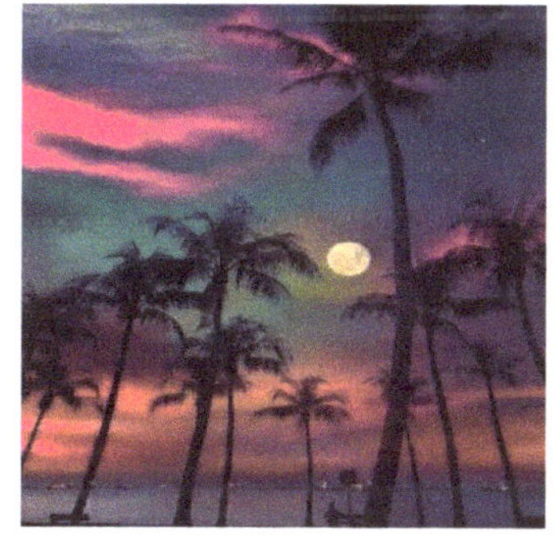

122

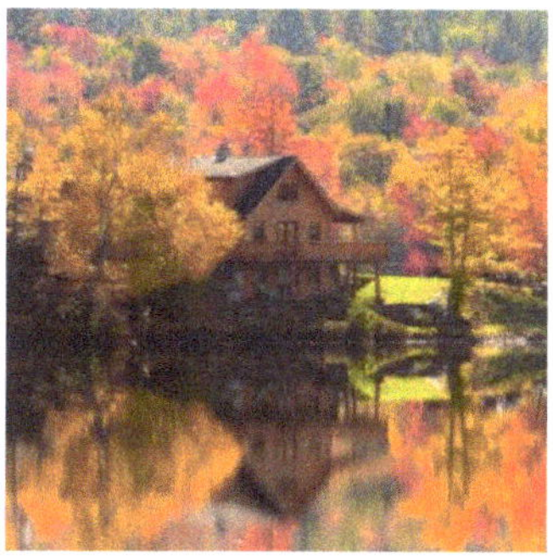

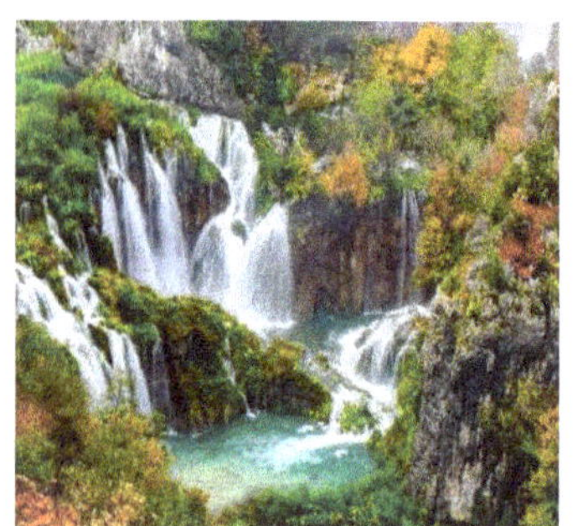

123

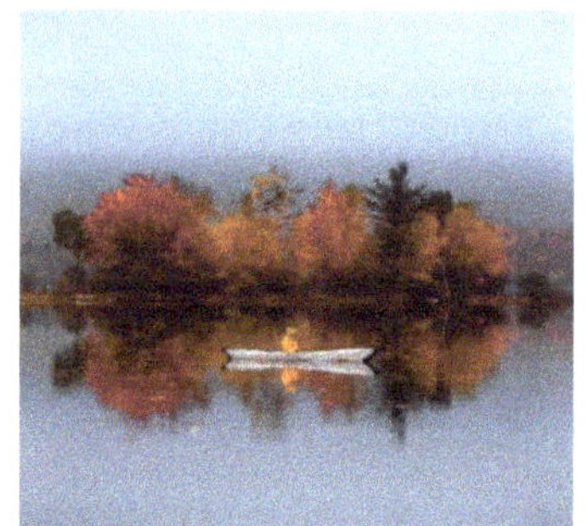

124

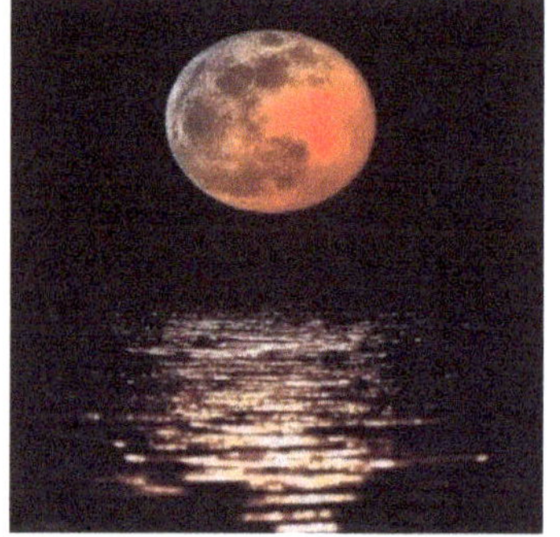

125

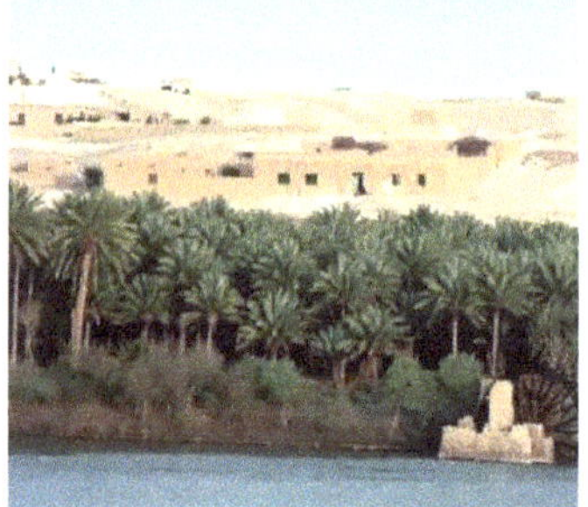

126

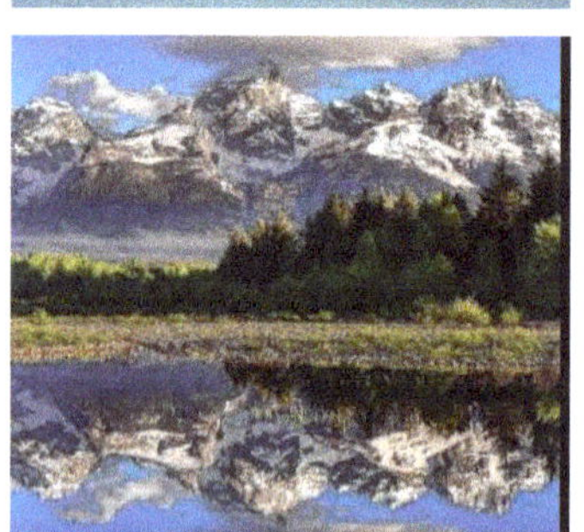

127

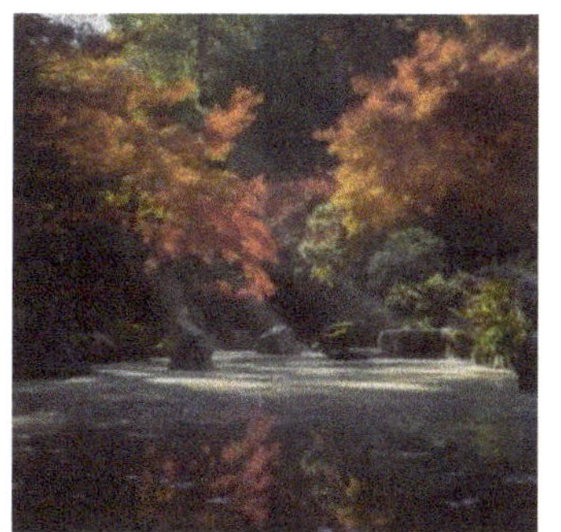

128

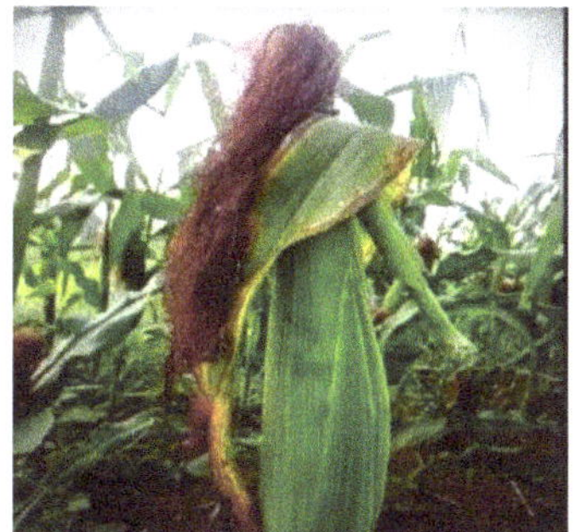

129

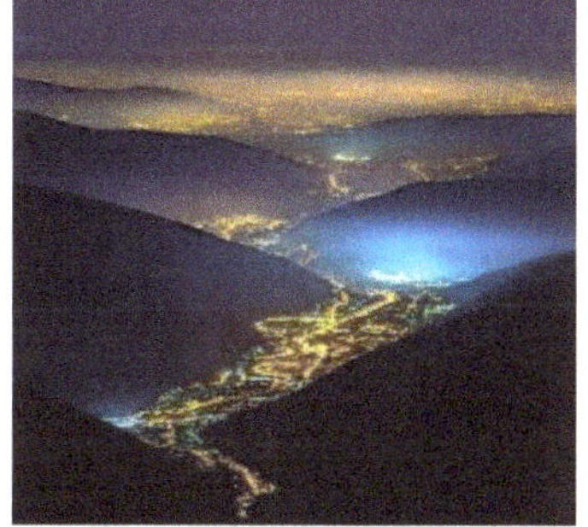

130

131

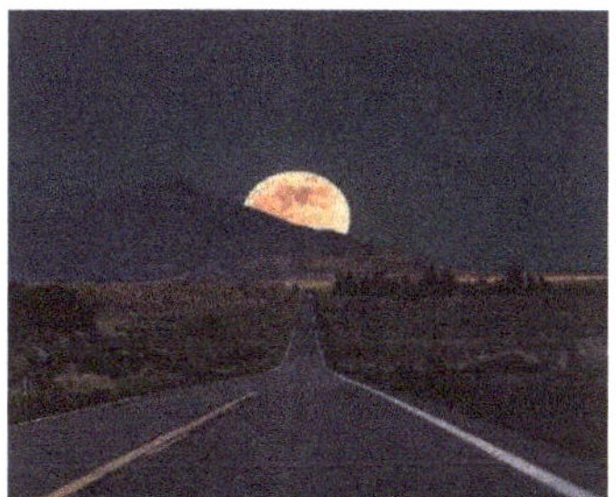

132

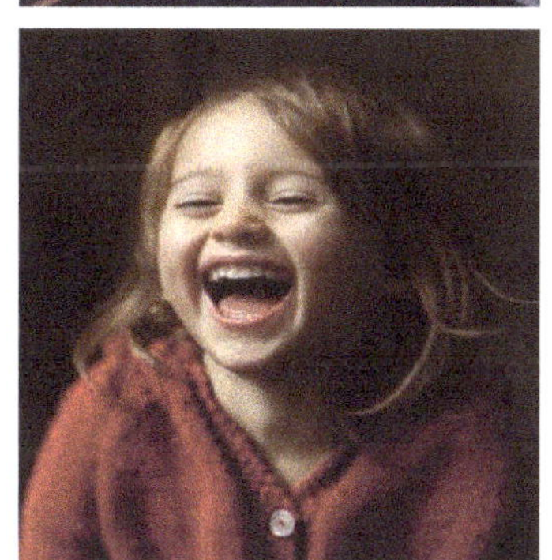

---

[27] الشعر المنفوش

Fluffy hair

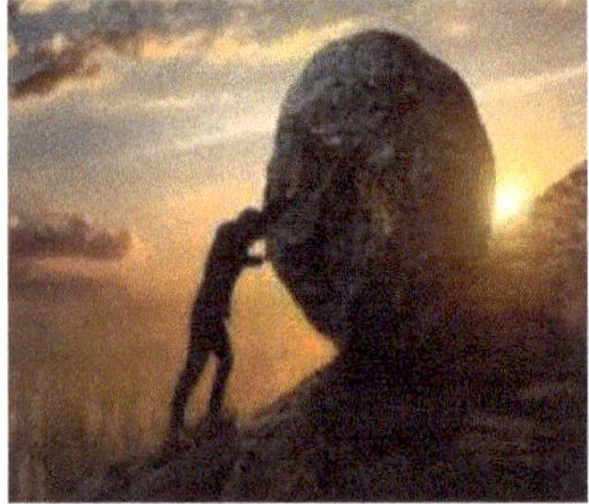

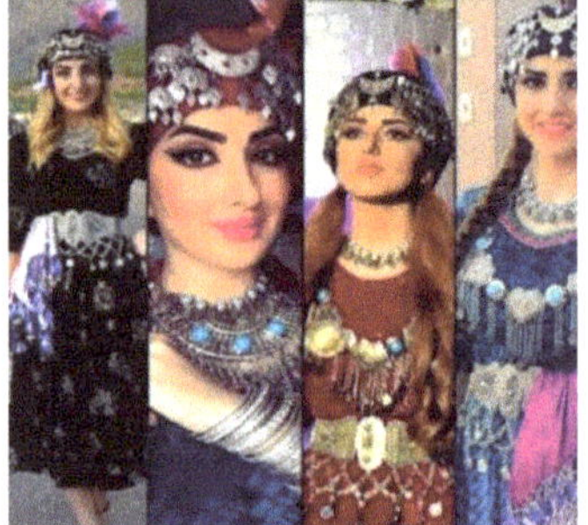

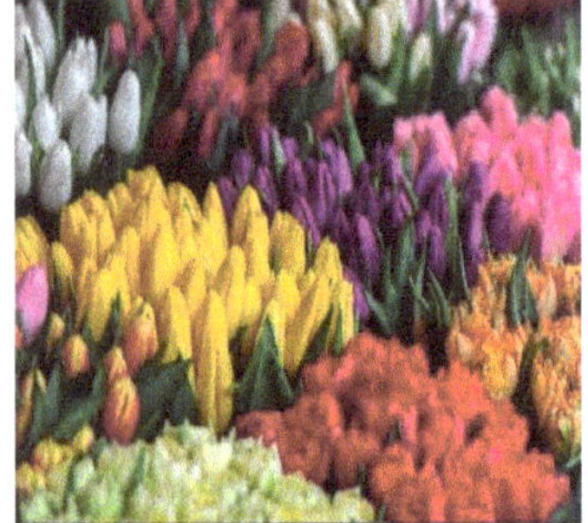

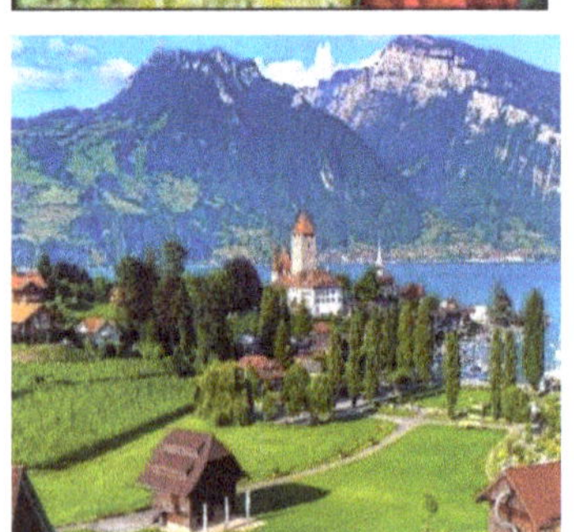

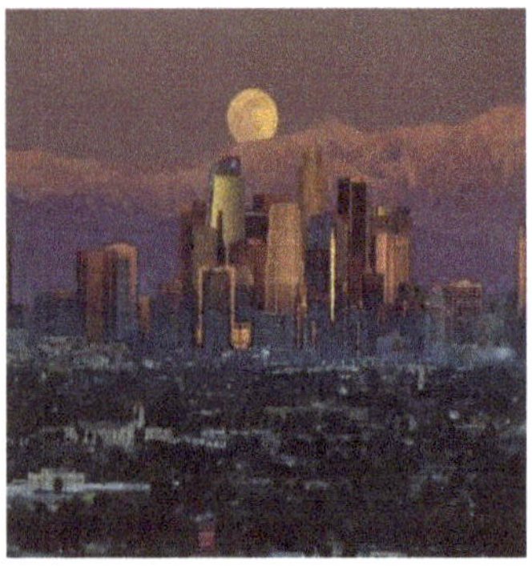

133

134

135

136

137

---

[28] خريطة   Map

138

139

140

141

142

<hr>

[29] ܚܝܠܡܝܬܐ ܡܢ ܩܪܬܐ ܕܝܕܘܦܝܐ ܚܦܪܝܟܫܬܐ ܕܢܝܢܘܐ. A young Girl from Sharafia Village, Nineveh

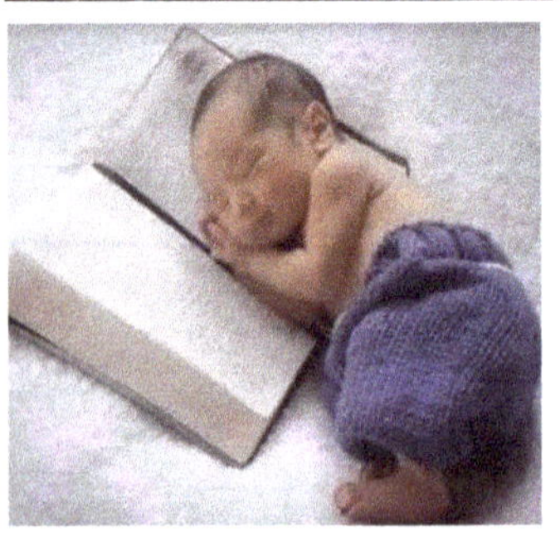

143

ܡܛܒܝܣܝܟܗ ܝܢܩܗ ܕܘܒܢܟܗ
ܡܢ ܝܢܢܝܓܗ[30] ܚܘܕܐ ܦܟܢܟܗ
ܐܘ ܦܝܓܕ، ܗܡܒܗܝܟܗ ܗܦܢܟܗ[31]

144

ܚܢܘܦܩܬܗ ܕܘܓܢܗ ܡܗܝܒܝܗ
ܥܒ2ܟܝ ܡܢܬܗ ܒܢܕܝܝܗ
ܚܦܢܝܩܗ ܡܢ ܟܘܦܟܕ ܠܘܒܝܗ

145

ܠܒܩܗ ܕܢܩܗ ܘܩܟܢܗ
ܝܢܢܗ ܦܚܗܝܒ ܝܢܟܕܝܗ
ܚܩܗ ܥܒܝܣܟܗ ܝܢܢܬܗ

146

ܕܒܩܟܗ ܠܚܘܘܟܗ ܘܟܕ ܥܡܒܗܝܟܗ
ܡܒܢܘܓܝܗ ܝܒܕܝܗ ܦܟܒܗܝܟܗ
ܕܝܟܟܕ ܚܝܟܟܓܝܕ ܓܕ ܡܥܒܗܝܟܗ

147

ܚܩܗ ܠܓܗܩܗ ܣܟܗ ܗܟܒܓܗ
ܡܢ ܝܝܗܘܗ ܡܝܒܗ ܟܗ ܝܢܢܓܗ
ܕܡܒܓܝܗ ܦܗܟܒܡܝܗ ܚܝܒܓܗ

<hr>

[30] صنبور — fauct
[31] يحترق, يشتعل — Burns, Ignite

148

149

150

151

152

---

[32] ܓ̰ܘܠܝ،   شخصان يحملان نفس الاسم (المؤلف)   Same name

[33] السيد سمير اوشالم وعائلته, سدني استراليا

[34] المهندس اشور يوسف وحفيدته ليلي. شغل منصب رئيس الجمعية الخيرية الاشورية الامريكية لغدّة سنوات، وهو ابن اخت الشاعر العراقي المعروف سركون بولص. (صديق المؤلف)

[35] فارس   knight

153

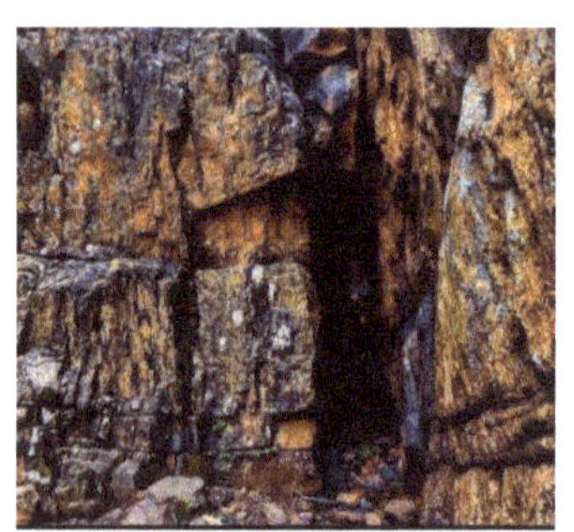

154

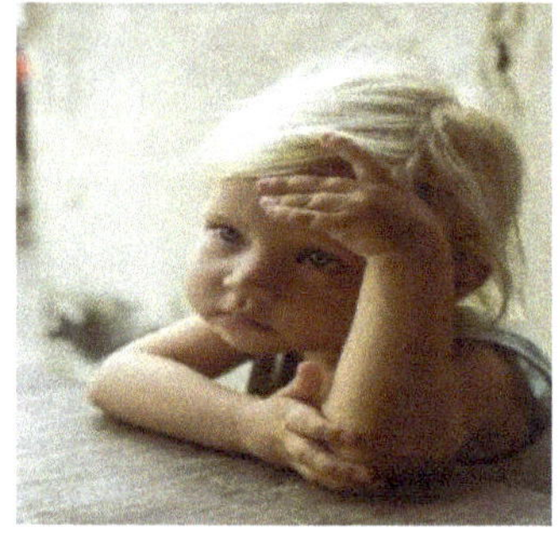

155

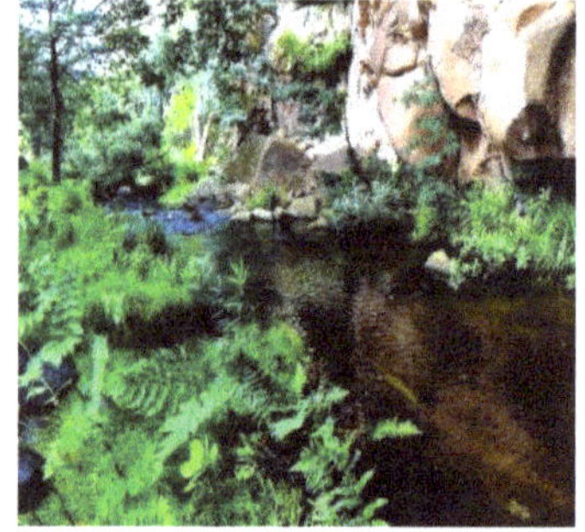

156

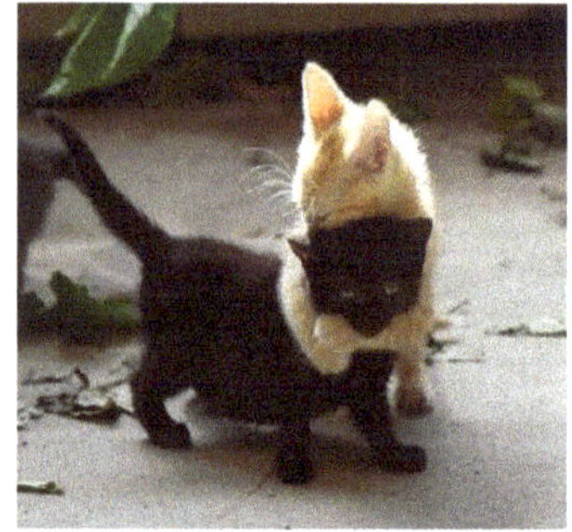

157

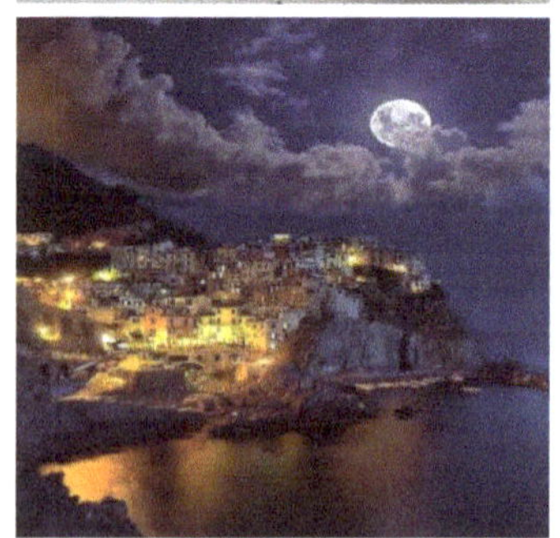

94

158

159

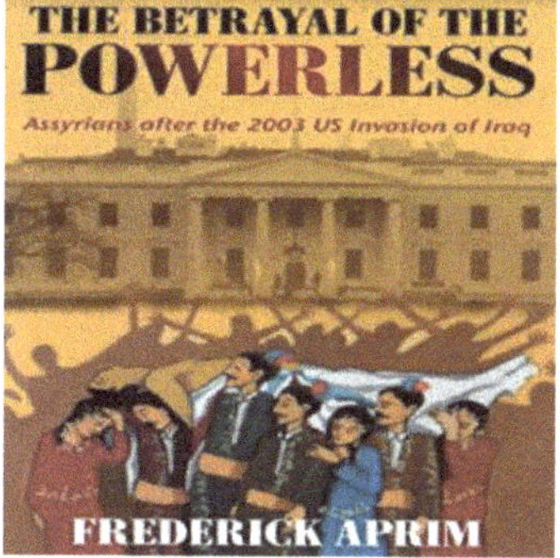

160

161

162

[36] زهرة، برعم   Blossom, Bud
[37] تركيز   Concentration
[38] صورة المؤلف د. سمير جونة بالزي الاشوري   Dr. Samir Johna in Assyrian Uniform

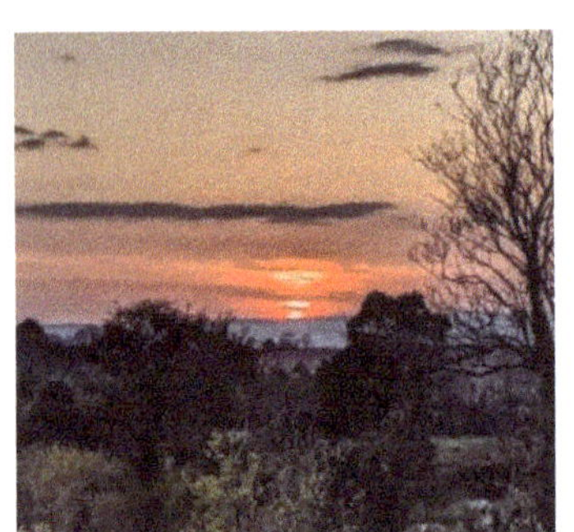

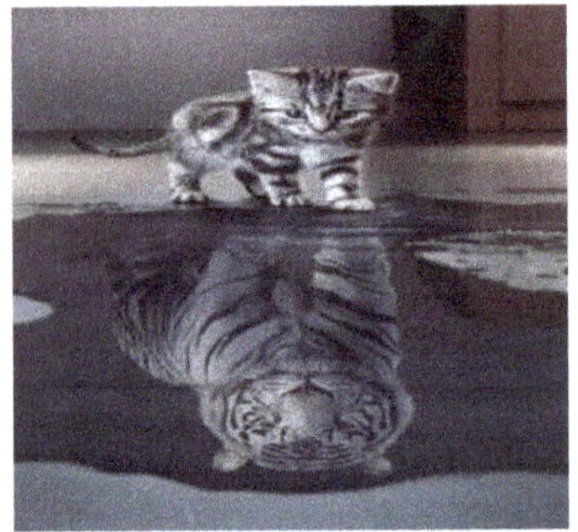

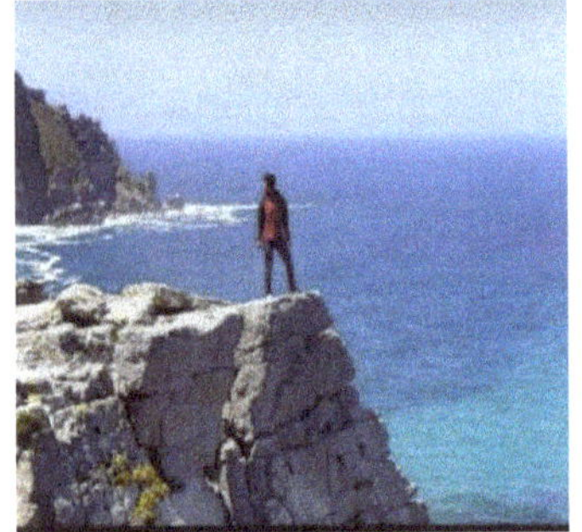

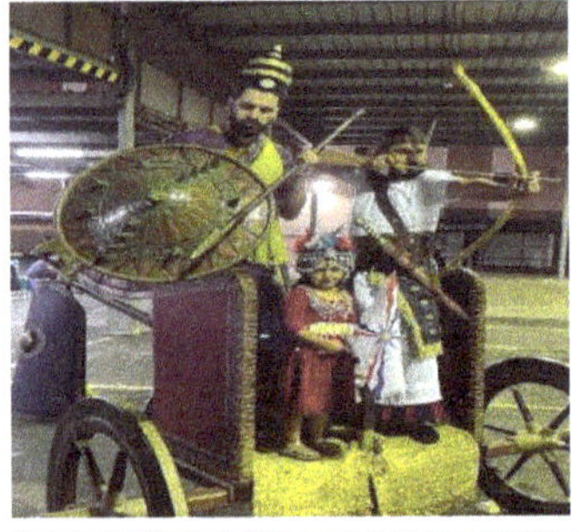

163

164

165

166

167

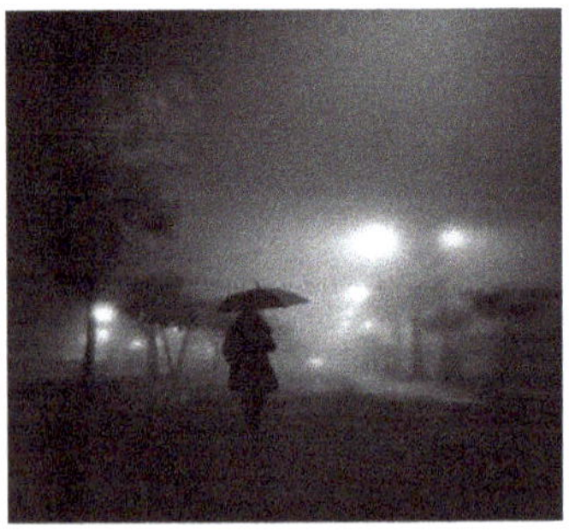

168

169

170

171

172

She built a bridge   [41] بنت جسرا

Tie   [42] رباط

Rubble   [43] كومة، كدس

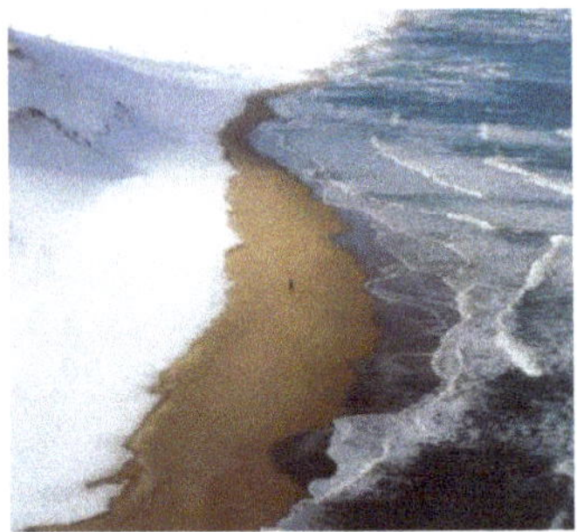

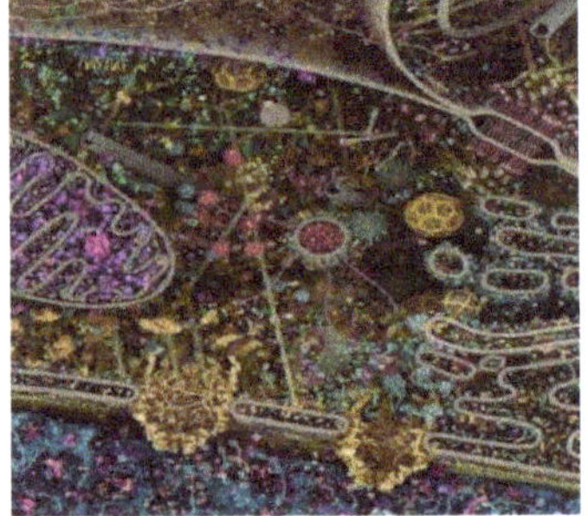

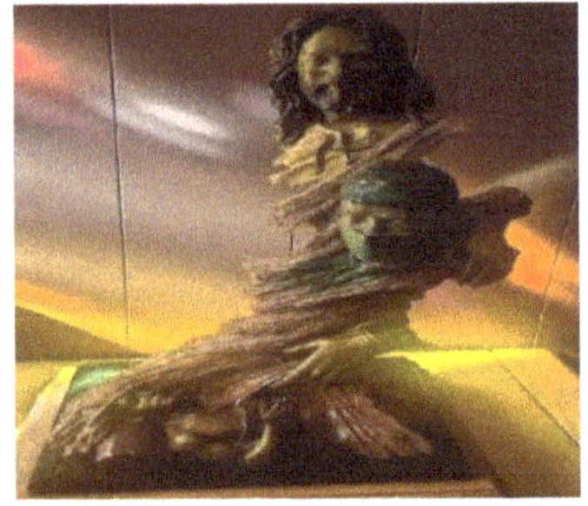

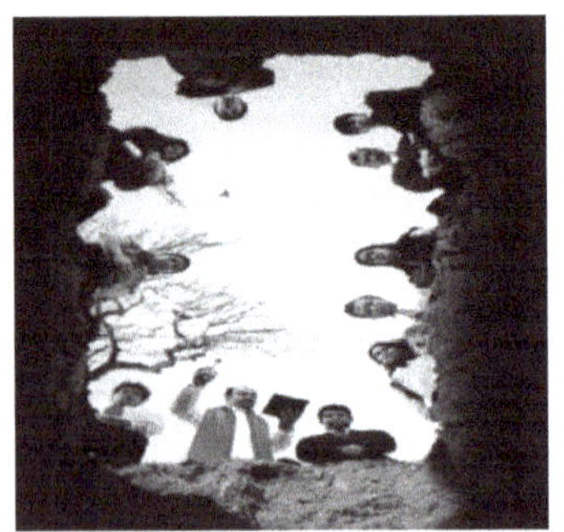

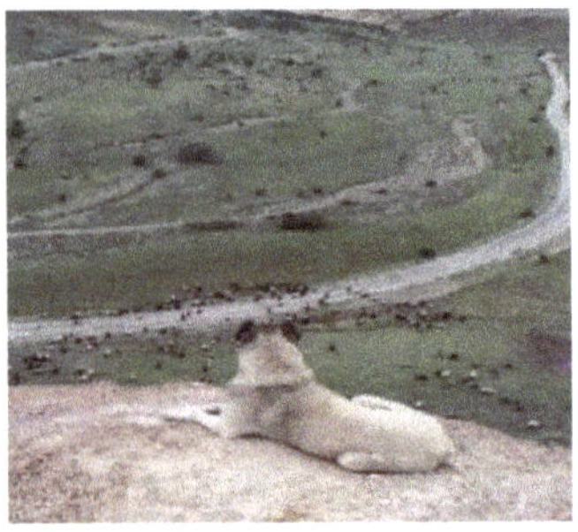

173

174

175

176

177

---

[44] حارس، ناطور

Guard, caretaker

178

179

180

181

182

———————
[45] صراع، قتال   Conflict, fighting
[46] متيقظ، منتبه   Attentive,

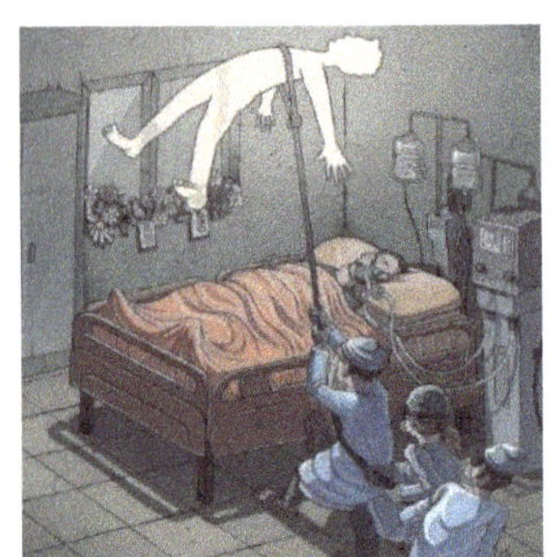

183

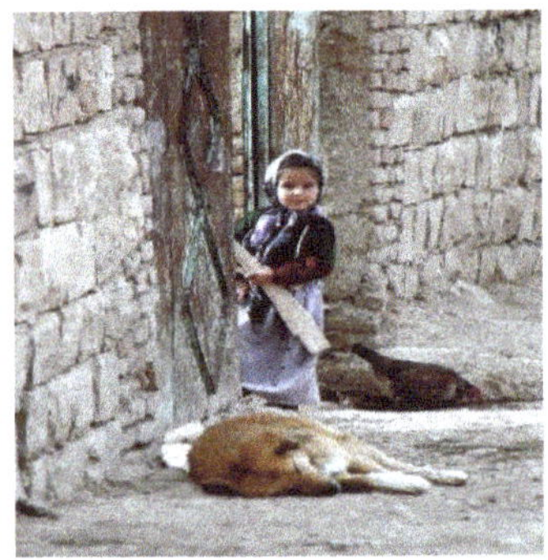

184

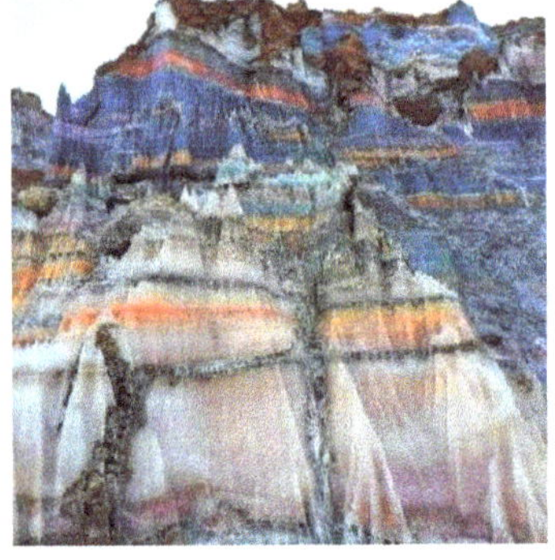

185

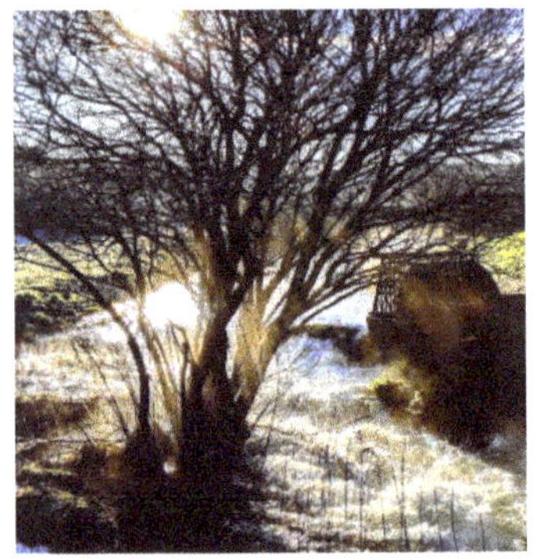

186

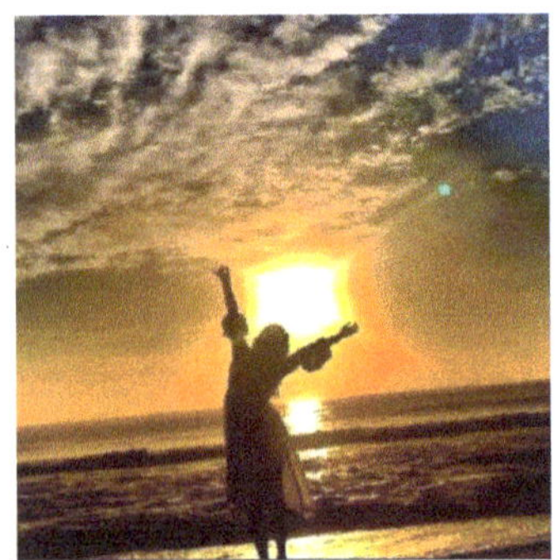

187

188

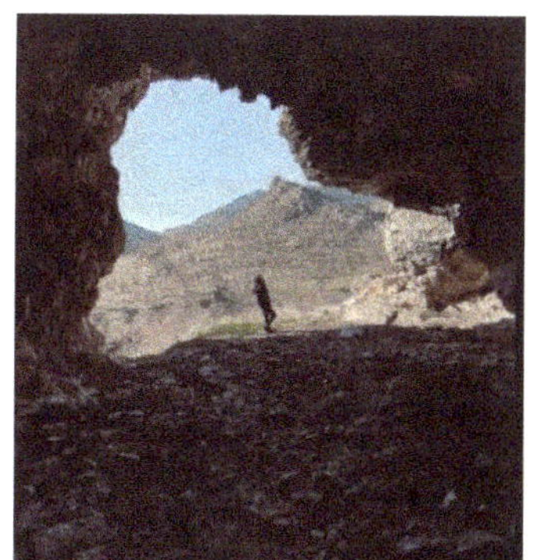

189

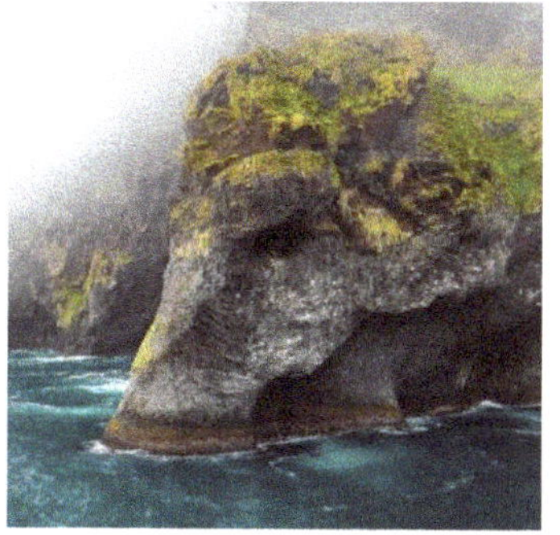

190

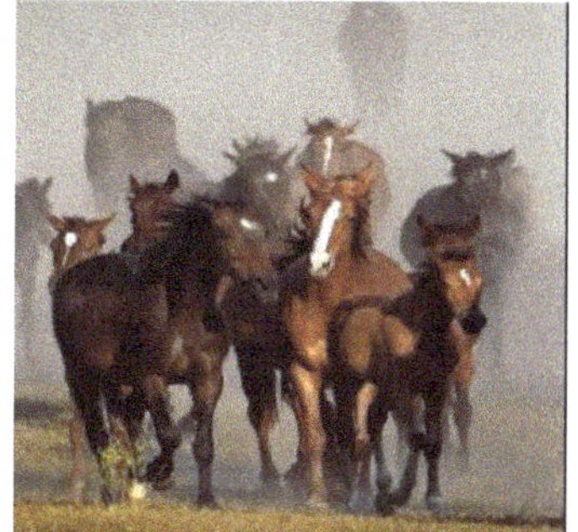

191

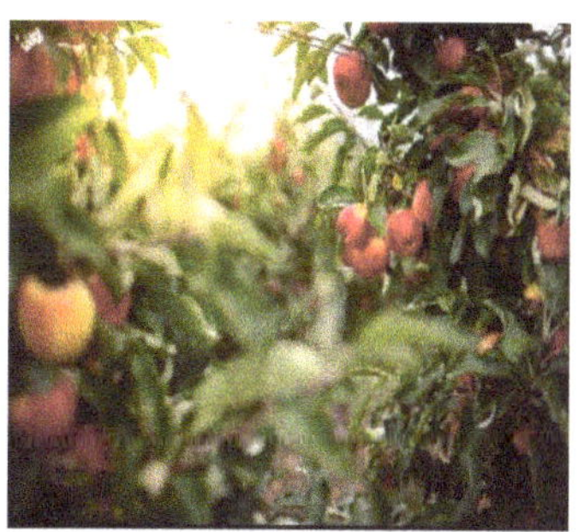

192

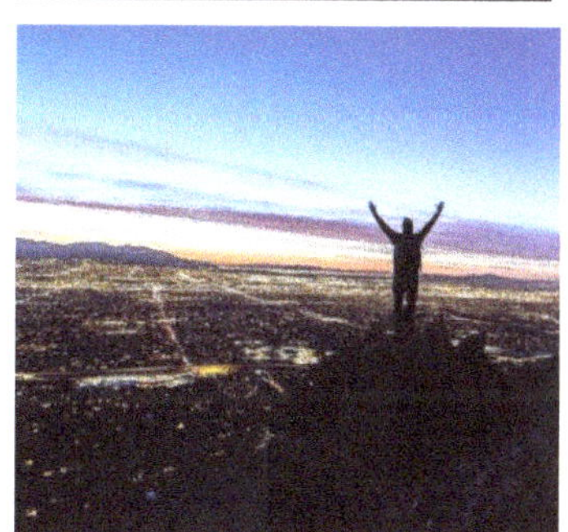

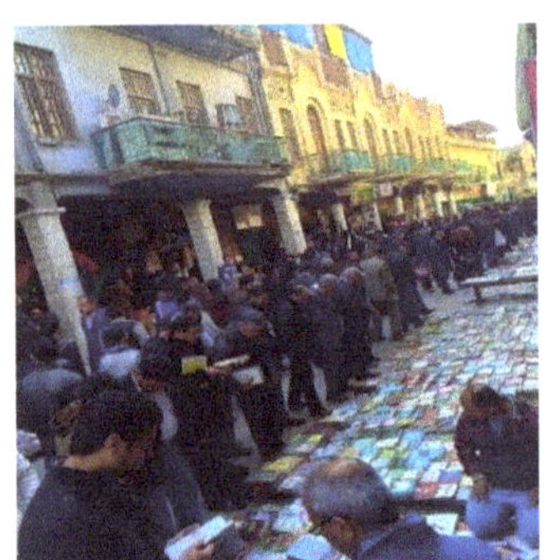

193

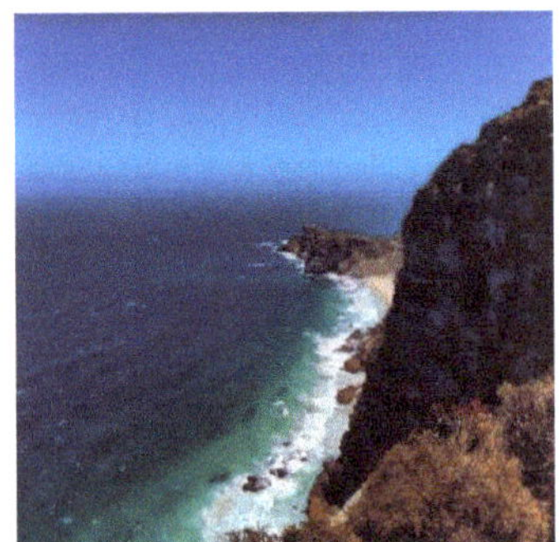

194

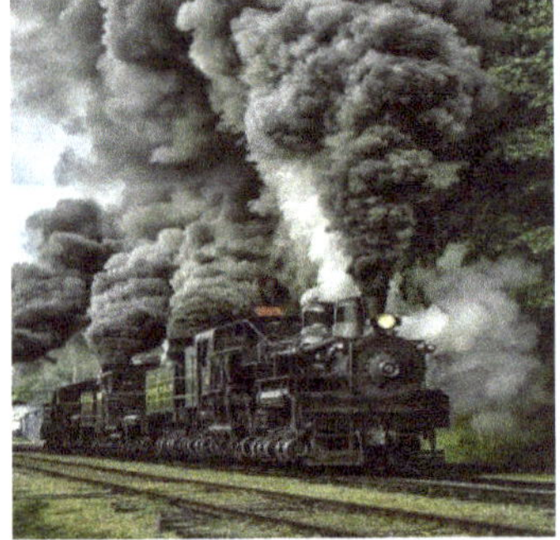

195

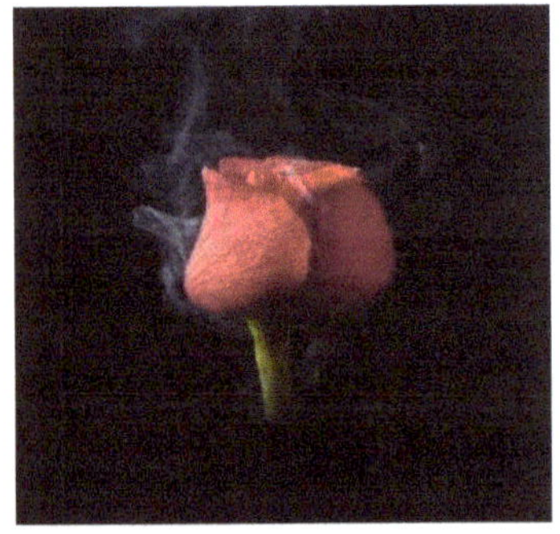

196

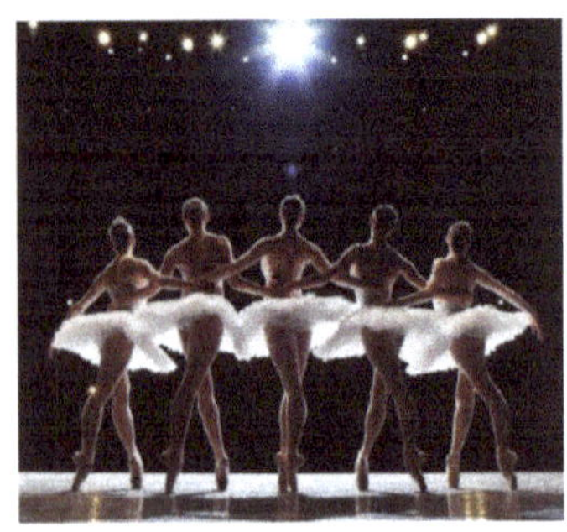

197

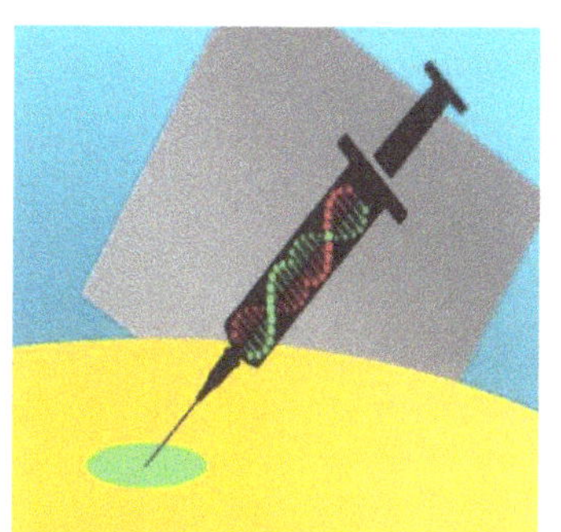

198

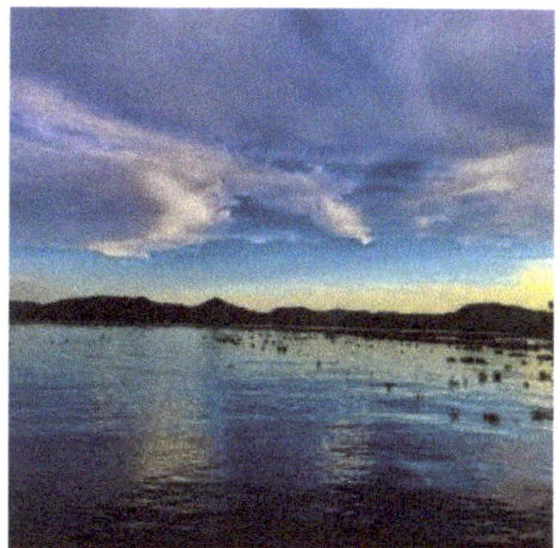

199

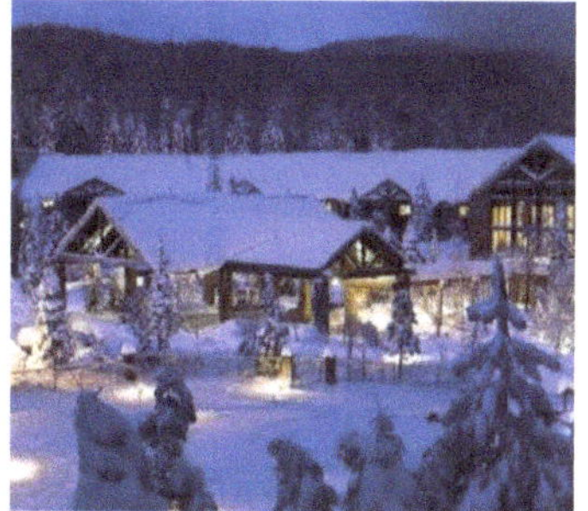

200

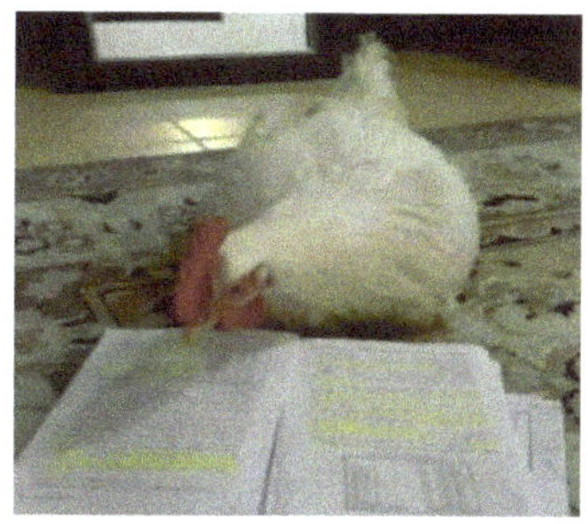

201

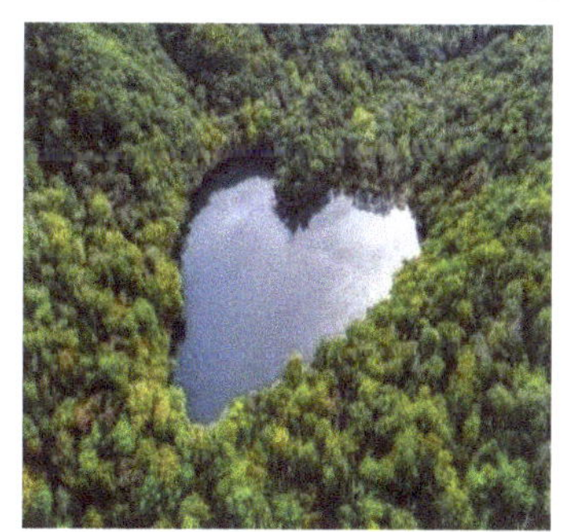

202

203

204

205

206

207

48 مارد، عاص   Disobedient
49 يمخر في العباب
50 أداة تفيد التوكيد وكذلك الانزعاج والتأفف.

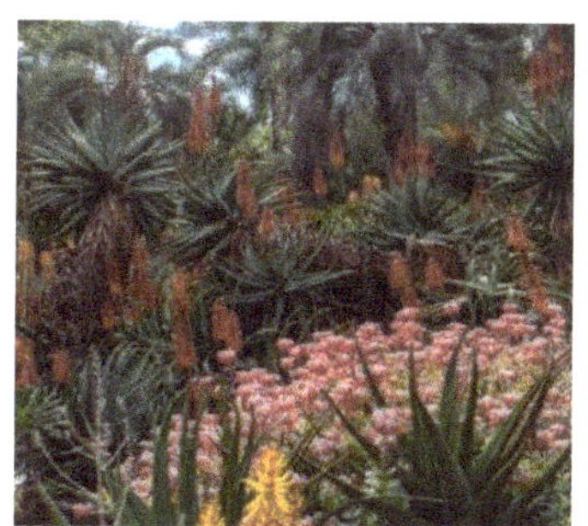

208

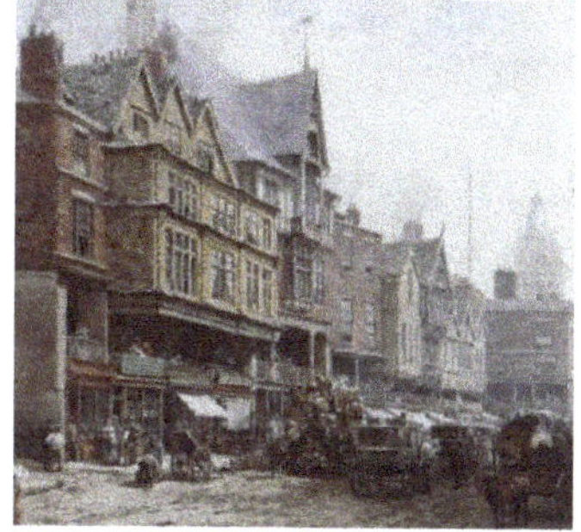

209

210

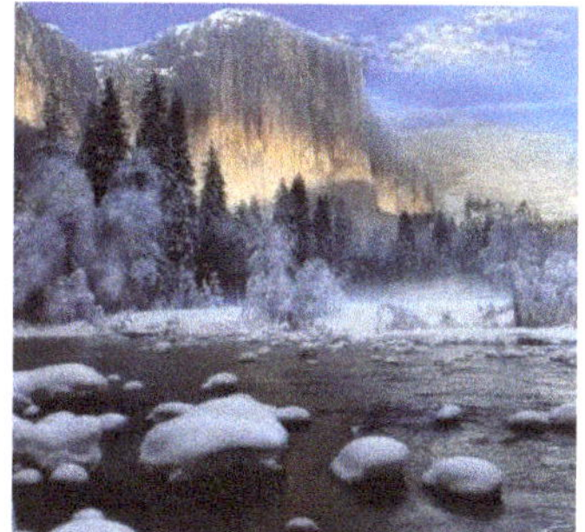

211

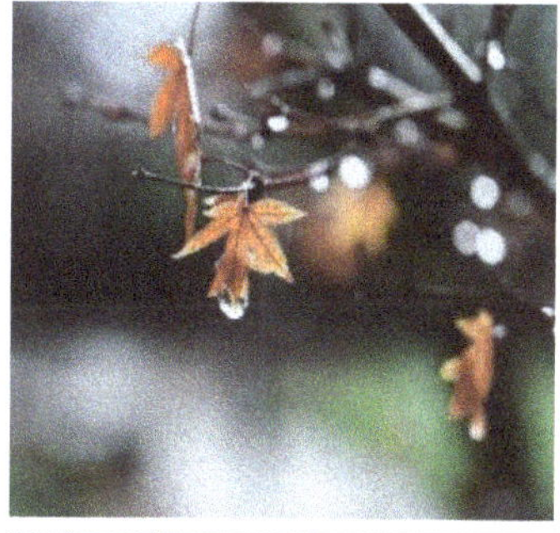

212

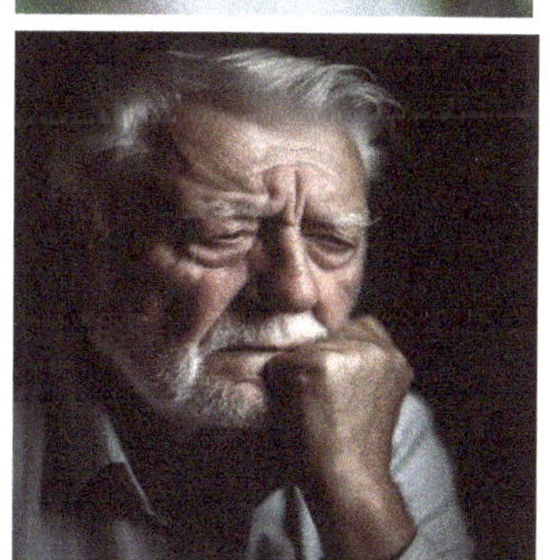

Technology   التكنولوجيا[51]

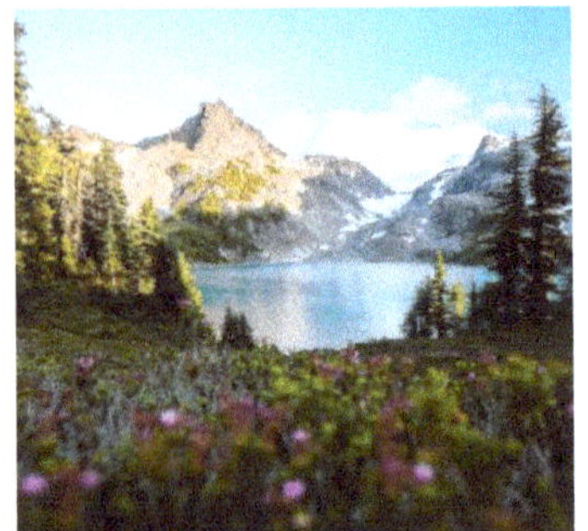

213

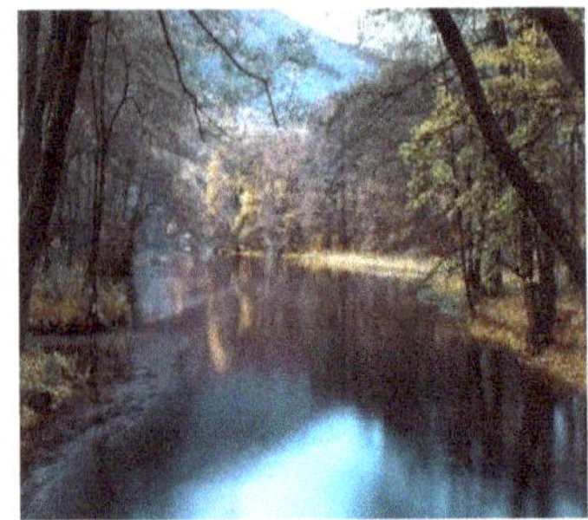

214

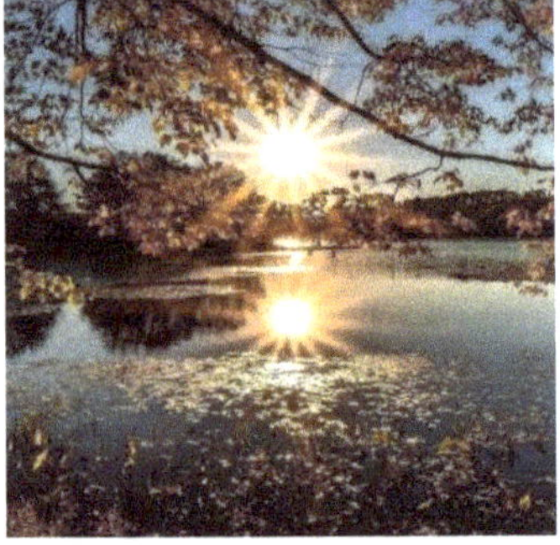

215

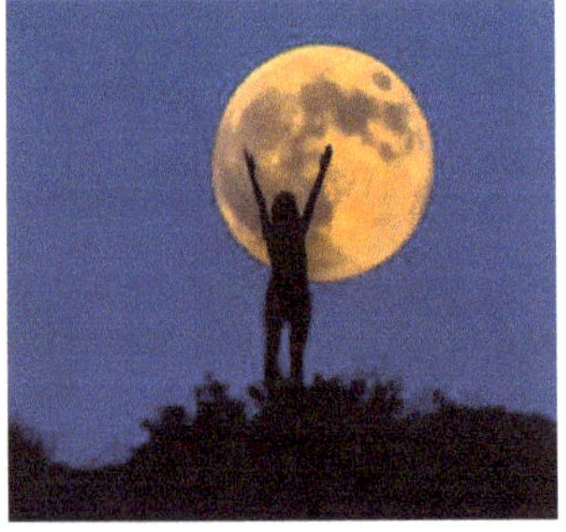

216

217

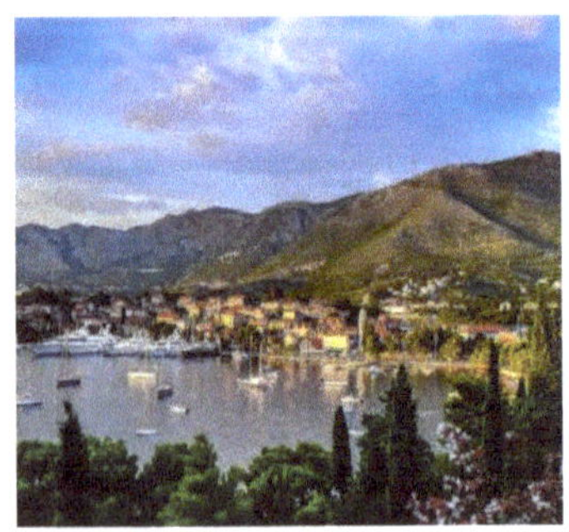

218

219

220

221

222

---

[53] قارب, مشحوف   Boat
[54] هور   Marshes
[55] بهجة   joy

232

224

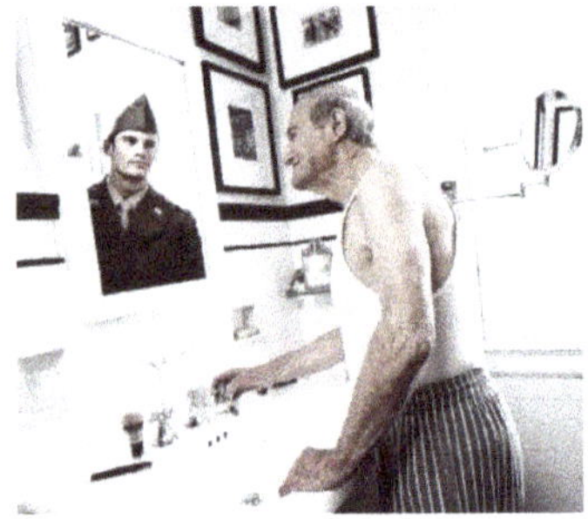

225

226

227

---

[56] الحناء للزينة وصبغ الشعر Henna Hair dye color
[57] الفيلسوف الفرنسي الشهير(فولتير) (Voltaire) The famous French philosopher (Voltaire)
[58] الدكتور علي الوردي عالم اجتماع عراقي Dr. Ali Al-Wardi an Iraqi sociologist

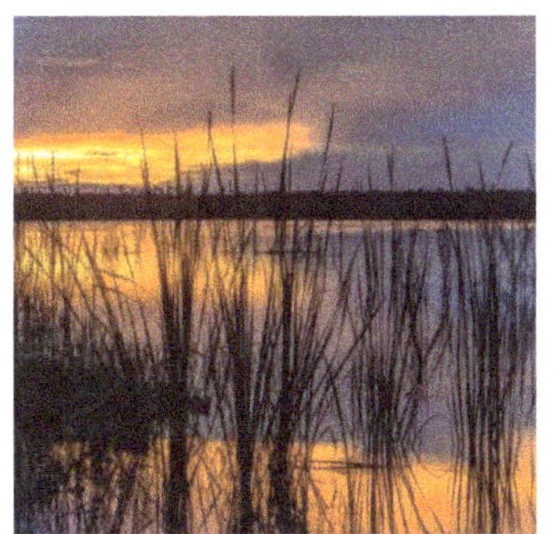

228

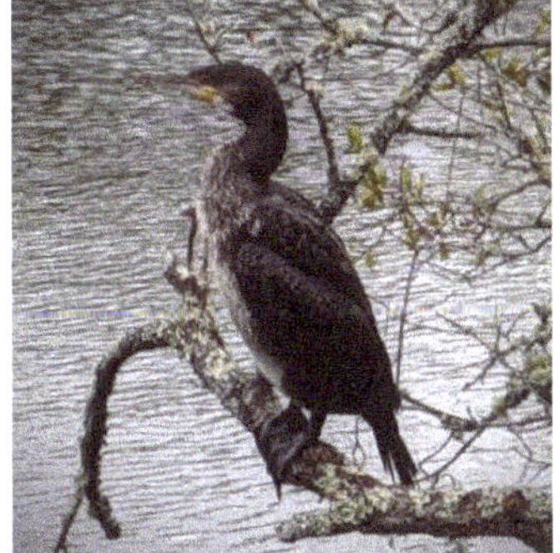

229

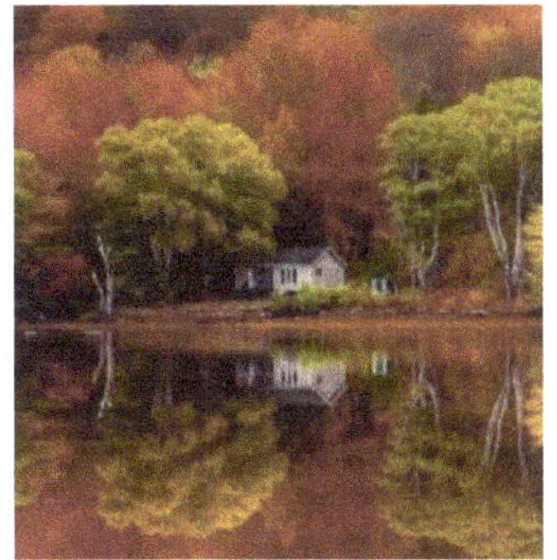

230

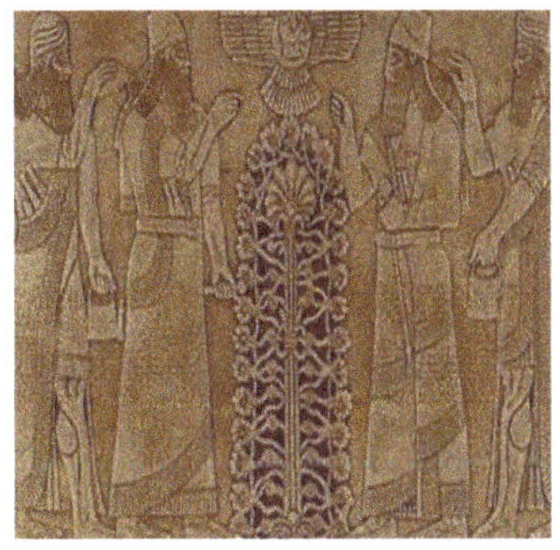

231

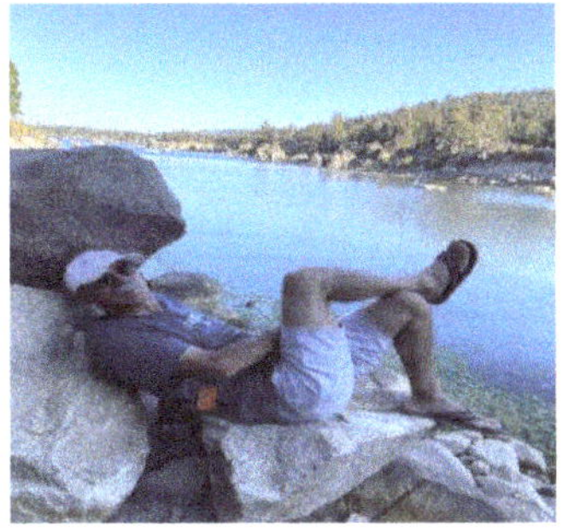

232

---

[59] وقت الاستراحة (المؤلف)   Relaxing time

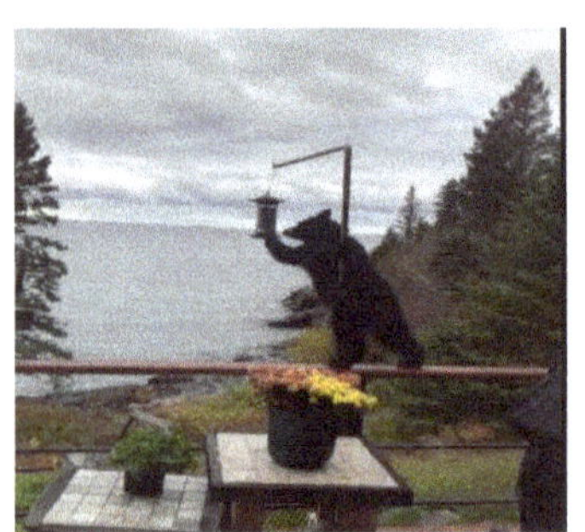

233

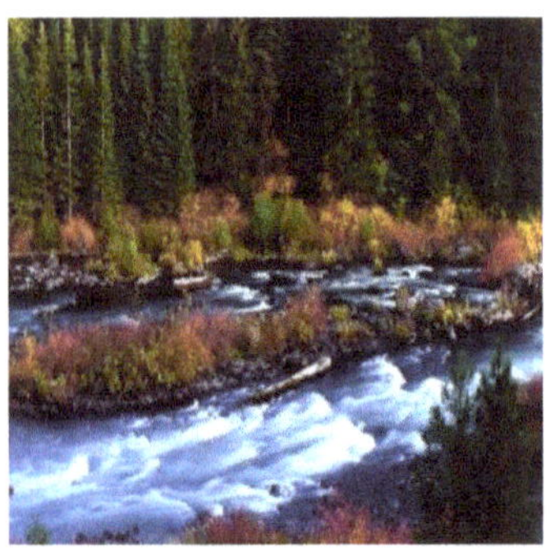

234

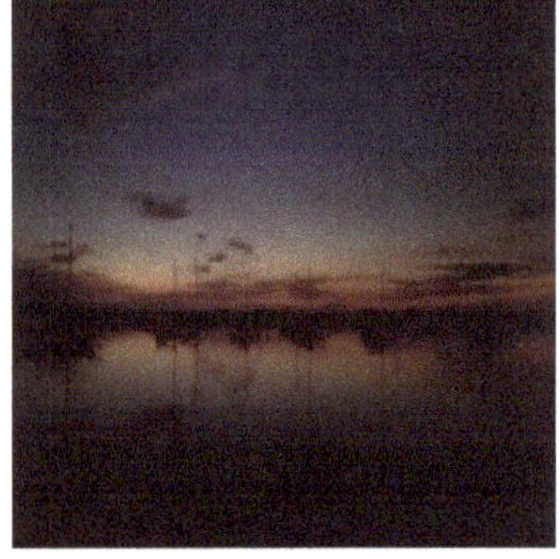

235

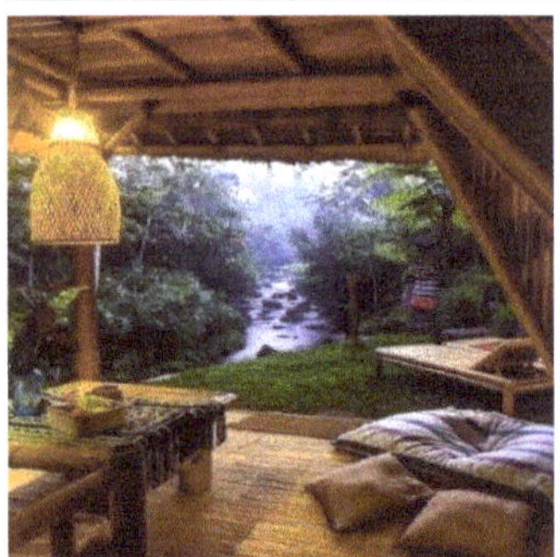

236

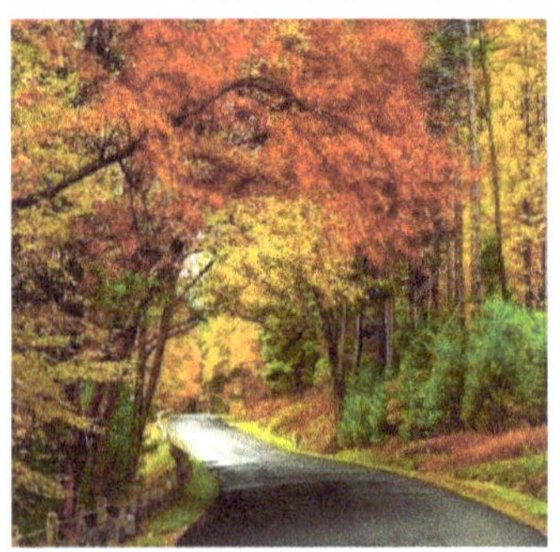

237

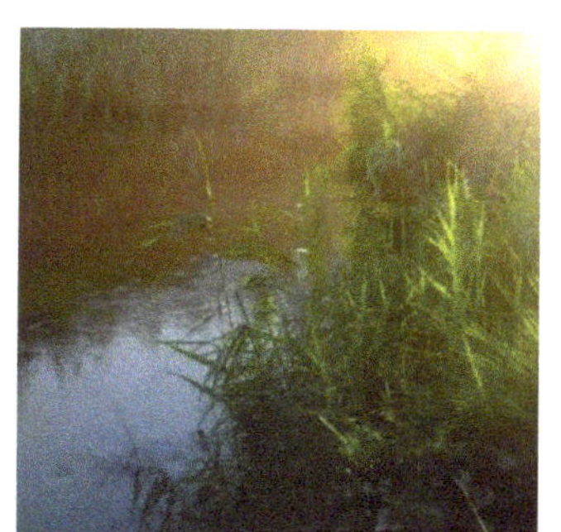

238

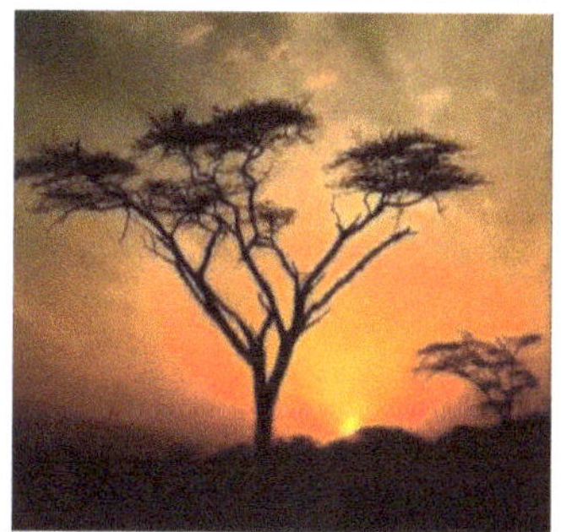

239

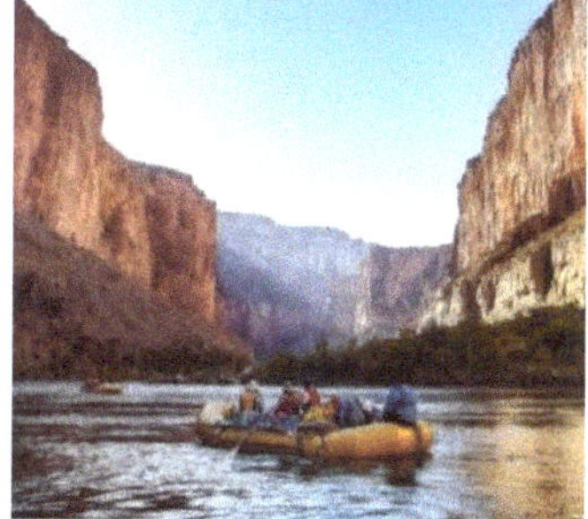

240

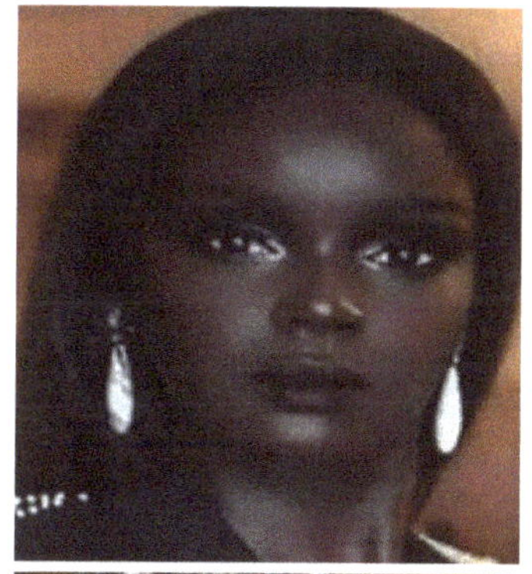

241

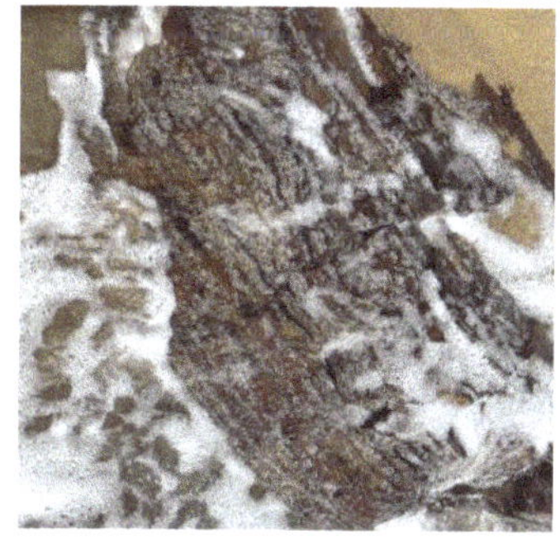

242

243

ܣܝܟܐ ܘܟܫܦܘܕܐ ܕܟܘܒܬܢܝܐ
ܚܒܝܥܐ ܕܒܟܝܗ ܓܗ ܫܝܘܦܢܐ
ܚܢܕܘܝ ܠܥܘܦܐ ܘܓܟܬܝܐ

244

ܓܘܠܝܐ[60] ܝܗ ܝܡ ܒܠܓܝܗ[61]
ܗܢܕܐ ܡܝܗ ܓܝܕܝܗ ܘܦܩܝܗ
ܓܢܐ[62] ܕܗܕܓܘܠܟܐ ܚܢܝܝܗ

245

ܝܒܝܕܐ ܕܘܚܘܕܓܐ ܝܠܢܐ
ܗܣܘܦܗܘ ܫܓܘܕܐ ܝܠܢܐ
ܗܠܝܘܢ ܕܗܒܥܒܓܐ ܗܠܢܐ

246

ܝܒܬܝܕܐ ܡܠܗ ܚܢܥܘܓܐ
ܝܒܕܝܐ ܩܒܝܬܐ ܕܚܢܘܓܐ
ܝܡܥܝܐ ܘܗܬܐ ܘܣܒܢܘܓܐ

247

ܗܒܝܥ ܣܘܠܦܝܐ ܘܒܢܕܝܗ
ܕܝܒܓܠܗܘ ܝܗܘܝܐ ܕܓܥܒܝܗ
ܓܒܕܝܐ ܠܝܒܕܝܐ ܗܘܕܡܝܗ

---

[60] اول ثلاجة بالعالم اخترعها الفرنسي فرديناند كاريه عام 1859 م
[61] مطبخ Kitchen
[62] مخبأ Safe place

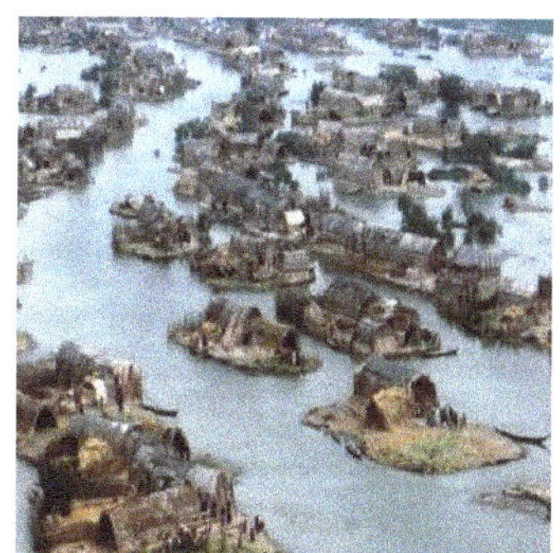

248

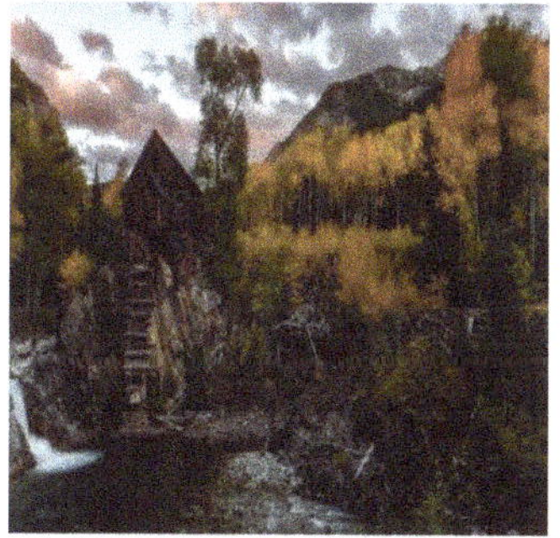

249

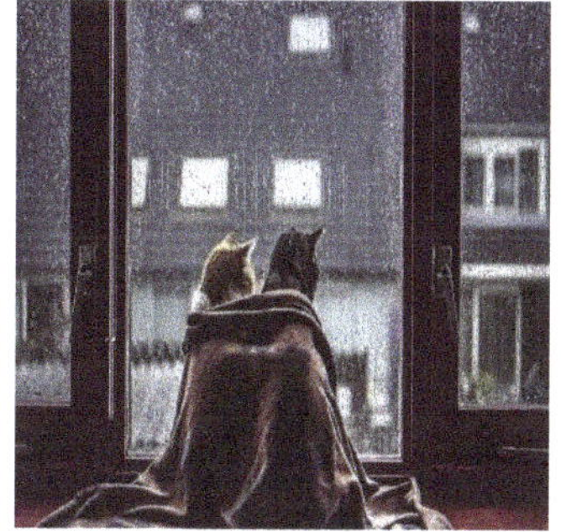

250

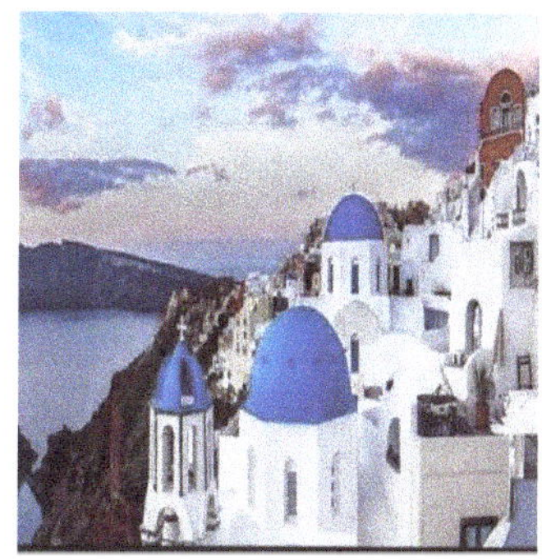

251

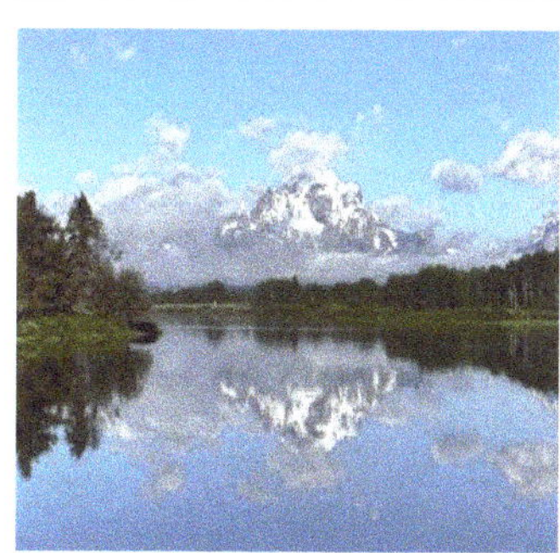

252

253

254

255

256

257

[63] يحدق, يغمز بعينه   He stares, winks
[64] قناع   Mask
[65] جائحة   Pandemic

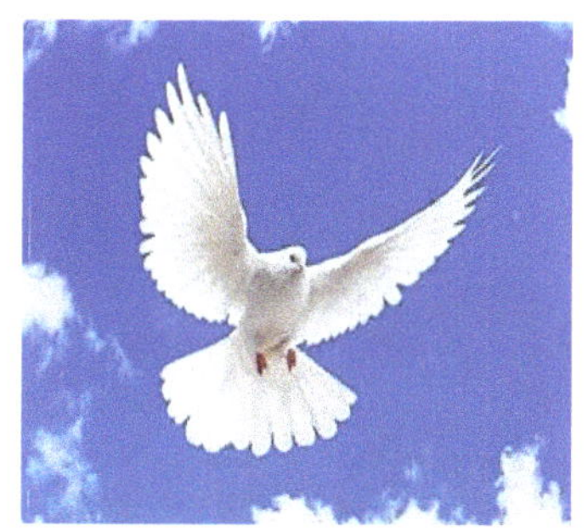

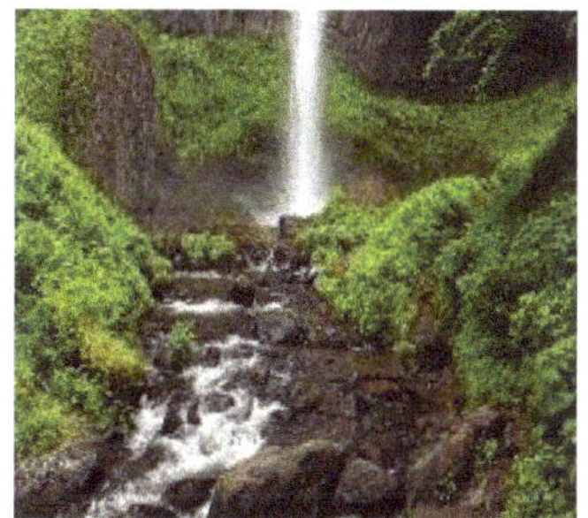

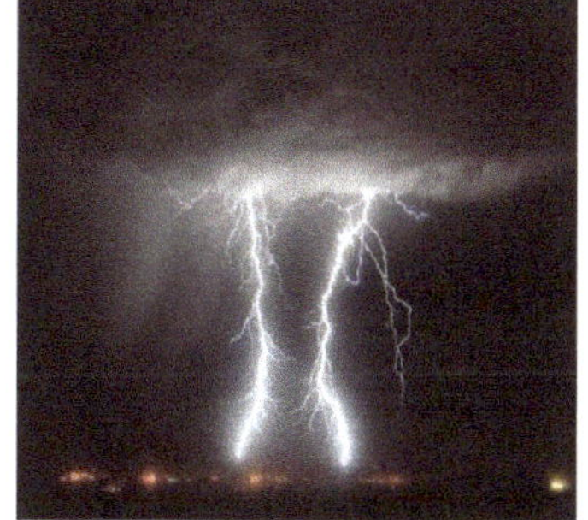

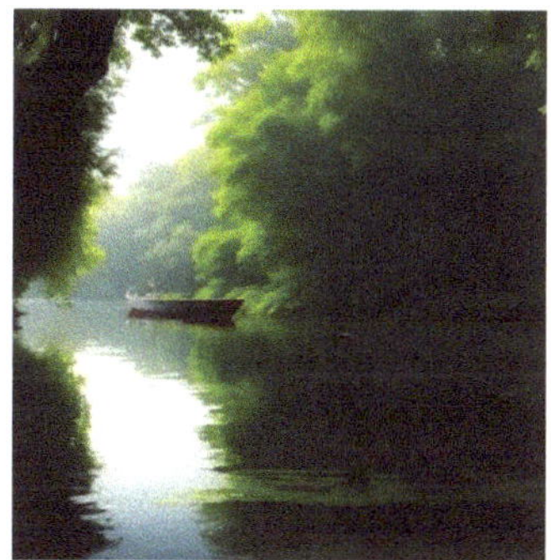

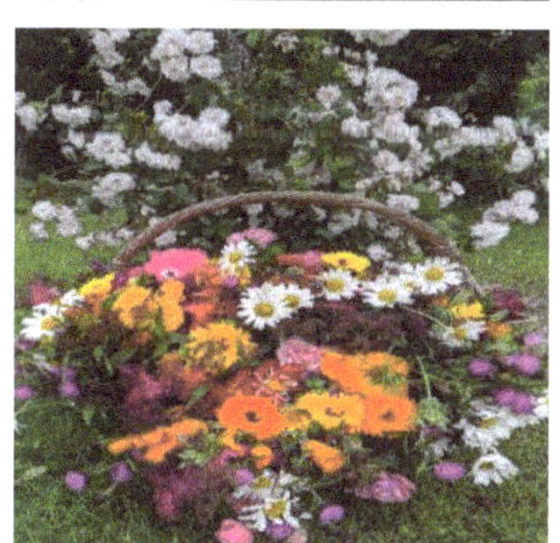

258

259

260

261

262

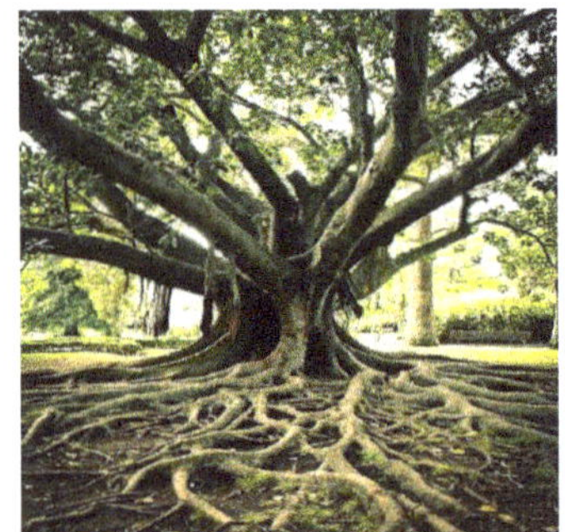

263

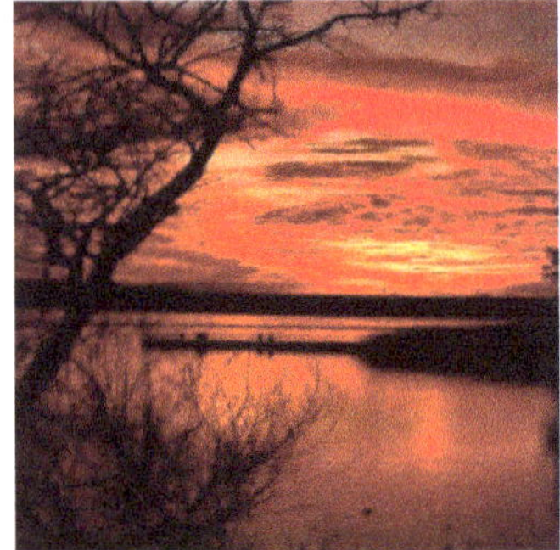

264

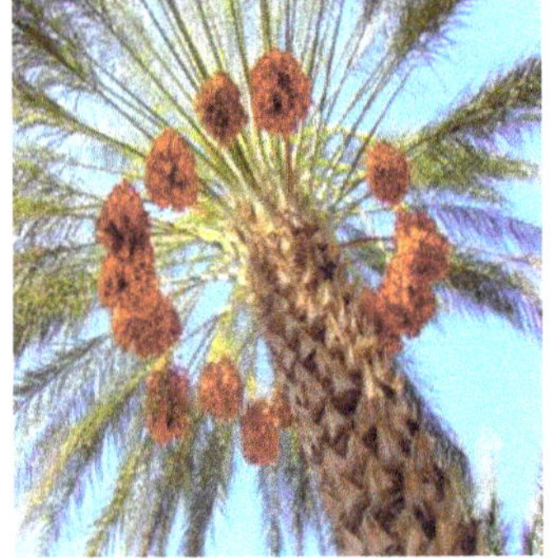

265

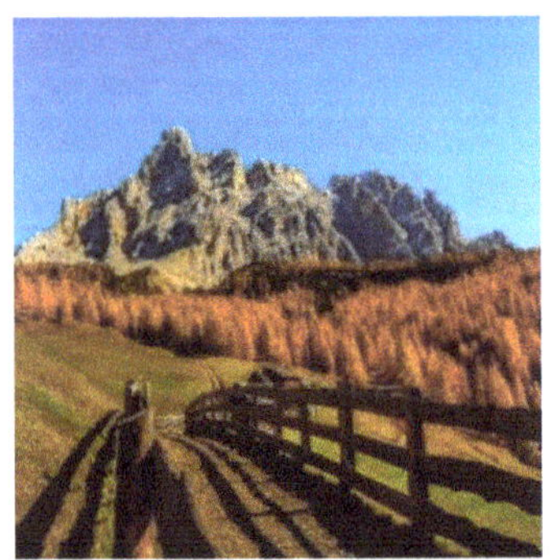

266

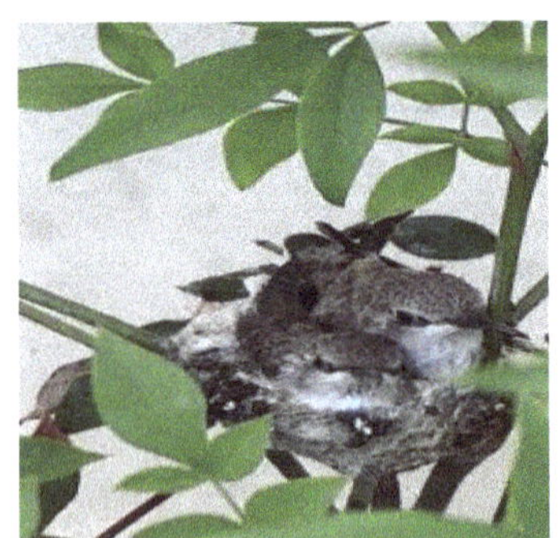

267

268

269

270

271

272

---

68 التمثال يمثل رأس الملك سرجون الاكدي وباستعمال التكنولوجيا الحديثة تمكن العلماء من خلق صورة حية له

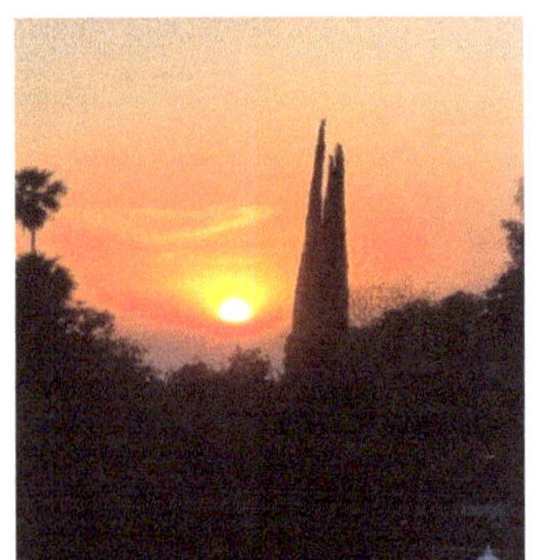

273

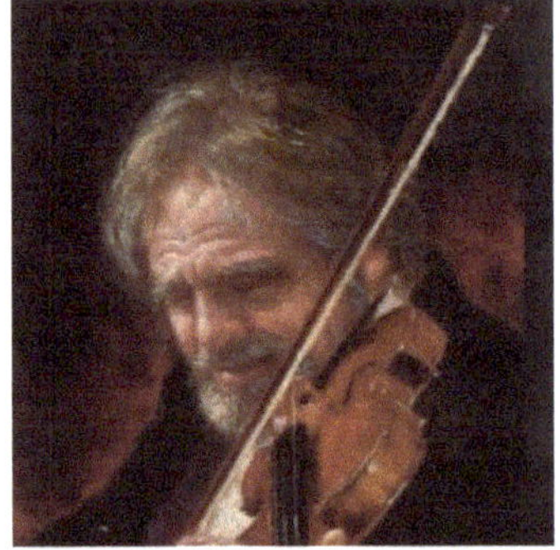

274

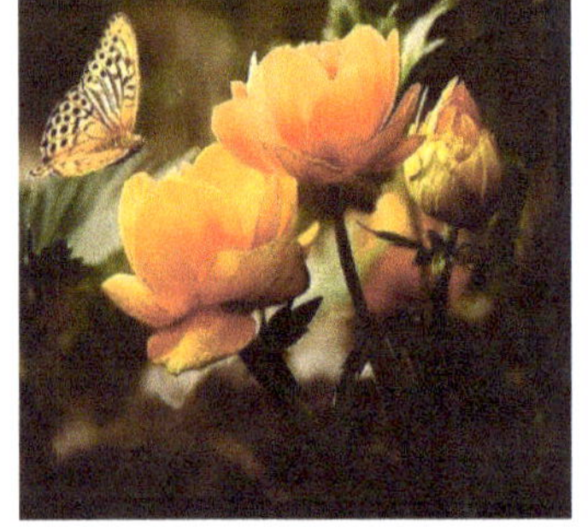

275

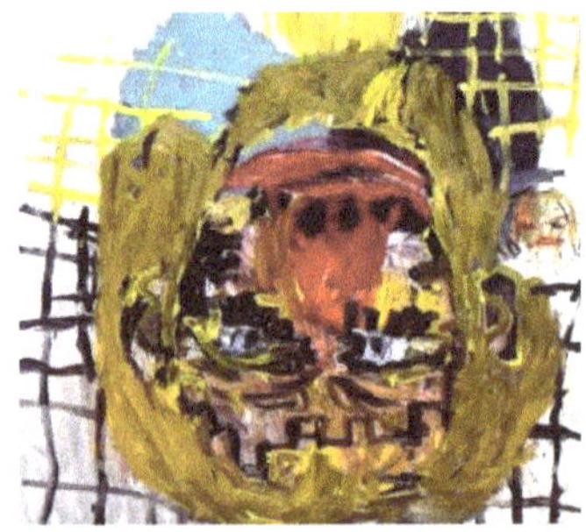

276

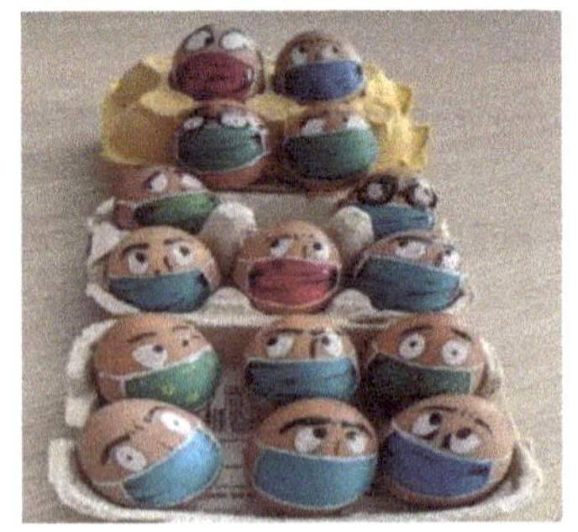

277

278

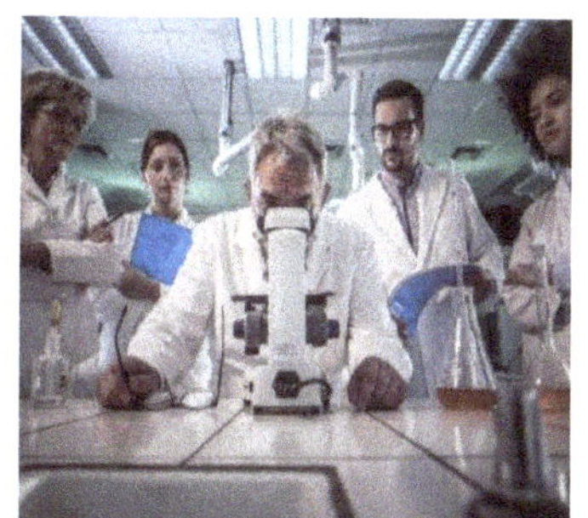

279

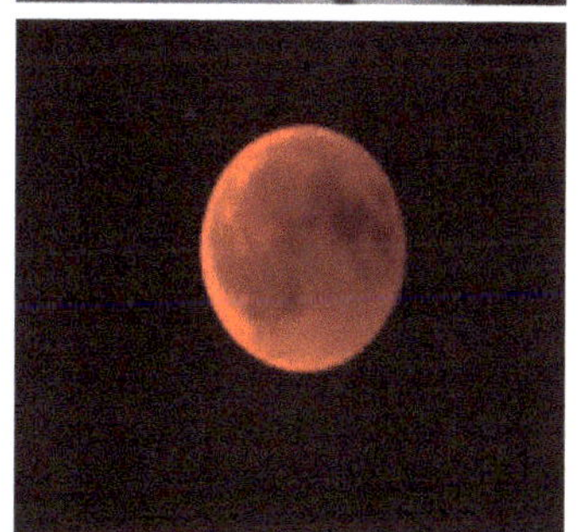

280

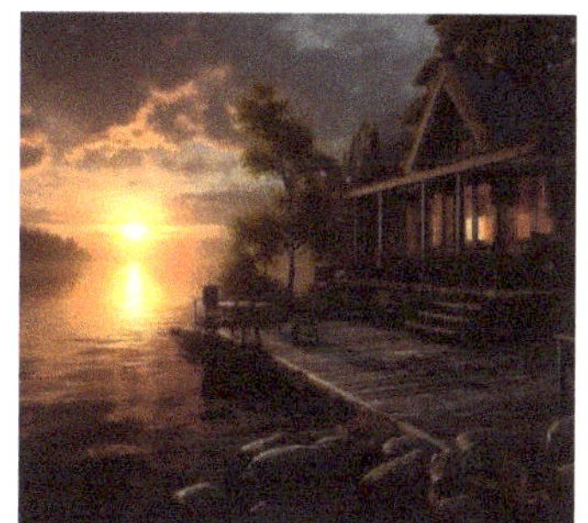

281

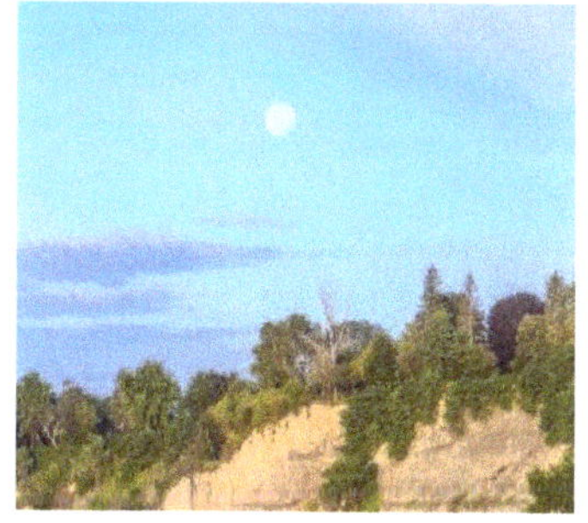

282

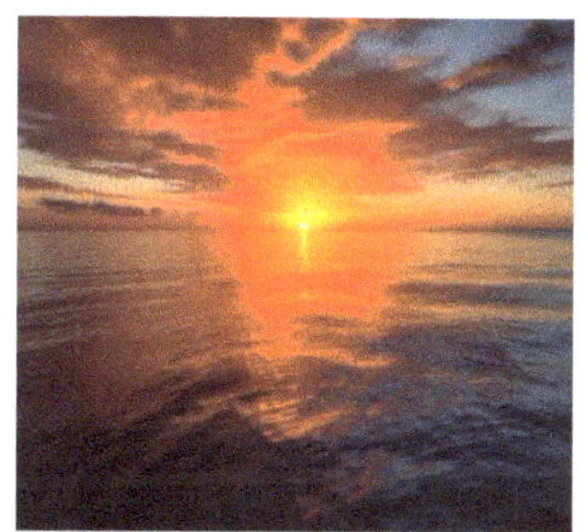

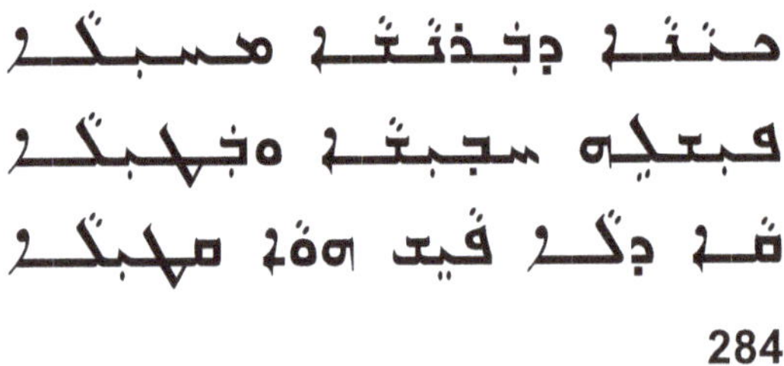

283

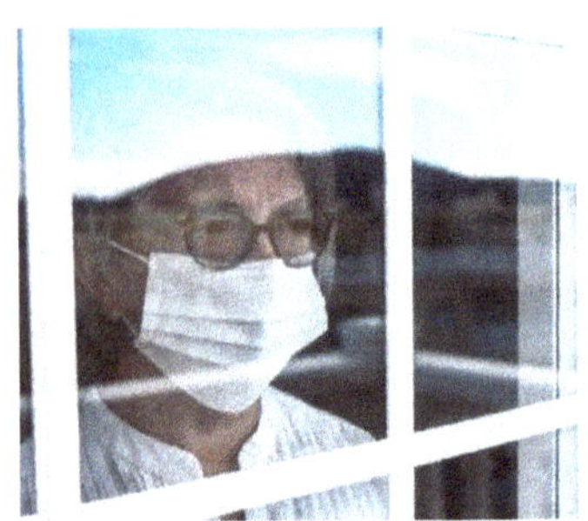

284

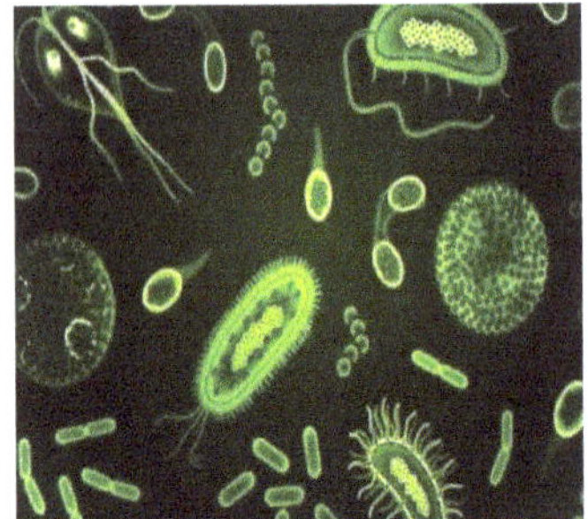

285

286

287

---

[69] الكائنات الدقيقة   Microorganisms
[70] بكتريا   Bacteria
[71] فيروس   Virus
[72] طفيليات   Parasites

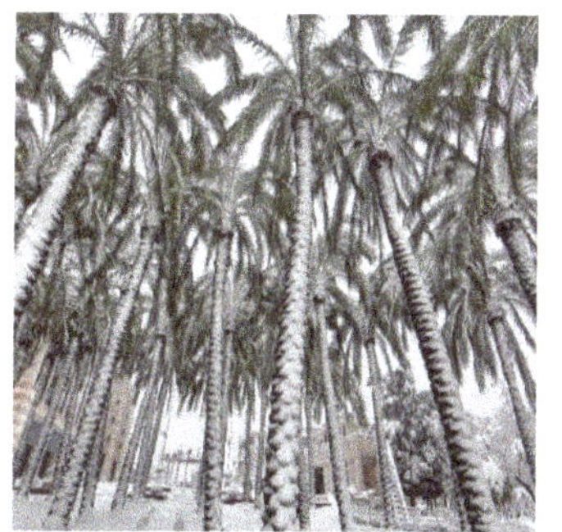

288

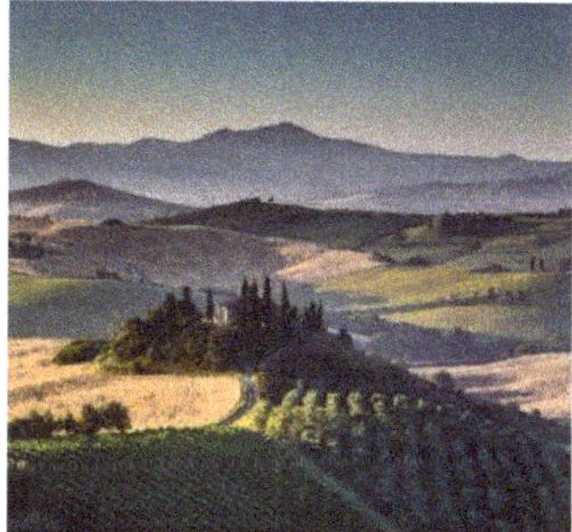

289

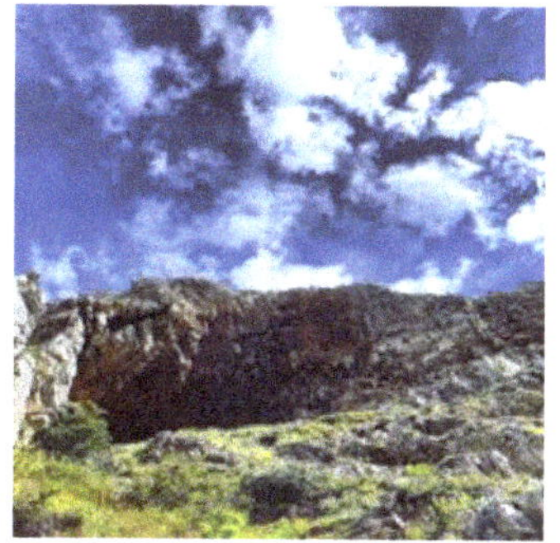

290

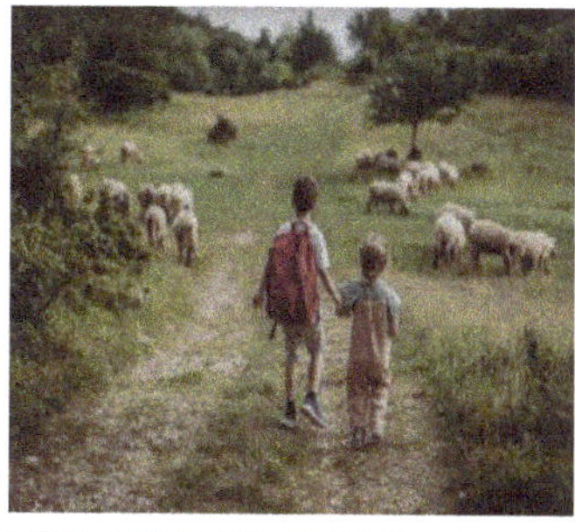

291

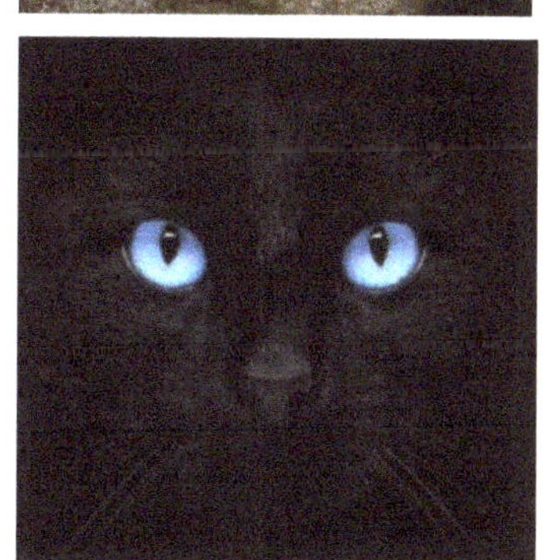

292

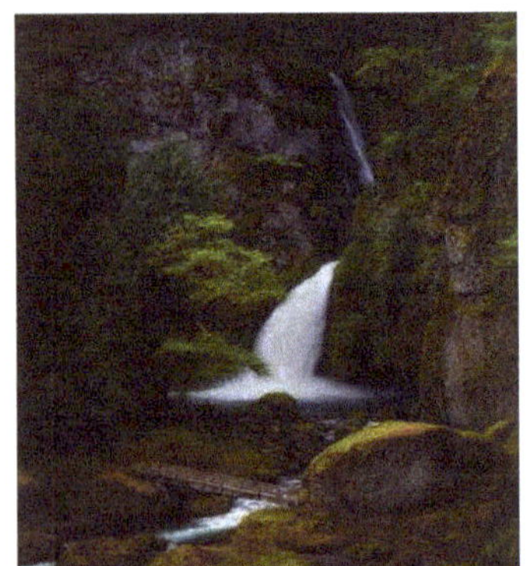

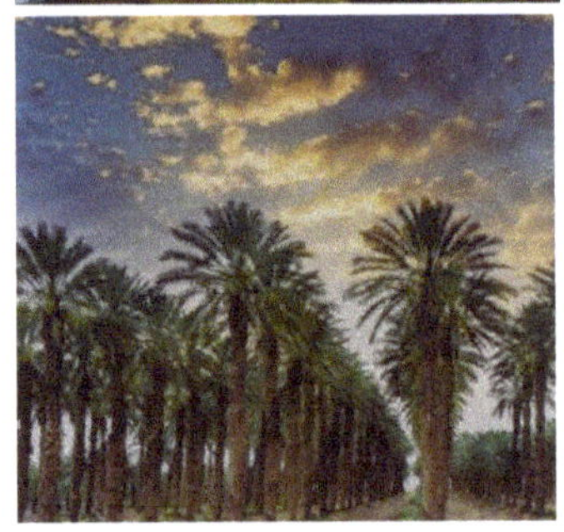

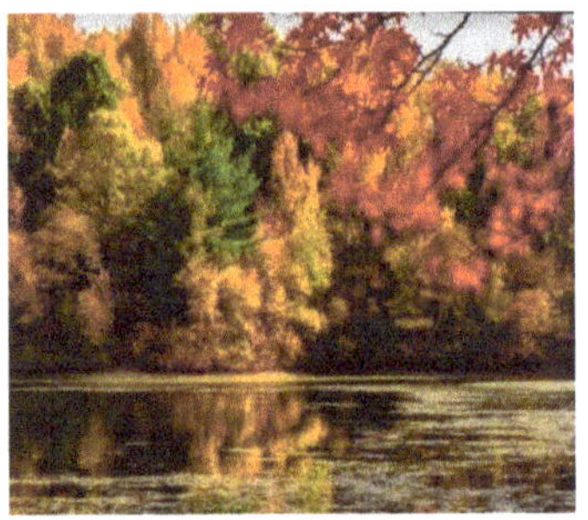

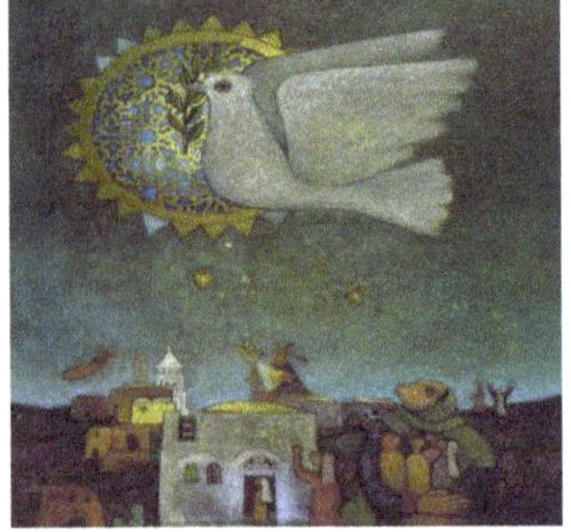

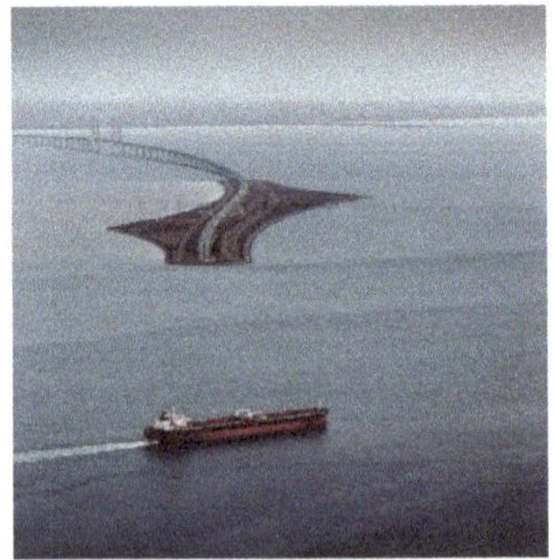

293

294

295

296

297

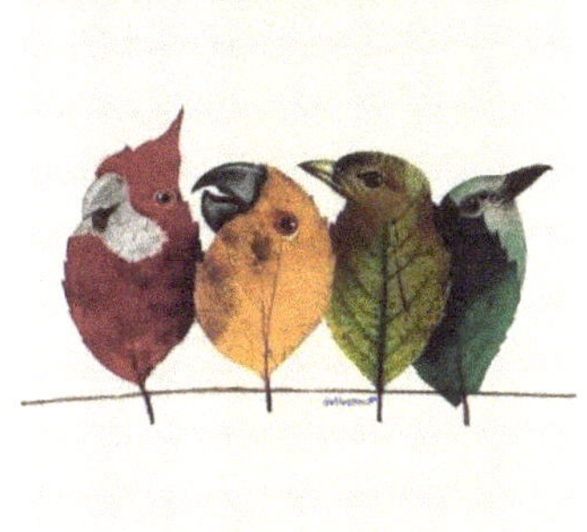

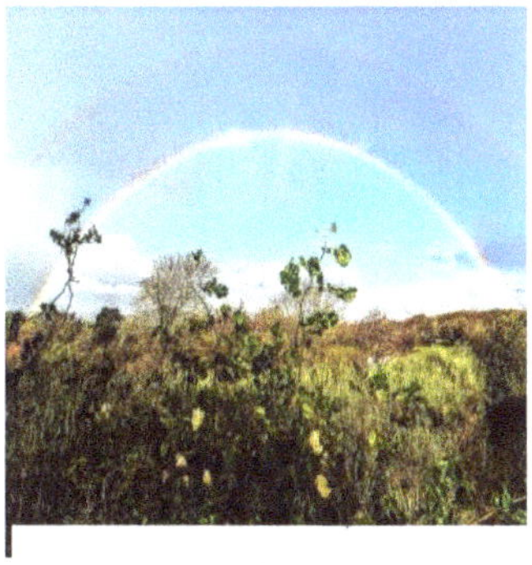

298

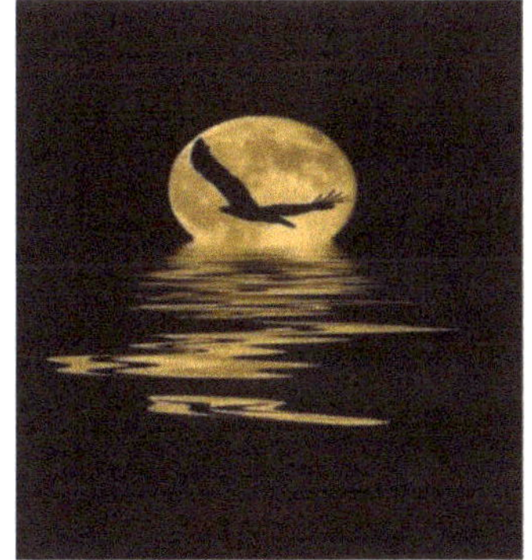

299

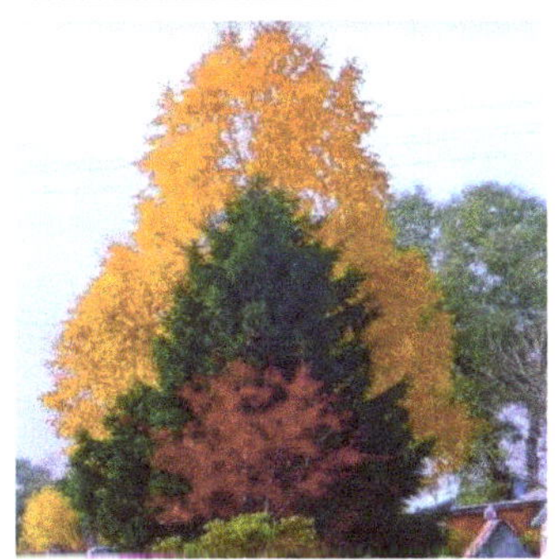

300

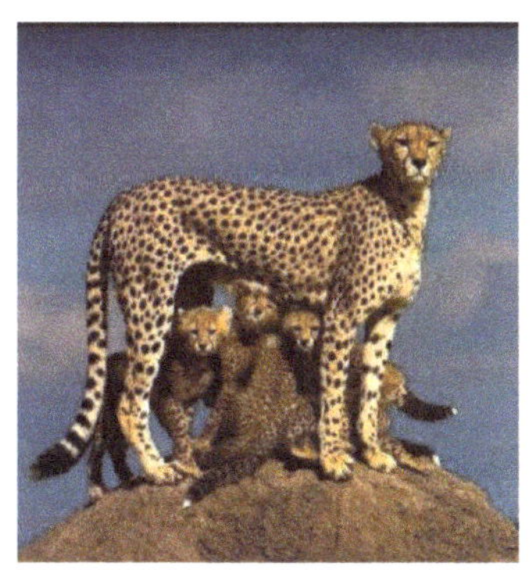

301

302

ܐܝܟ ܚܙܝܢܐ ܐܝܟ ܚܝܢܐ

ܘܡܪܝܡܐ ܕܡܫܝܚܐ ܘܢܫܘܒܚܐ

ܩܨܝܕܐ ـ ܕ ـ ܢܕܗܘܝܐ ܘܗܕܝܢܘܝܐ

1

2

3

4

---

[1] المرحوم دنخا جونا الاشوتي (والد المؤلف) جامعة كورنيل العريقة في نيويورك (1922 _ 1999)
The late Dinkha Jona Al-Ashoti (the author's father), the prestigious Cornell University in New York

[2] الدكتور يوشيا وردة، طبيب ماهر ومزارع مثابر عاش حياته حراً.

[3] القس أوديشو زكريا يتلقى الزهور من الملكة إليزابيث الملكة الأم أثناء إقامته في أحد المستشفيات لإجراء عملية جراحية بسيطة في لندن.
Reverend Odisho Zacharias, receiving flowers from Queen Elizabeth the Queen Mother during his 13/11/1957 stay at a hospital for a minor operation in London

5

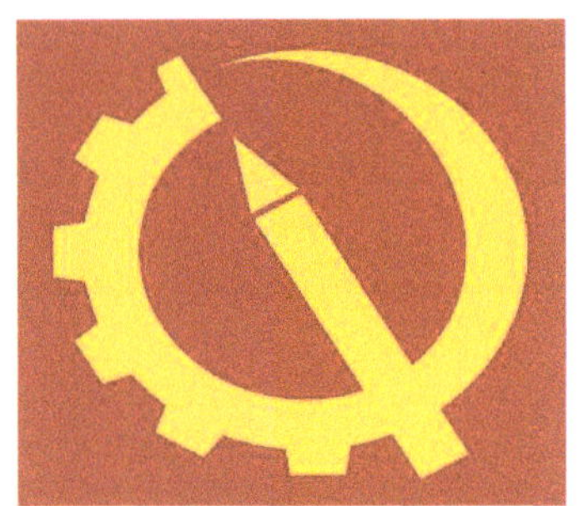

6

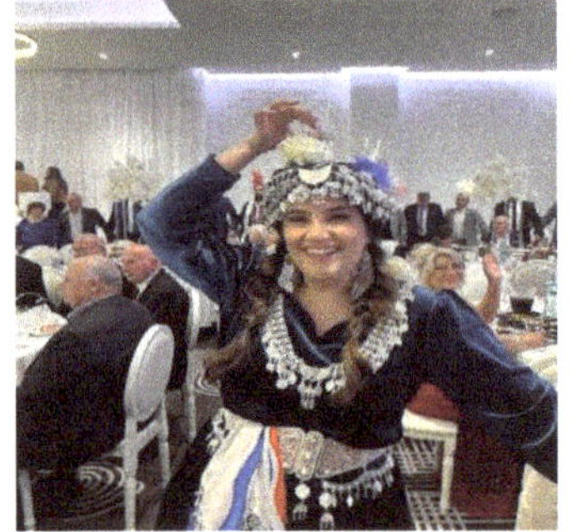

7

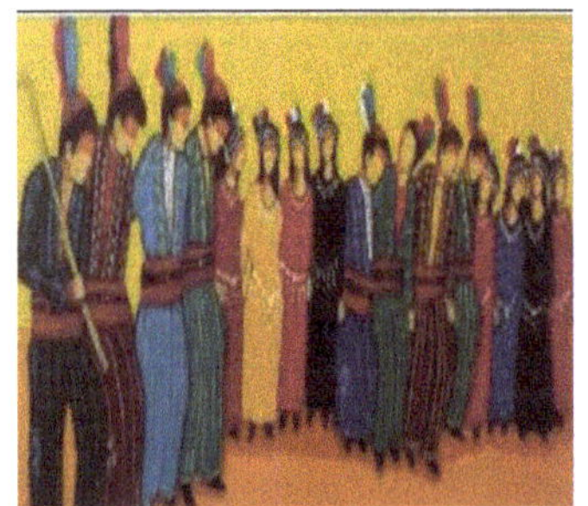

8

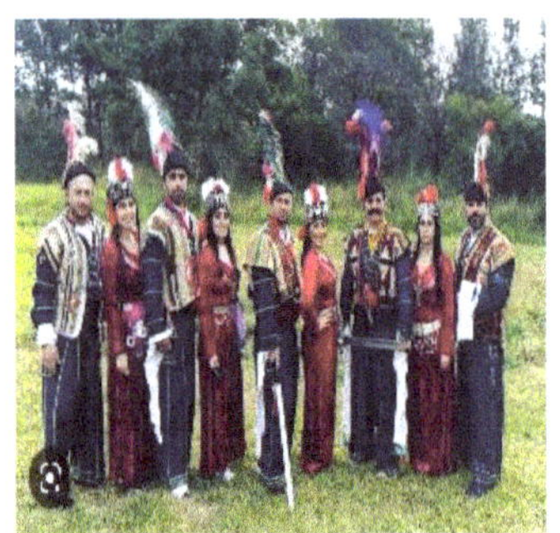

9

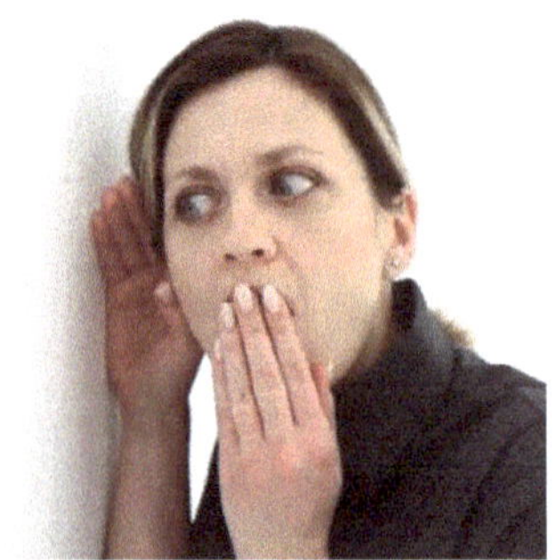

10

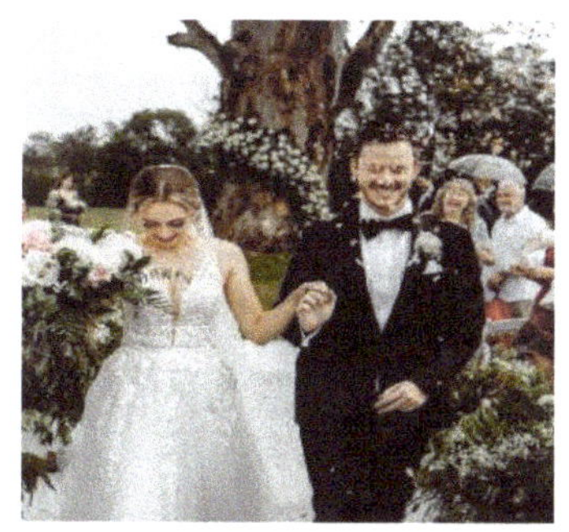

11

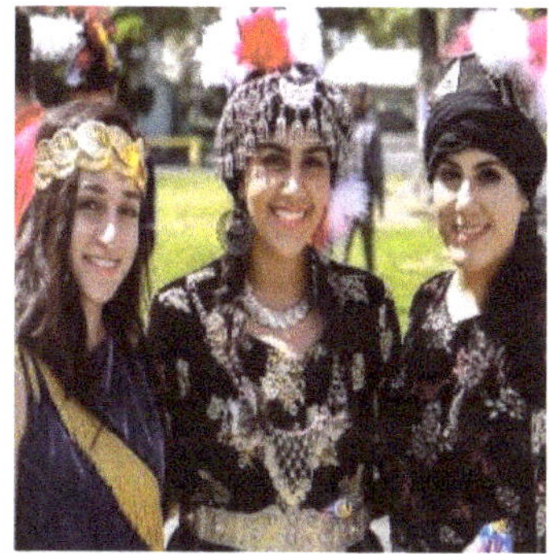

12

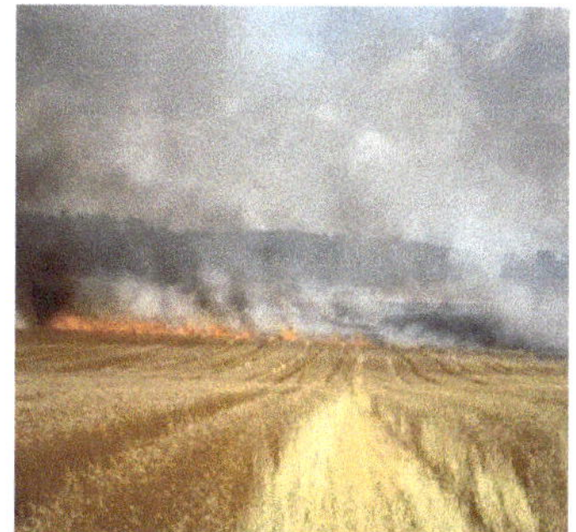

13

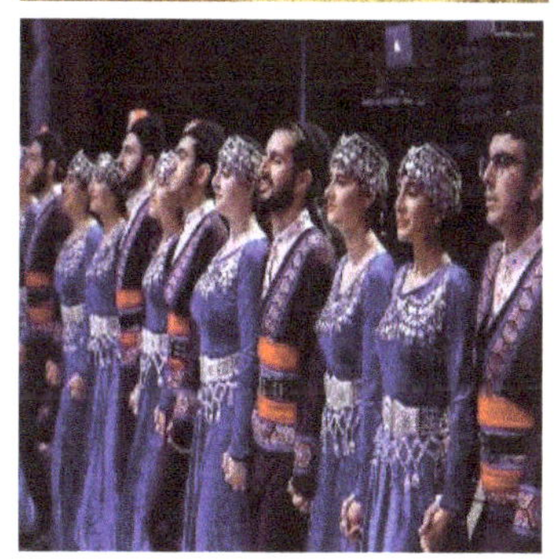

14

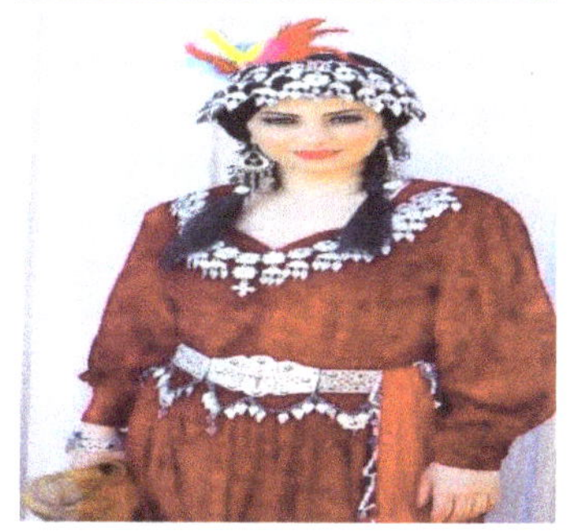

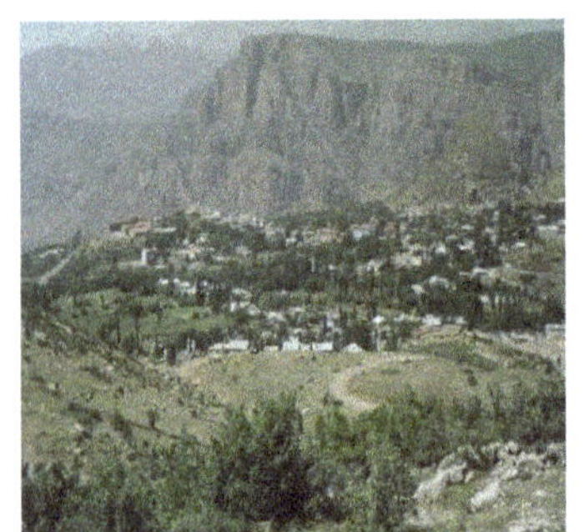

15

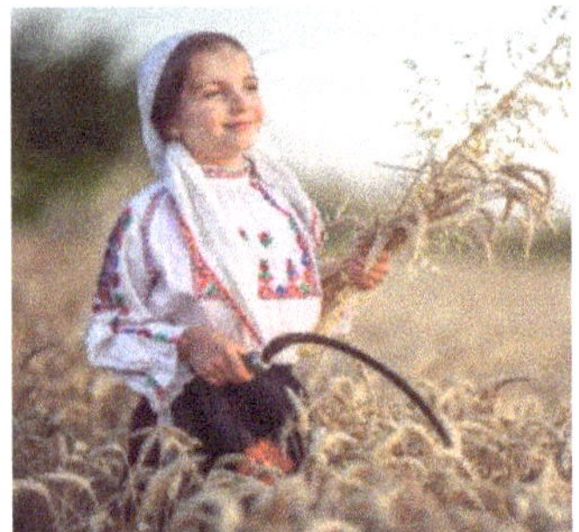

16

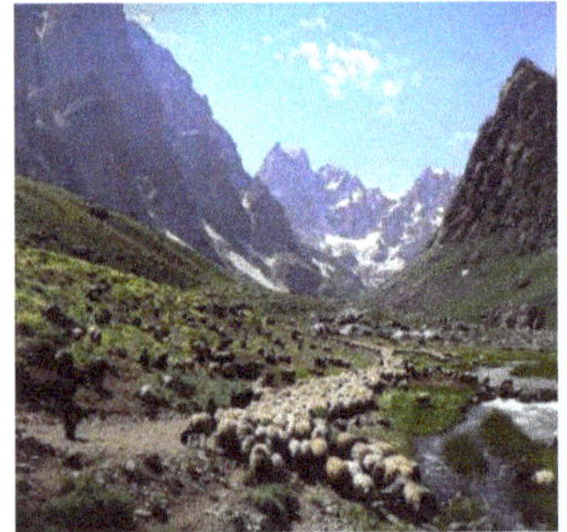

17

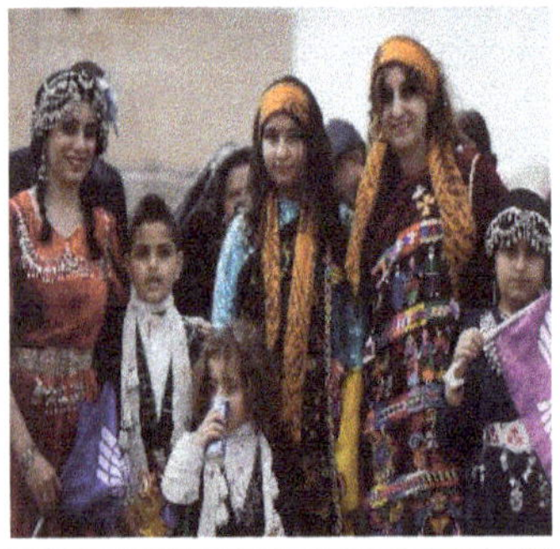

18

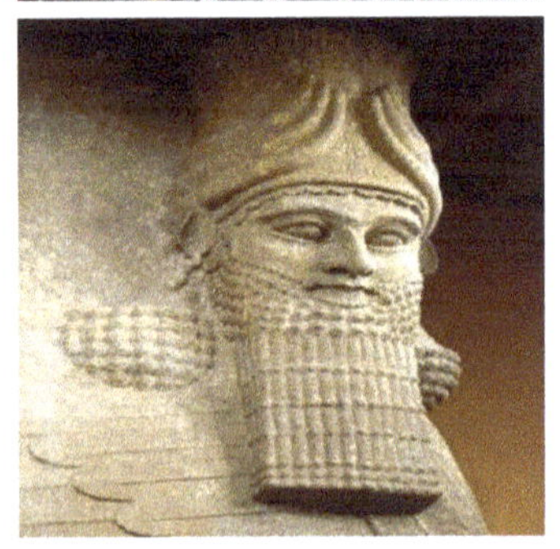

19

20

ܢܩܙܐ ܚܠܝܓܝܒ ܗܝܙ ܘܕܝܟܐ
ܚܘܒ ܡܘܕܝܐ ܡܝܕ ܠܟܒ ܟܐܕܟܐ
ܗܐ ܕܢܘܢܐ ܕܘܢܝܐ ܘܟܡܟܐ

21

ܘܒܝܟܐ ܚܐܘܕܢܐ ܘܟܦܕܬܥܙܐ
ܢܚܐܕ ܫܝܒ ܠܝܟܬܐ ܓܝܥܐ
ܚܐܦ ܕܘܢܝܐ ܟܐ ܦܝܬܝܙܗ

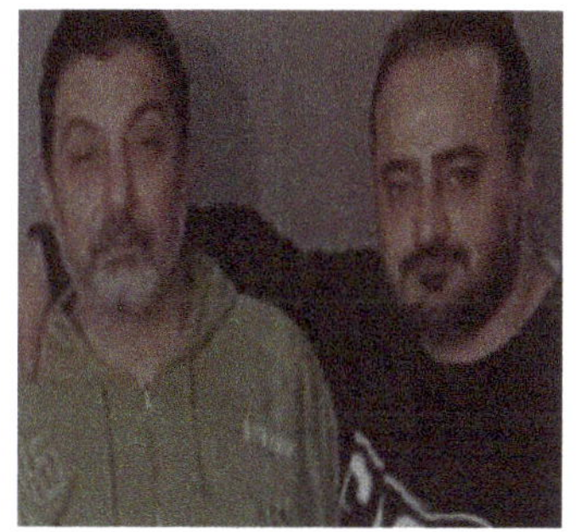

22

ܢܐ ܗܘܕܐ ܡܝܟܕܒܐ ܡܝܠܝܟܘܝ
ܠܟܝܒ ܘܝܘܦܬܒ ܣܘܝܟܘܝ
ܠܝܢܓܠܝܣܘ ܕܠܝܒ ܢܝܝܟܘܝ ؟

23

ܢܘܗܩ[4] ܡܠܝܟܡܦܝܐ ܟܣܘܓܐ
ܘܝܒܝܢܘܗ ܝܘܦܕܐ ܡܠܝܓܐ
ܓܙܦܝܣܝ ܗܘܚܓܡܠܝܗܝ ܠܙܕܝܐ

24

ܒܙܚܝܐ ܩܘܐ ܩܘܐ
ܚܥܘܟܙܝܣܝ ܕܐ ܗܝܣܡܝ ܓܩܐ
ܚܒܬܝܐ ܦܝܒܝܐ ܠܟ ܝܙܩܝܐ

---

⁴ الشاعر الاشوري يوسب منشى والمطرب الاشوري نينوس دافيد

25

26

27

28

29

---

[5] د. بطرس جونة (شقيق المؤلف) وابنته الوحيدة كاثلين في يوم زفافها في سدني، أستراليا كانون الأول Dr. Boutros Johna 2021 (Aurthor's brother) and his daughter Kathlin on her wedding day in Sydney Australia. December 2021

[6] جونة مرخايل (جد المؤلف) Johna Markhail (Arthur's Grandfather)

[7] المؤلف وابنته الوحيدة عشتار كرستين The author and his only daughter, Ishtar Christine

[8] السيدة ليلى جونة عقيلة الدكتور سمير جونة (المؤلف) Mrs. Johna

[9] السيدة جينا اخت زوجة الدكتور سمير جونة Mrs: Gina sister in law of Dr. Samir Johna

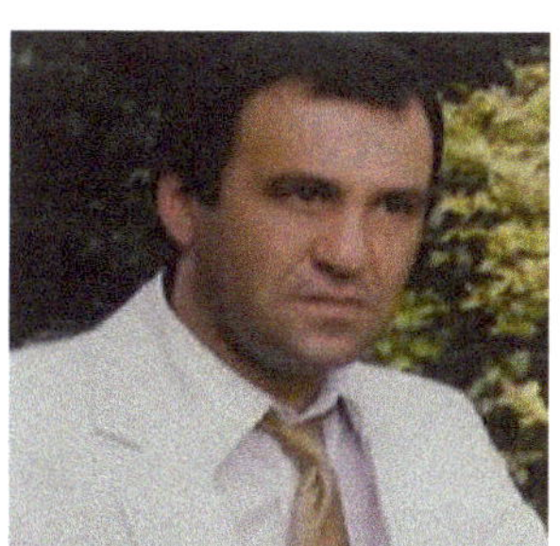

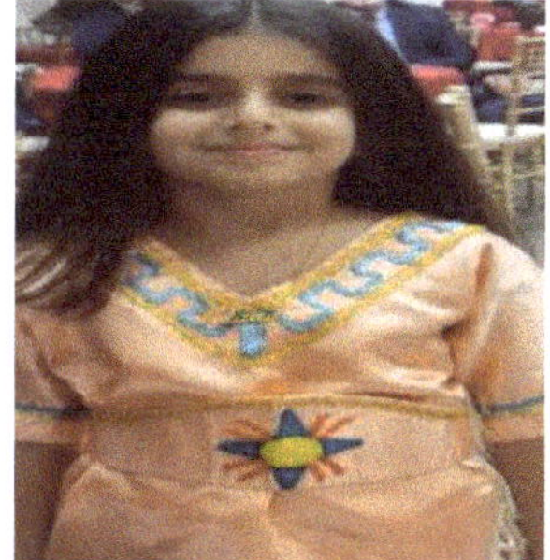

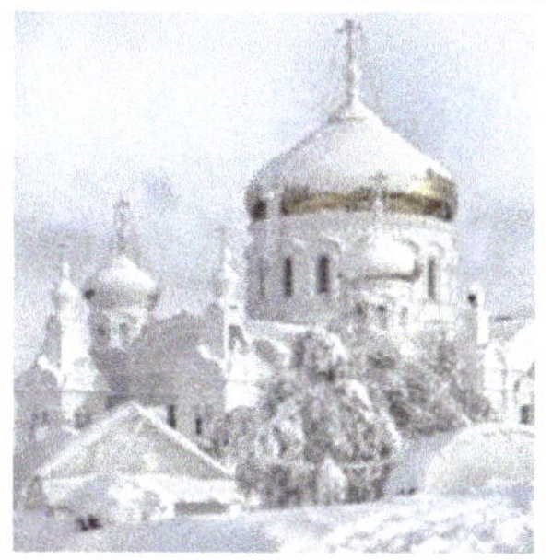

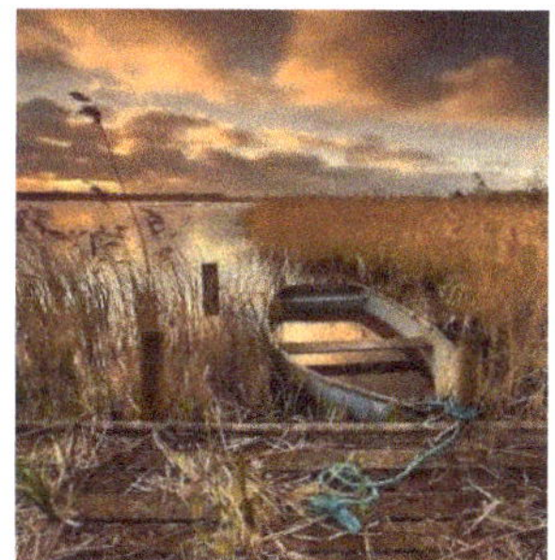

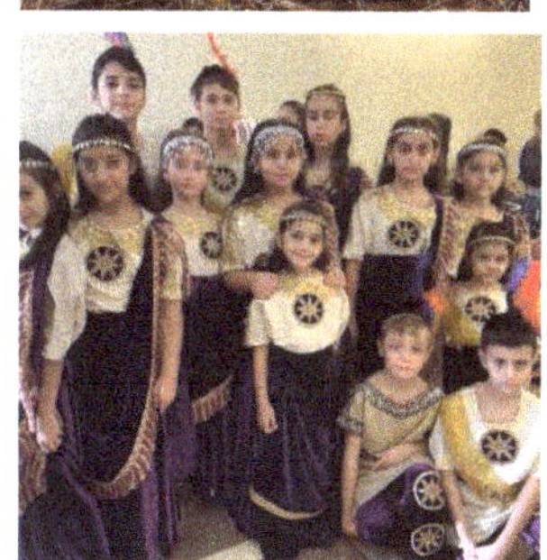

30

31

32

33

34

35

---

[10] كيانا باسم خمو Kiana Basim Khamo

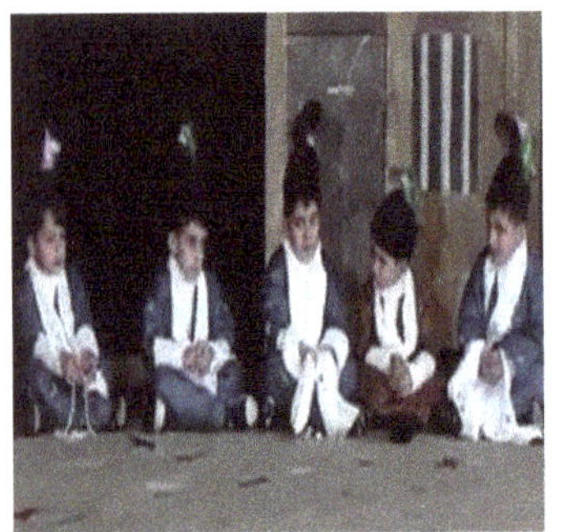

36

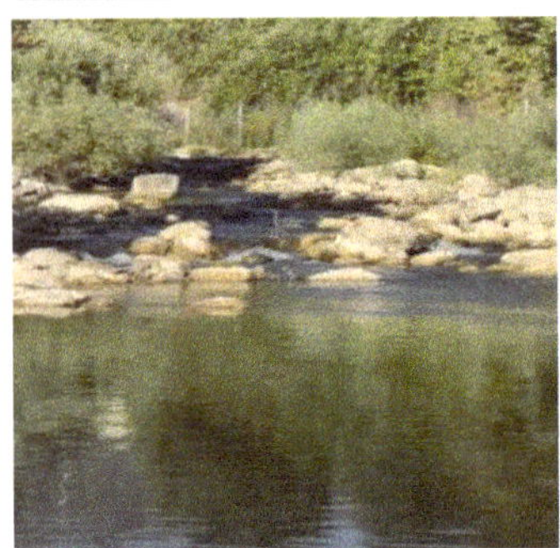

37

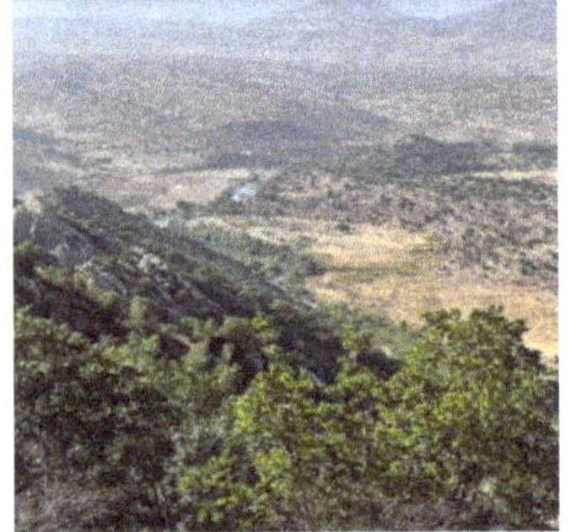

38

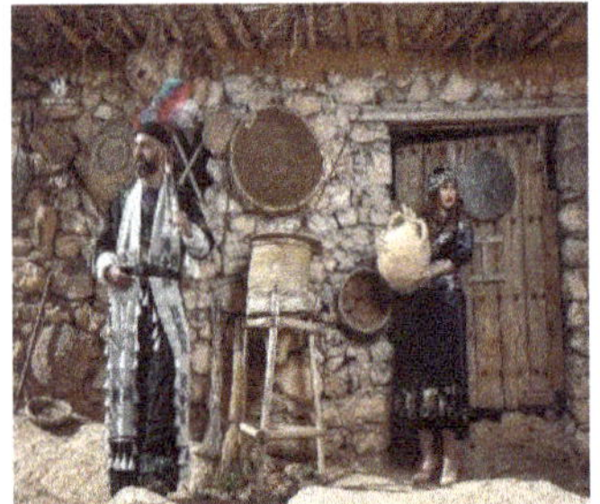

39

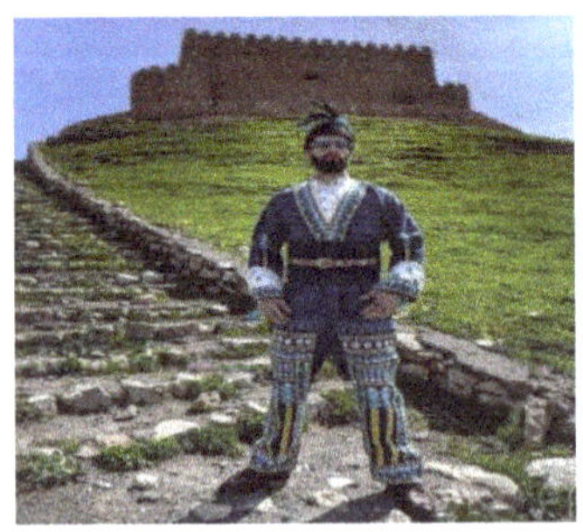

40

41

42

43

44

---

12 احباط
Frustration

13 ادور هيدو. فنان اشوري، ولد في قرية سكرين، قضاء سرسنك، محافظة دهوك, العراق. Edward Hydo, an Assyrian artist. Born in the city of Duhok in Iraq.

45

ܟܬܘܕܬܐ ܕܢܣܘܓܠܐ ܪܘܟܐ
ܟܕܝܒܐ ܝܘܟܐ ܘܡܝܕܟܐ
ܝܩܐ ܕܗܓܕܐ ܝܣܘܟܐ

46

ܪܘܬܢܓܐ[14] ܠܡܟܐ ܕܝܟܩܐ
ܠܣܢܓܐ ܠܕܬܒ ܚܕܩܐ
ܗܘܪܐ ܕܗܩܘܓܐ ܚܠܩܐ

47

ܠܘܕ ܐܣܝ ܪܘܕܗܘܪ ܡܝܕܟܐ
ܗܠܚܘܓܘܪ ܠܠܘܪ ܚܓܕܟܐ
ܥܠܩܐ ܘܬܢܐ ܟܪ ܣܘܪܟܐ

48

ܘܢܣܘܓܐ ܘܬܘܟܕܐ ܘܗܘܬܐ
ܟܒܥܠܘܗܝ ܠܟܘܐ ܕܣܓܐ ܢܘܬܐ
ܗܢܒܘܓܝ ܚܚܟ ܣܓ ܘܓܬܐ

49

ܡܢ ܥܩܢܐ ܟܘܓܓܐ ܒܝܪ ܠܗ
ܡܢ ܝܥܪܐ ܝܥܪܐ ܚܙܐ ܠܗ
ܗܬܥܒܕܪ ܝܥܪܐ ܗܝܪ ܠܗ

---

14 الإعلامية العراقية سهير القيسي بالزي الاشوري

50

51

52

53

54

---

[15] المرحومة الإعلامية مريم زندو خامس The late journalist Maryam Zindo khamis

55

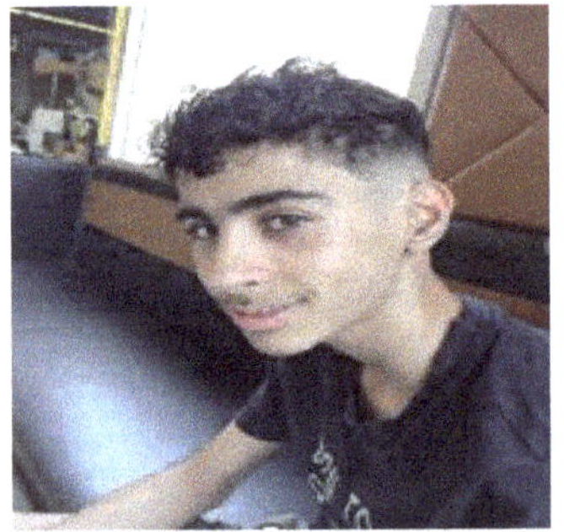

56

57

58

59

---

[16] الشماس سامي هرمز (صديق المؤلف) Dn, Sami hormis Author's friend

[17] مرتب, منظم Well aranged

[18] رفاق Comrades

[19] عبد المسيح حنا نعمان القرة باشي (1903 - 1983) (ܥܒܕܡܫܝܚܐ ܢܥܡܢ ܩܪܗܒܫܝ) مؤلف وملفان وشاعر سرياني آرامي

60

61

62

63

64

<hr>

[20] لويس بطرس فنان اشوري. Lewis Batros, an Assyrian artist.

[21] الدكتور علي غزالة من بغداد , اختصاص عظام وكسور, غزير العلم والمعرفة وله شغف وشوق لتعلم لغتنا.

65

66

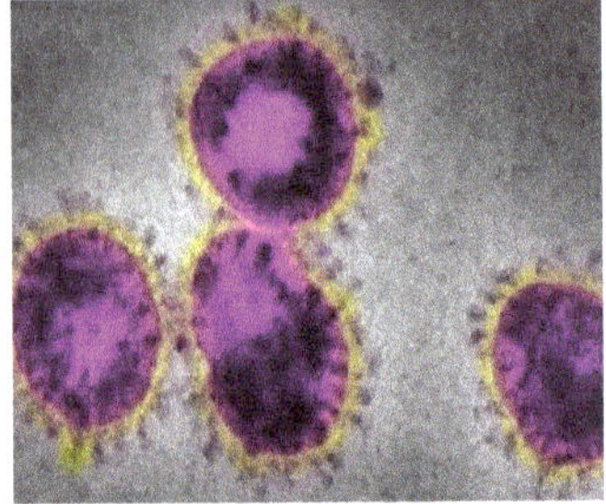

67

68

69

---

[22] كورونا — Covid 19

[23] فزع — Panic

[24] كيد — Grudge

[25] نعوم الياس يعقوب , المعروف (نعوم فايق) (شباط 1868 – 5 شباط 1930) مدرس وأديب وصحفي آشوري.

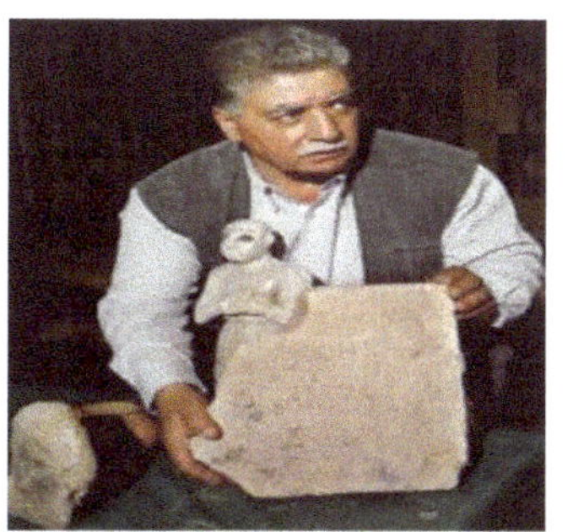

70

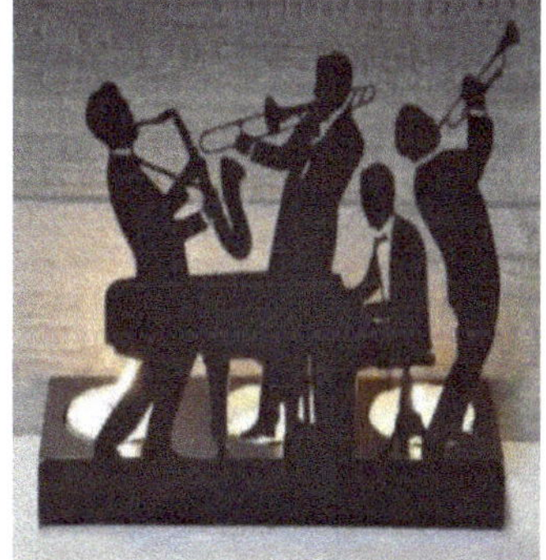

71

72

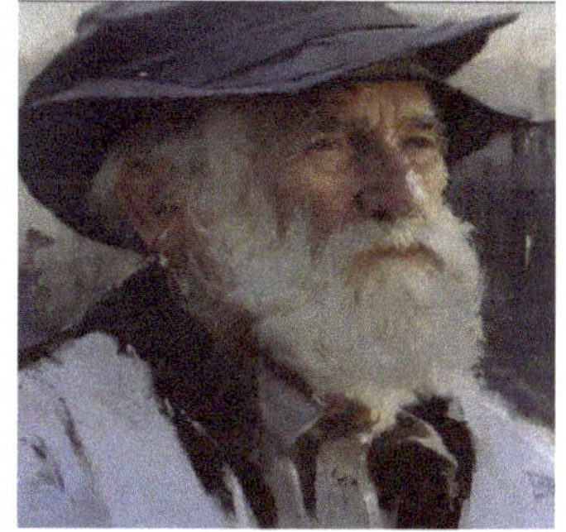

73

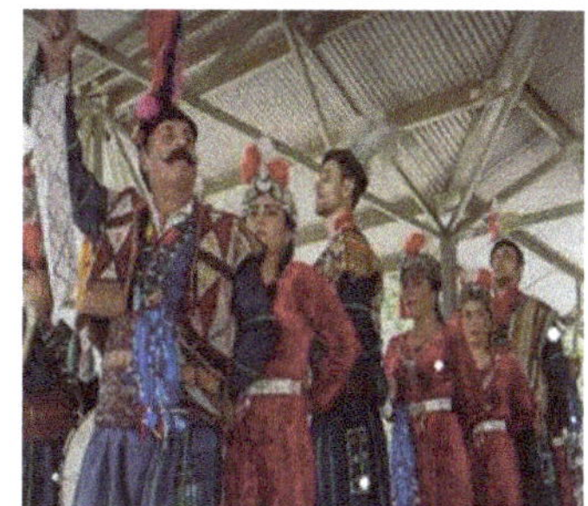

74

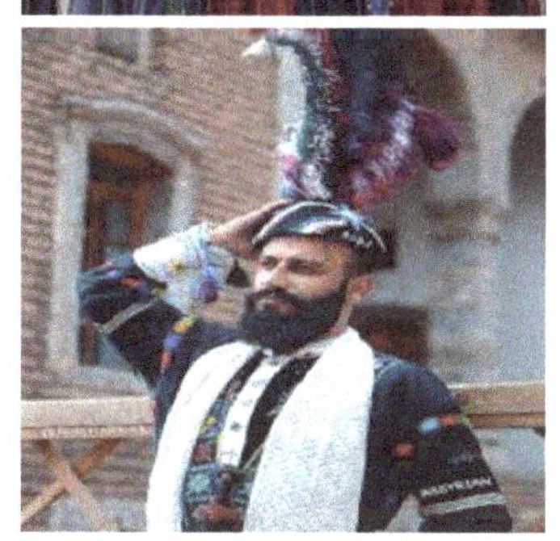

75

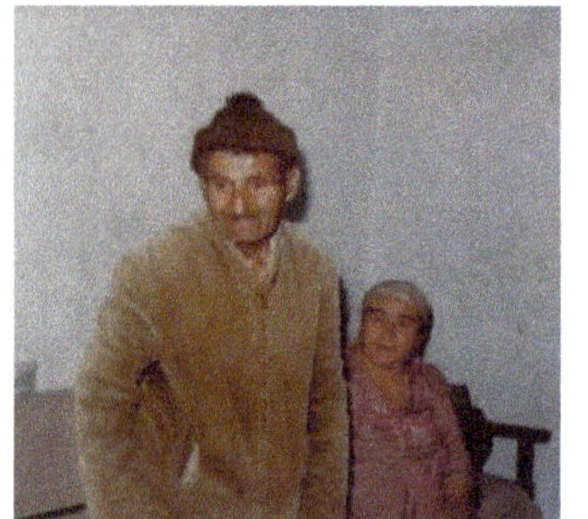

76

77

78

79

---

[27] عوديشو ملكو اشيثا . قلّ مثيله بين أمتنا في العلم والادب.
[28] هذا فقط
Just that

80

81

82

83

84

---

[29] لطيف بولا فنان وشاعر اشوري من القوش

[30] الشماس سفريونان دبيث جمانى داشيثا Deacon Safar younan

[31] قماش Fabric

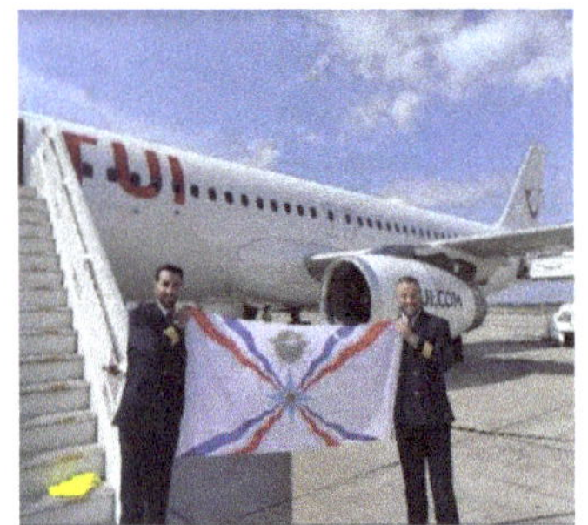

85

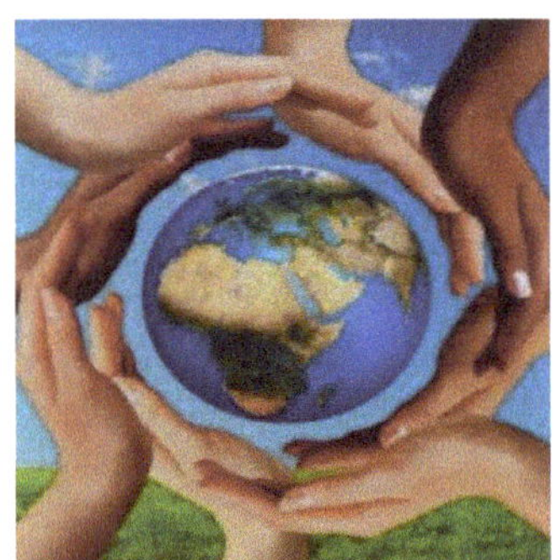

86

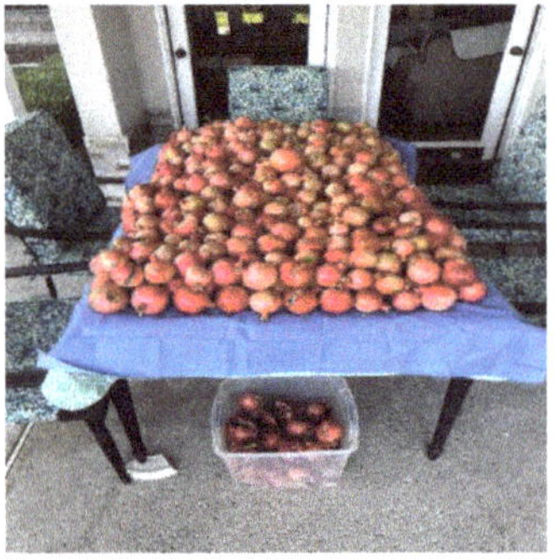

87

89

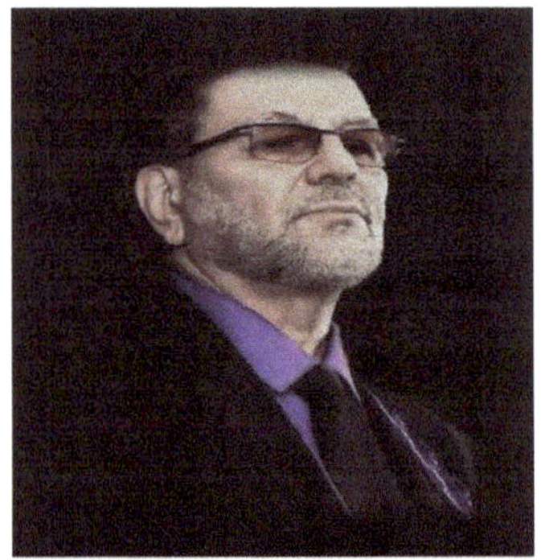

90

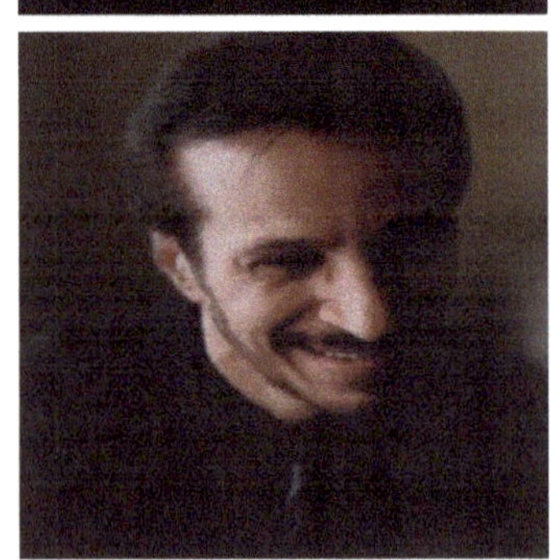

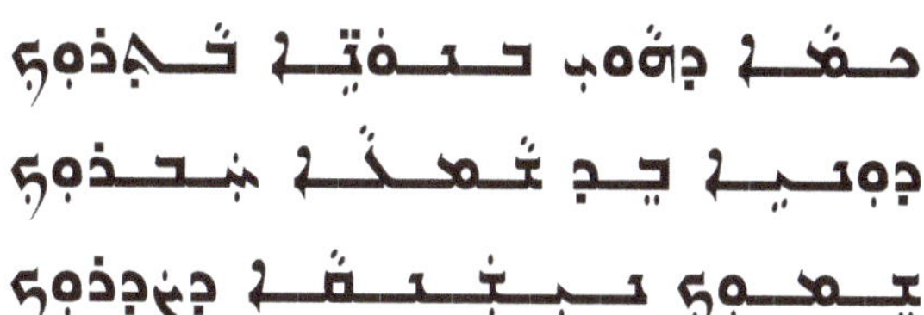

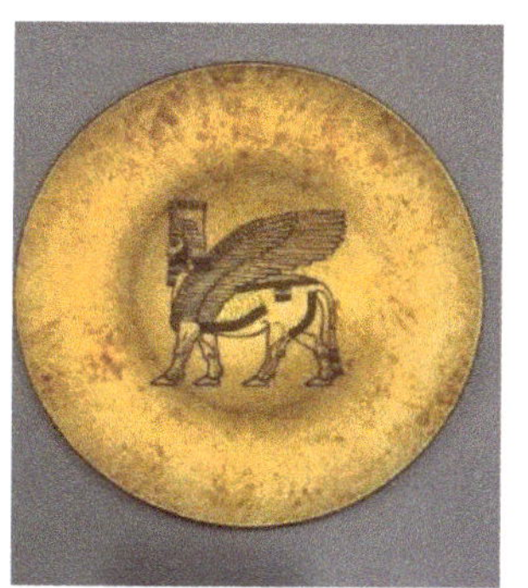

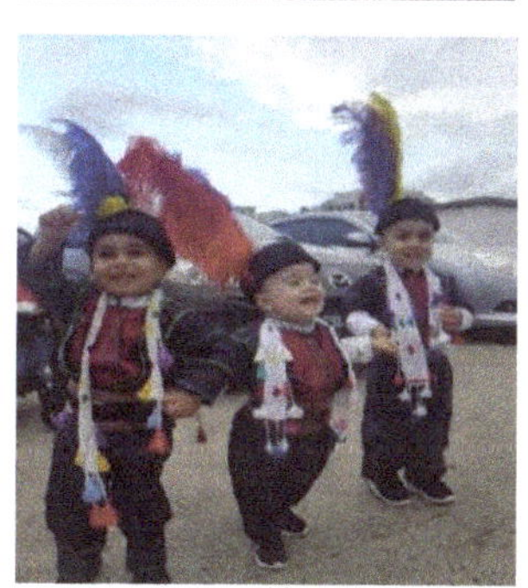

91

92

ܟܬܒܐ ܣܘܪܝܝܐ

ܩܕܡܝܐ

ܩܲܛܠܵܐ ـ ܗ ـ ܩܵܛܘܿܠܘܼܬܵܐ

1

2

3

4

5

---

[1] الشهيد مار بنيامين شمعون, اللذي قتل غدرا عندما حلّ ضيفاً على "سمكو" زعيم قبيلة الشكاكي الكردية عام 1918

[2] الاسقف مار يوالا اندراوس, أسقف برواري بالا, اللذي تم اغتياله من قبل مخابرات البعث عام 1973

[3] المطران بولص فرج رحو أحد أساقفة الموصل اختطف من قبل جماعة مسلحة 2008

[4] الدكتور خوشابا ملكو اشيثا, طبيب ورجل دين

6

7

8

9

10

---

[5] في الخلف الراهب واللاهوتي والشاعر الاشوري الشهير ربان يونان تخومنايا توفى بعد وقت قصير من التقاط الصورة، مع المطران مار اسحق خنانيشو التاسع مطران شمدينان(شميزدين)، في بيت الصلاة في المقر البطريركي لكنيسة المشرق(قوجانس) في جبال آشور الشمالية.

11

ܝ̇ ܐܒܝ ܩܘܡܬܐ ܒܓܠ ܩܕܘ̈ܙ
ܐܒܝ ܚܣܘܡܬܐ ܕܟܪ ܓܕܘ̈ܙ
ܘܚܝܩ̈ܬܐ ܡܠܗ ܗ̇ܘ ܝܕܘ̈ܙ[6]

12

ܟܪ ܩܘܡܬܐ ܡܟܗ ܘܟܪ ܣܗܒܬܐ
ܚܣܘܡܬܐ ܒܚܬܒܠܘܡܬܐ
ܝܠܗ ܬܘܕܐ ܘܡܝܠܟܒܬܐ

13

ܦܪܟܘܚܡܬܐ ܕܘܓܬܐ ܥܢܬܐ
ܐܣܦܬܐ ܒܓܪ ܐܣܦܝܗ ܩܟܬܐ
ܩܘܩܬܐ ܕܢܠܟ ܓܕܢܬܐ

14

ܝ̇ ܘܒܕܝܗ ܚܘܡܕܐ ܒܠܟܘܝ
ܚܬܚܘܡܬܐ ܕܒܝܬܐ ܘܩܒܠܟܘܝ
ܚܚܘܓܠܬܐ ܕܩܕܢܬܐ ܚܠܟܘܝ

15

ܢܐ ܒܟܗܬܐ ܕܝܠܗ ܥܚܢܬܐ
ܚܣܘܓܝ ܠܚܘܕܝ ܘܡܢܬܐ؟
ܒܚܬܒ ܣܘܙ ܟܗ ܟܗܕ ܕܩܡܢܬܐ

16

---

[6] نظام — System

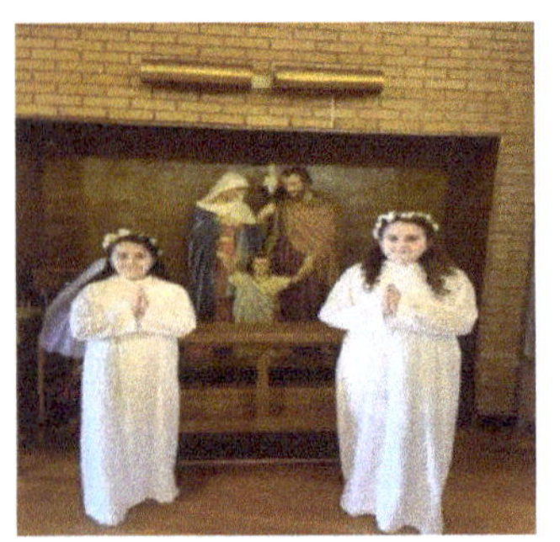

17

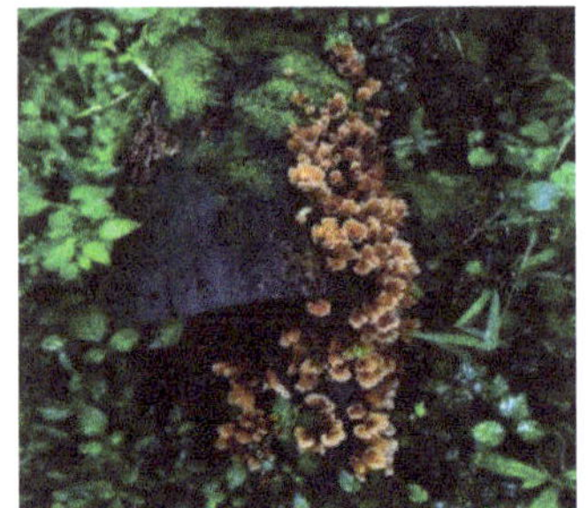

18

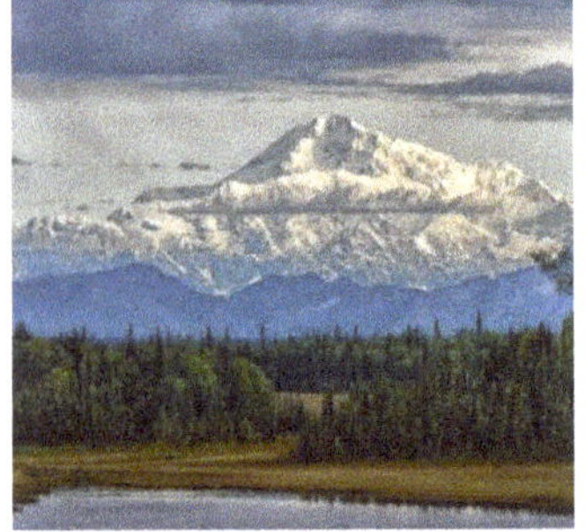

19

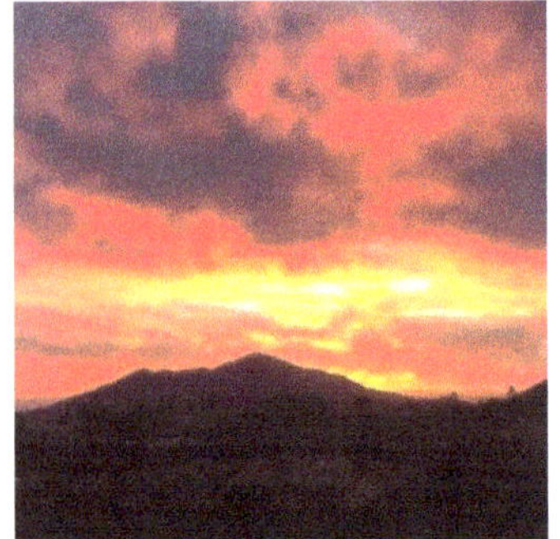

20

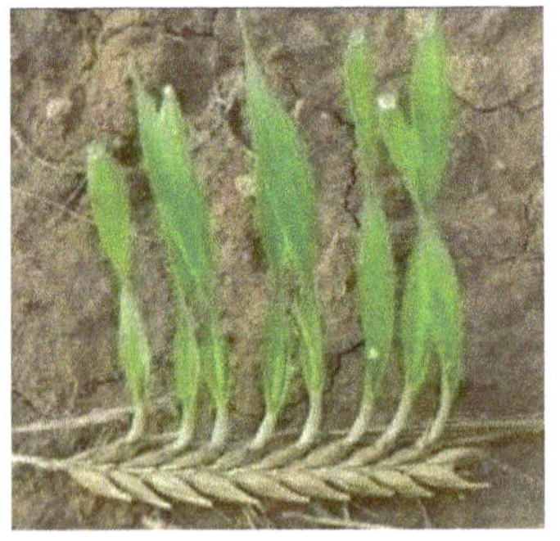

---

[7]تناول سارة وايميلي بنيامين ننو, شيكاغو.

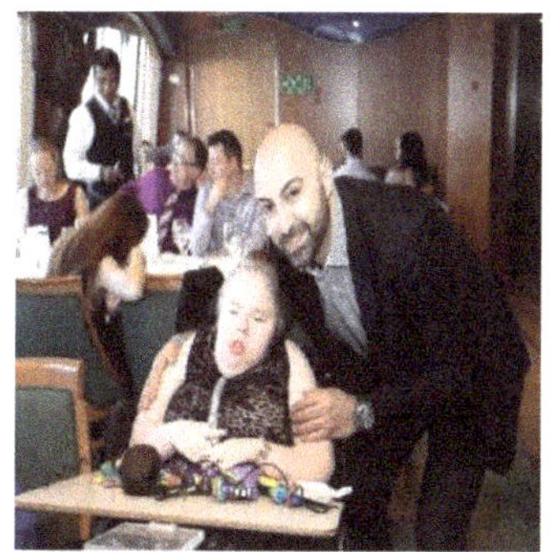

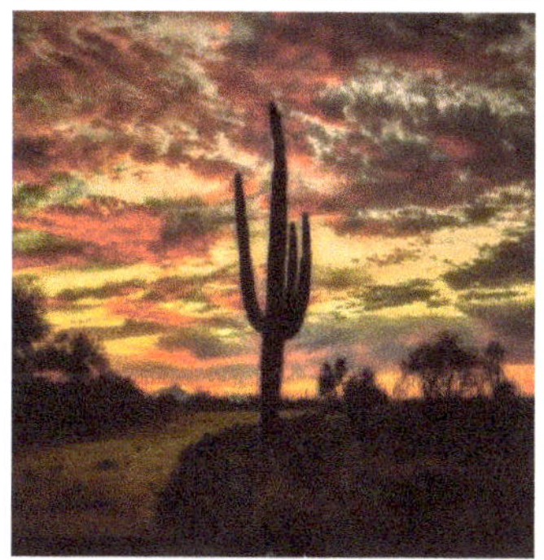

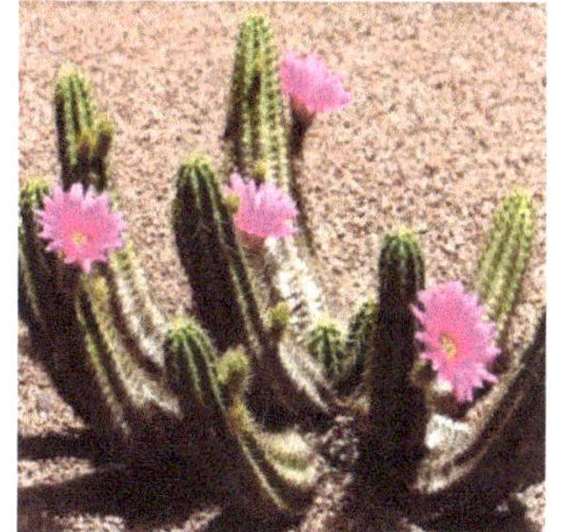

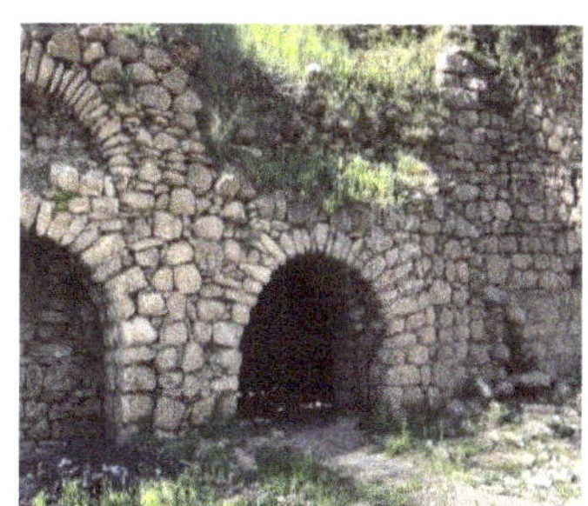

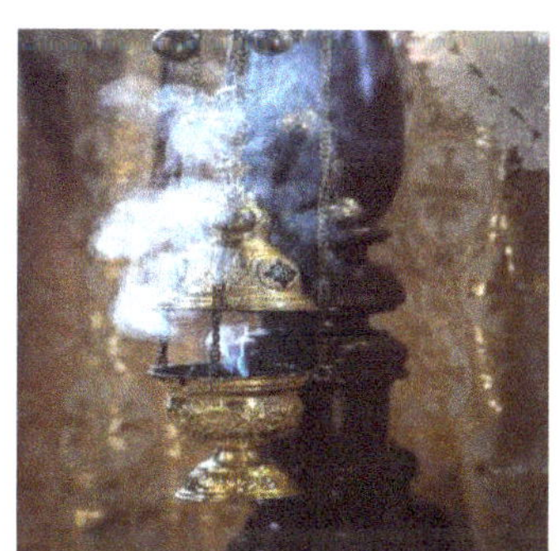

21

22

23

24

25

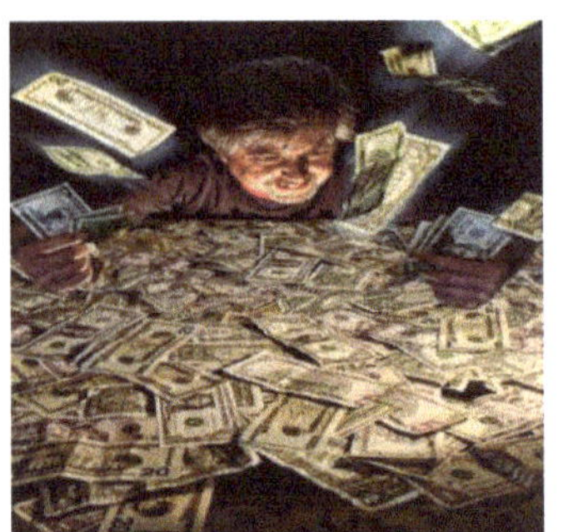

26

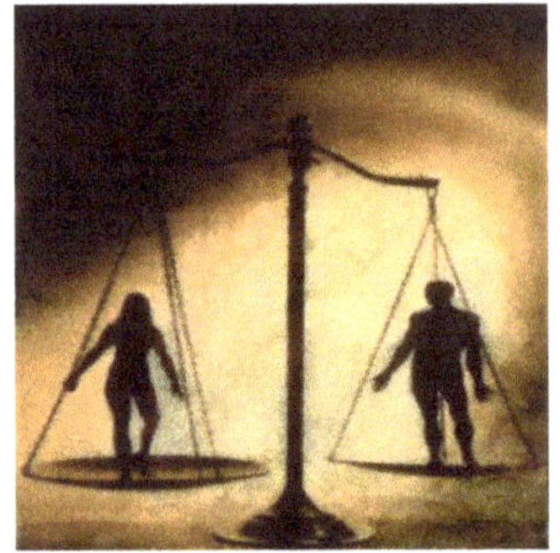

27

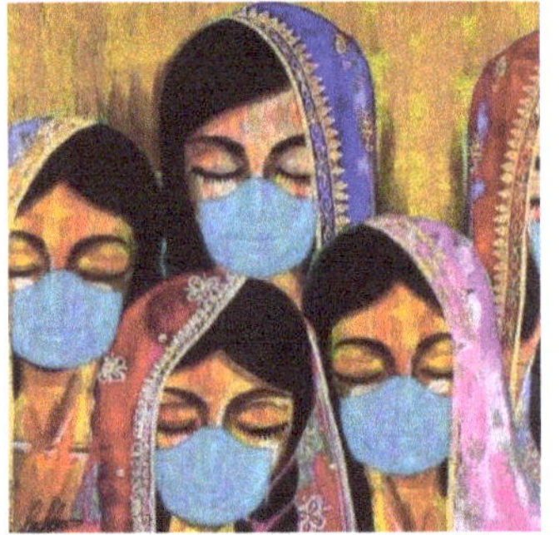

28

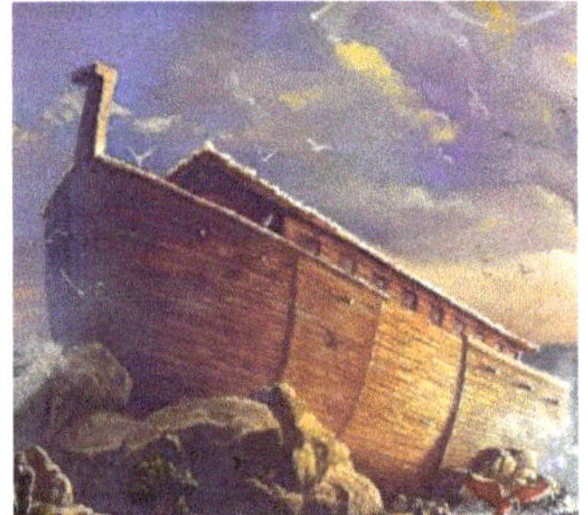

29

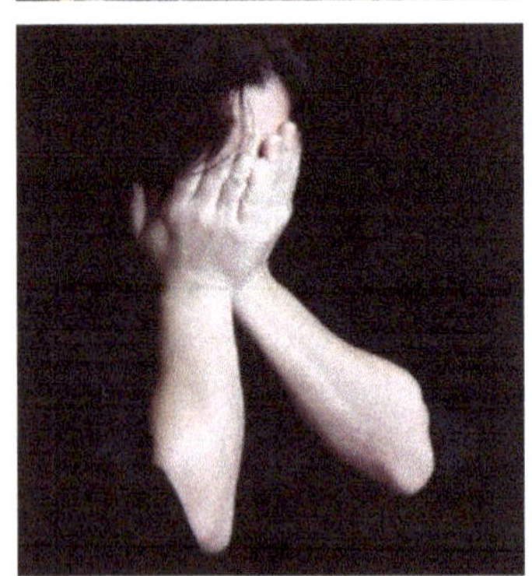

30

---

9 طمع

31

ܚܣܕܐ ܠܝܢܐ ܘܚܒܗܐ ܕܙܘܪܐ[10]
ܒܥܘܕܝܐ ܣܒܕܟܗ، ܝܢܐ[11]
ܗܣܕܩܬܐ ܠܒܓܕܗ، ܠܝܢܐ

32

ܗܠܠܟ ܚܣܐ ܝܢܐ ܥܠܒܐ
ܝܢܘ ܗܘ ܟܗ ܚܕܒܐ
ܩܕܒܠܘ ܗܒܬܐ ܕܟ ܣܒܐ

33

ܗܘܕܒܐ ܟ ܣܟܗ ܗܘܗܐ
ܗܕܢܐ ܟ ܗܝܕ ܠܩܗܗܐ[12]
ܗ ܕܗܘܐ ܗܝ ܟ ܫܓܐ

34

ܗܘ ܕܒܟ ܚܕ ܠܘܗܢܐ ܥܗܒܐ
ܗ ܣܠܒܐ ܟ ܣܟܗ ܩܕܒܐ
ܠܣܘܗܢܐ ܕܫܘܓ ܗܒܐ

35

ܓܥܬܚܣܐ ܗܕܒܘܠܒ ܠܝܥܗ
ܒܣܒܐ ܣܟܗ ܕܝܥܗ
ܠܣܠܒܐ، ܥܒܩܟܗ ܚܕܥܗ

---

[10] البعثات الكاثوليكية للأشوريين في القرن الثامن عشر   catholic missions to Assyrians in the 18th century

[11] ثقب   Hole

[12] دنئ، حقير   Despicable

ܐܵܬܒ ܠܠܒܝܩܐ ܟܥܘܕܝܓܐ[13]

ܘܠܒܝܩܐ ܠܗܝܒܐ ܕܝܢܘܒܐ

ܚܝܝܬܐ ܕܟܡܠܗܦ ܡܕܘܒܐ

ܥܠܡ ܦܕܟܐ ܣܡܝܥܝܐ

---

[13] أبناء الطائفة الايزيدية اللتي وقعت تحت ظلم الإرهابيين

ܐܝܩܪܐ ܕܐܒܗܬܐ

ܬܫܥܝܬܐ (ܩܕܡܝܬܐ)

ܡܐܡܪܐ ـ ٥ ـ ܣܦܝܢܬܐ (ܩܐܠܒܗܝܒ)

1

2

3

4

5

---

[1] قنب, شراع السفينة — Ship's sail
[2] السارية — the mast of the ship
[3] صهريج. — Tank

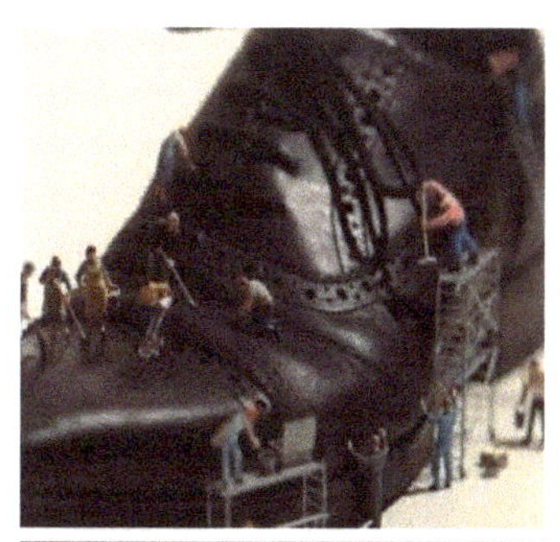

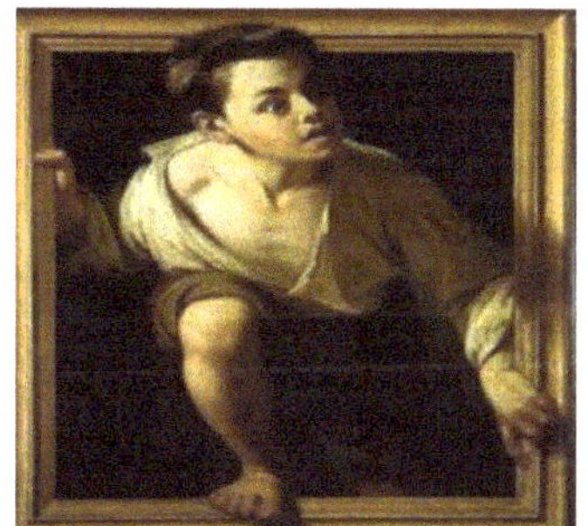

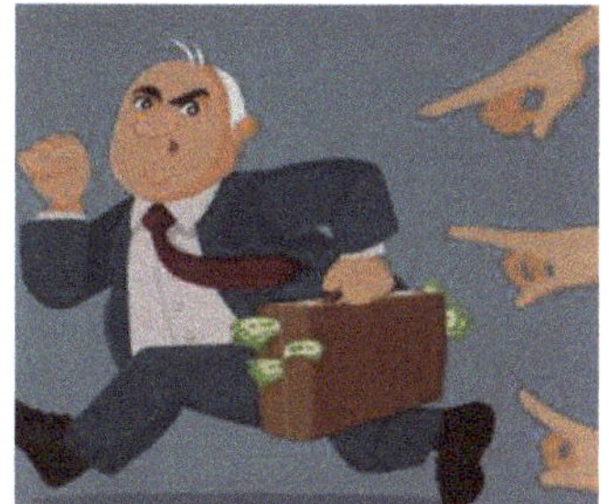

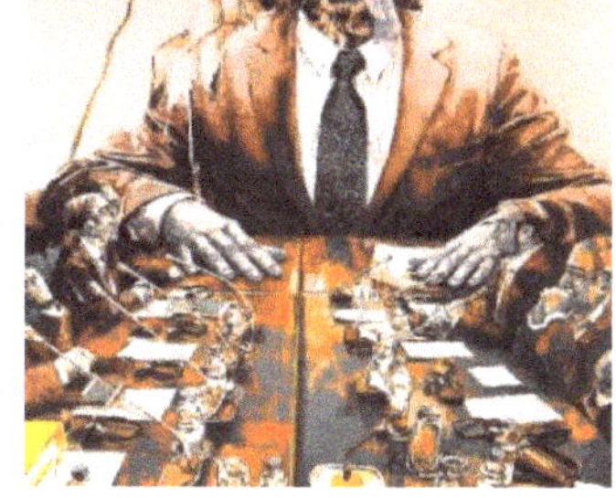

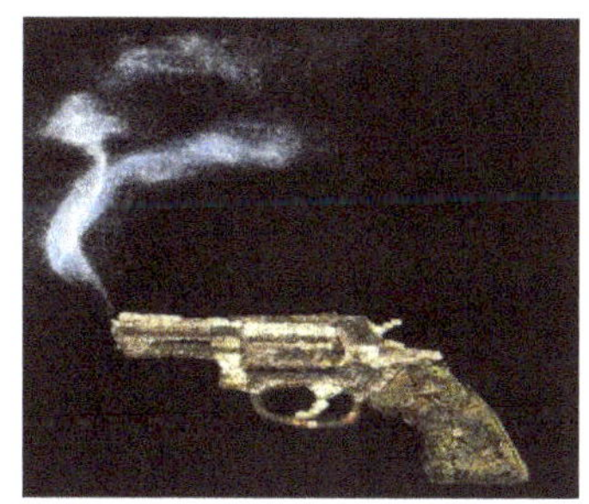

6

7

8

9

10

[4] ينتيه, يغفل

11

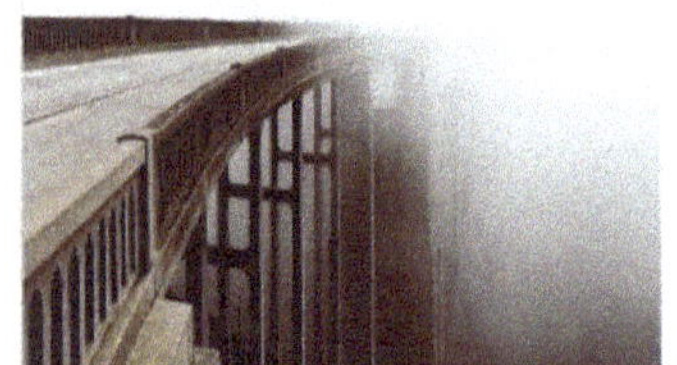

12

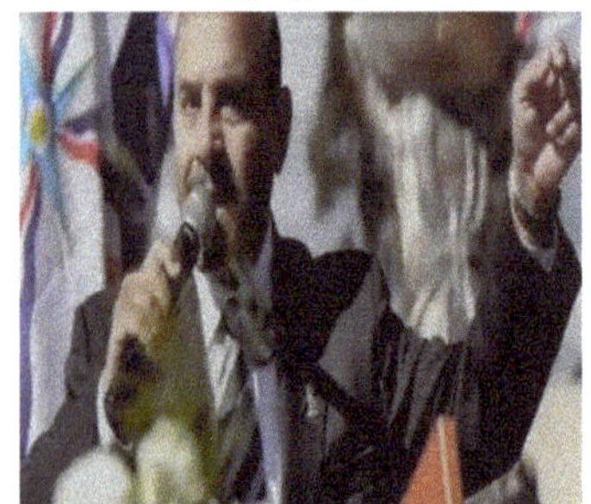

13

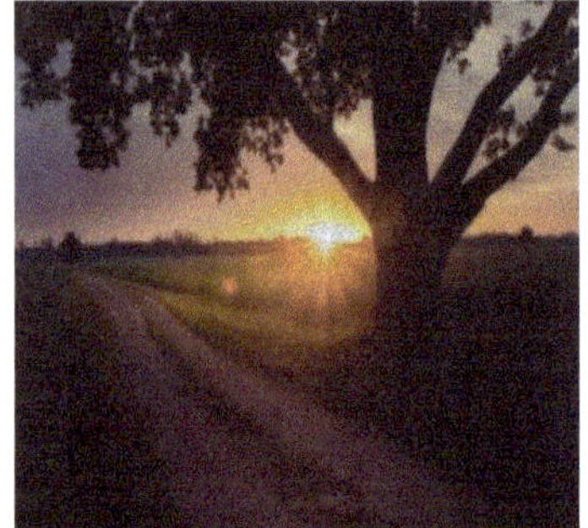

14

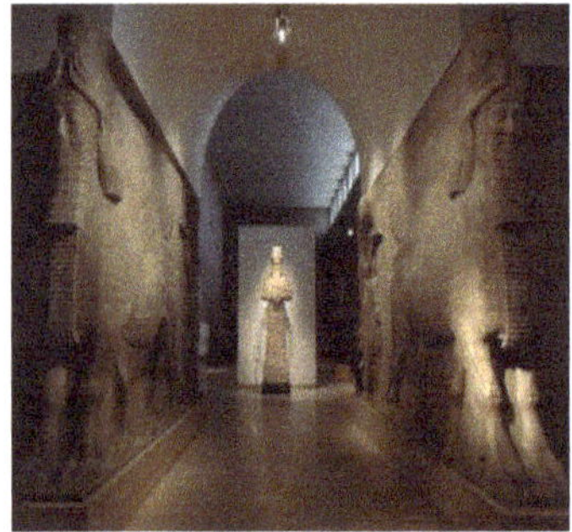

15

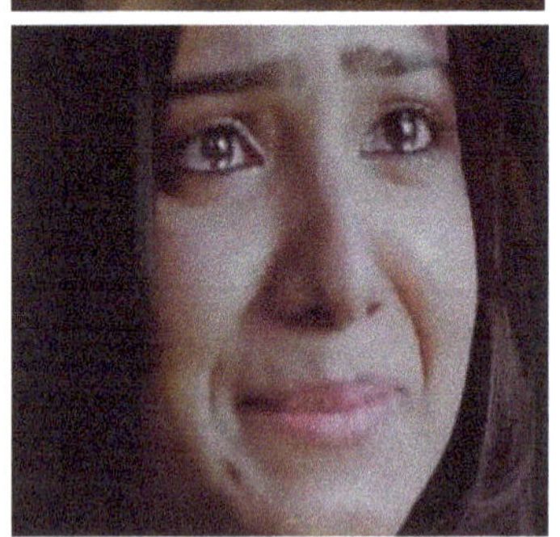

16

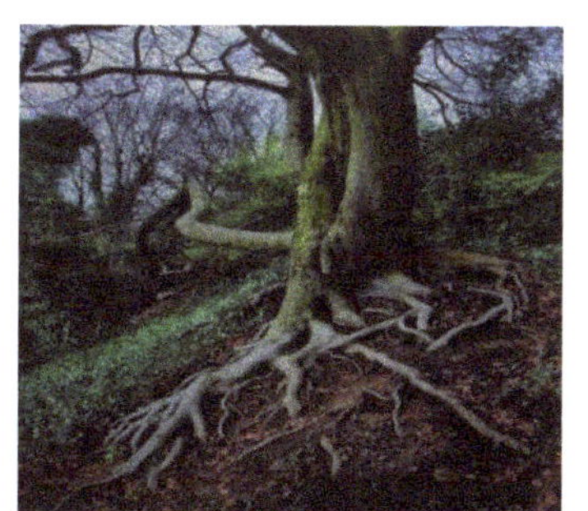

17

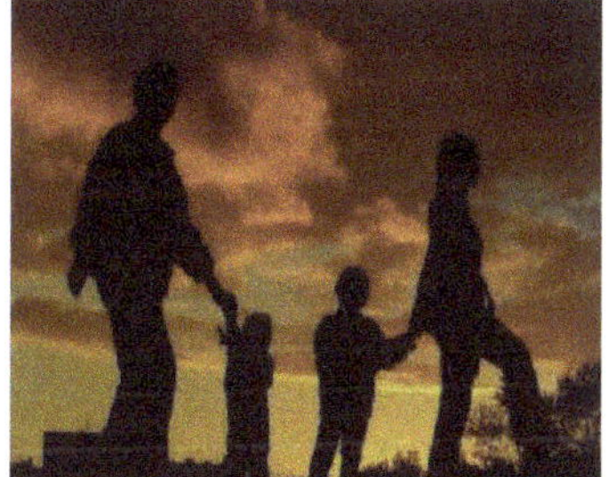

18

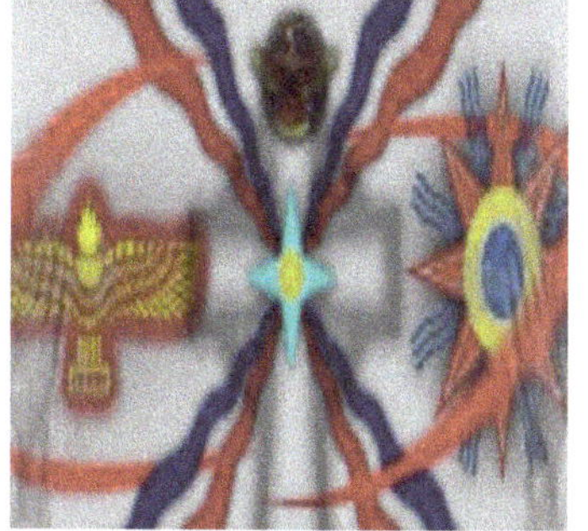

19

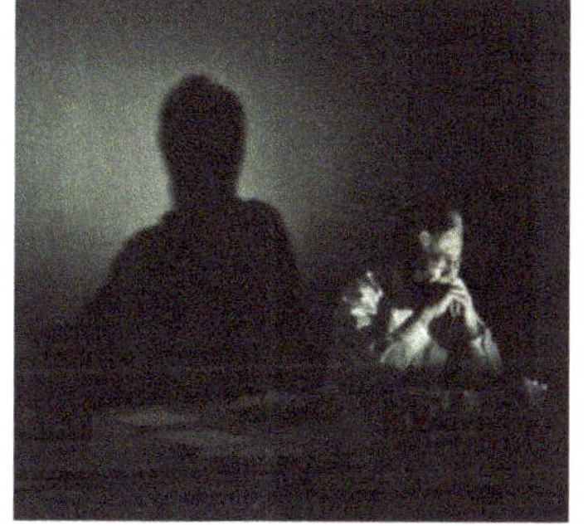

20

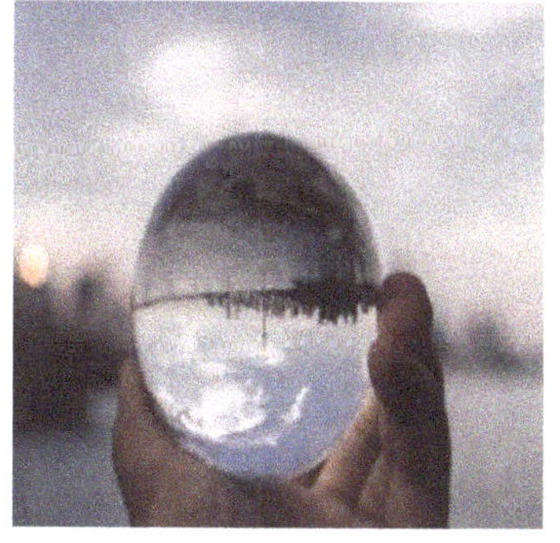

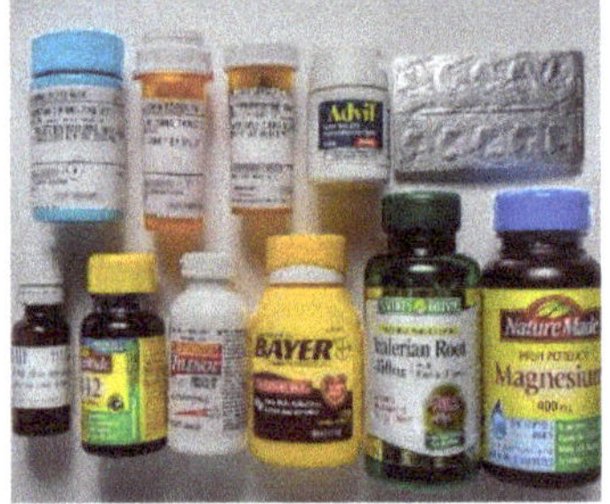

21

22

23

24

25

---

[5] المحافظ والتقدمي
[6] يرسخ، يُرتب، يُحَضِر — prepare
[7] يدق، ينبض القلب — Heart beating

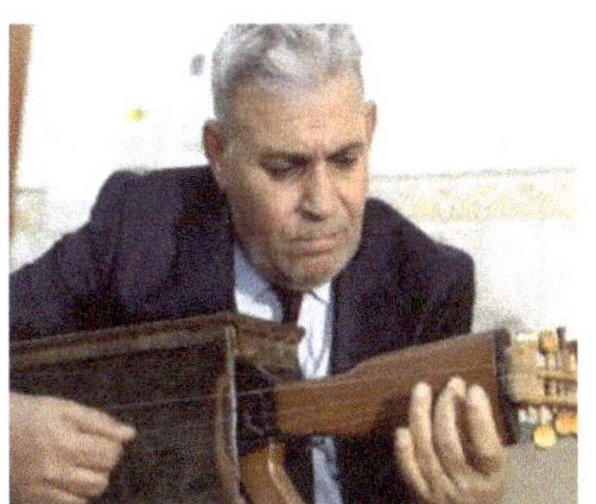

26

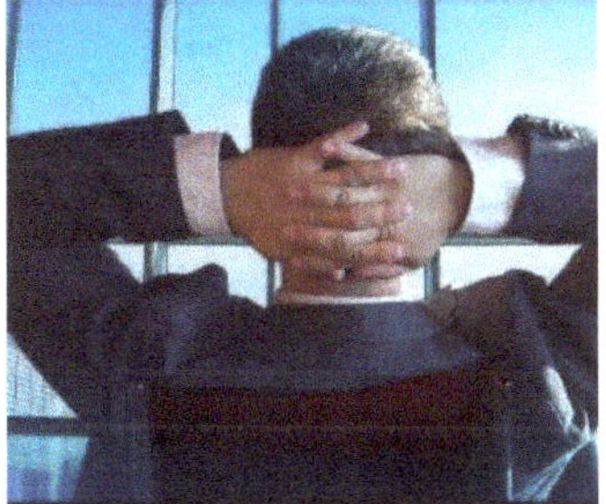

27

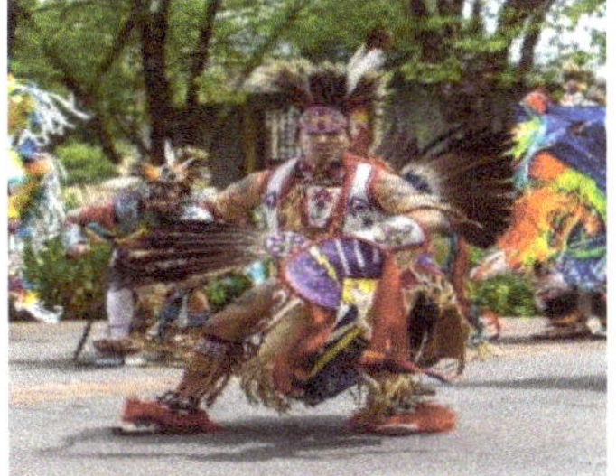

28

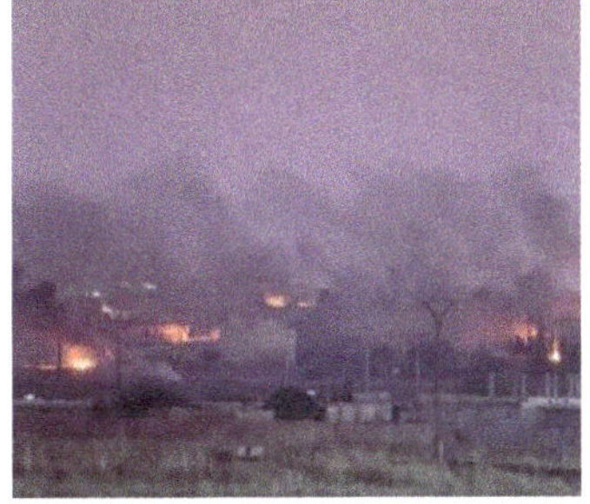

29

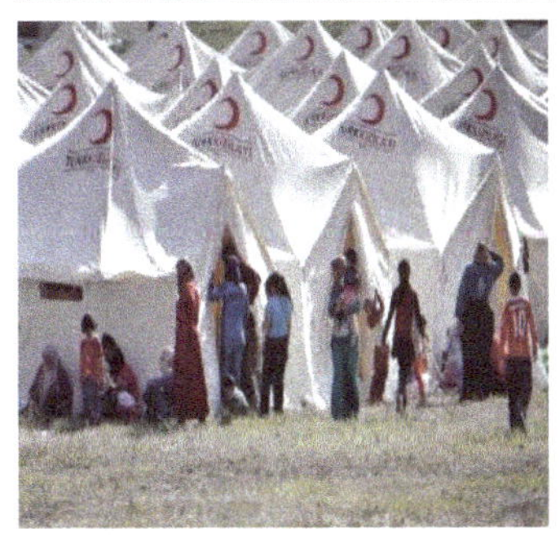

30

---

[8] يفني، يبيد — Destroy

[9] خبز، رَغيف — Bread, loaf

31

32

33

34

35

---

[10] ينتظر waiting

[11] ܩܕܘܚܐ ܠܗܦܐ: ܚܘܢ ܩܝܟܝ ܙܘܕܐ ܝܝܚܓܐ ܩܛܝܢ ܕܟܪ ܘܐܢܬܝ ܕܘܡܐ ܒܨܪܐܥ Two cats in the author's house قطتين ذكر وانثى دوما في صراع (المؤلف)

36

37

38

39

40

---

[12] امير كردي قام بعدة مجازر بحق الاشوريين في حكارى لقى اكثر من 10000 اشوري حتفهم A Kurdish prince carried out several massacres against the Assyrians in Hakkari. More than 10,000 Assyrians were killed.

[13] عقاب Punishment

[14] زعيم كردي قام بالابادة الجماعية بحق الاشوريين (سيفو)

41

42

43

44

45

____

[15] المؤلف وصديقه السيد عمانوئيل يوخنا كورئيل.
The author and his friend, Mr. Emmanuel Yohanna Goriel

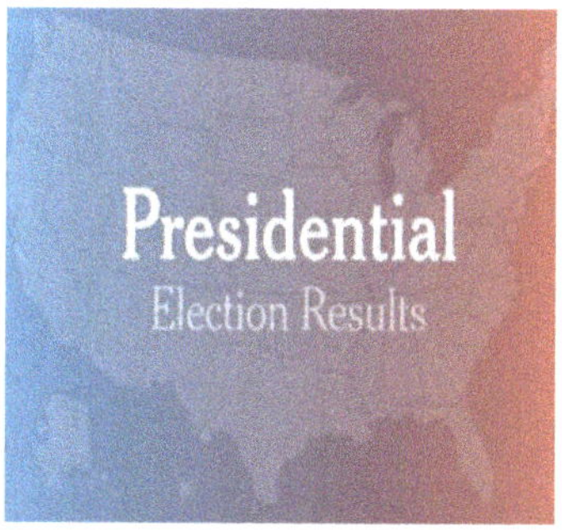

46

47

48

49

50

---

[16] غدر ، خيانة   Treachery, betrayal by

[17] مدرسة سرسنك الأثورية التي أسسها القس عوديشو القس زكريا بيت بنيامين عام 1928   Sarsang Assyrian school was founded pastor Odisho pastor Zakaria Beit Benjamin in 1928.
(من ضمن الصورة المرحوم دنخا جونة والد المؤلف)

[18] مهجور, لا حياة فيه   Desolate

[19] المؤلف وصديقه السيد يونان خوشابا

[20] المنظر وأنعكاسه   Scenery reflection

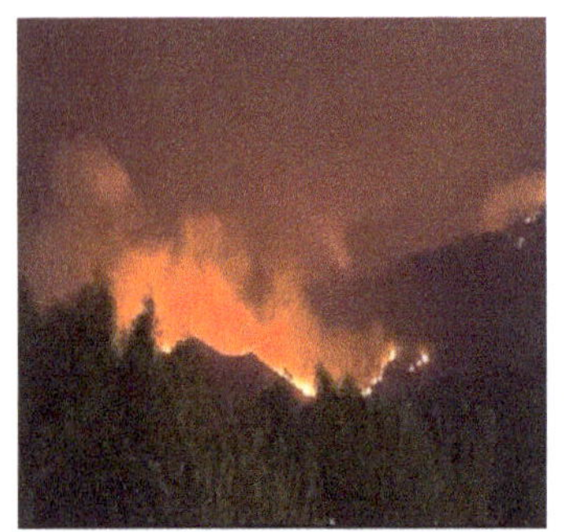

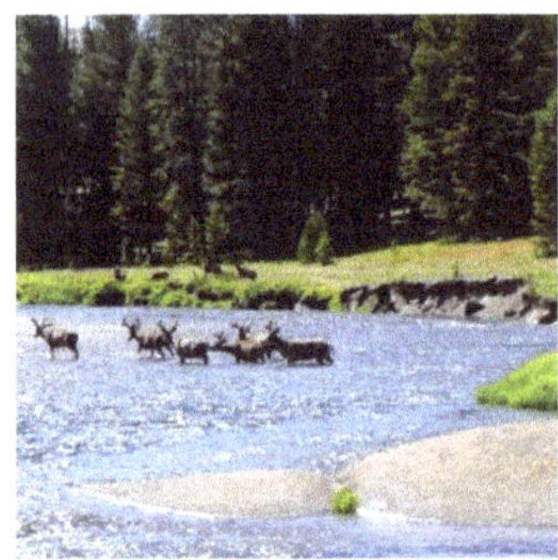

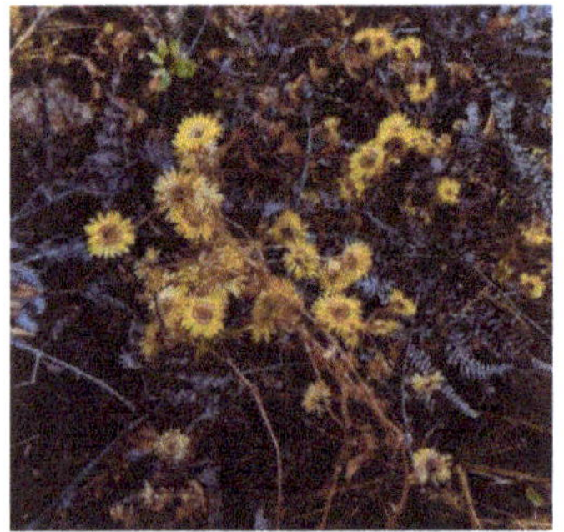

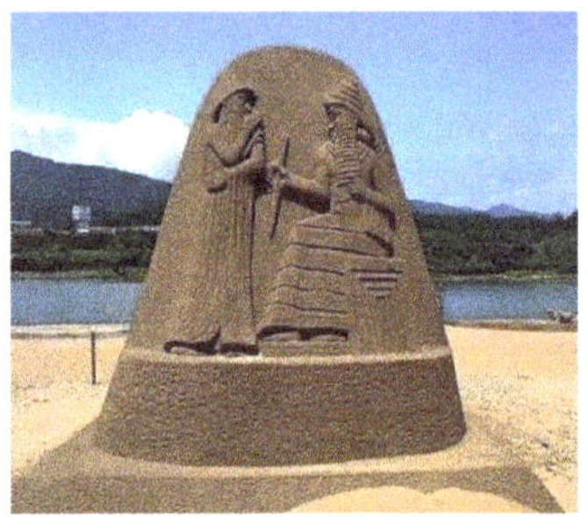

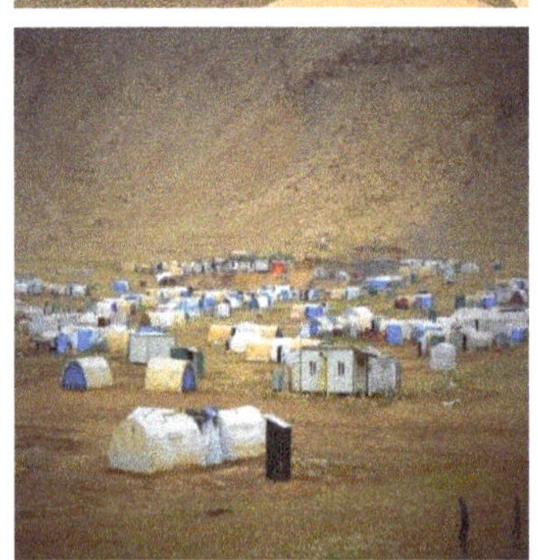

51

52

53

54

55

---

[21] مسافر، غريب   Stranger

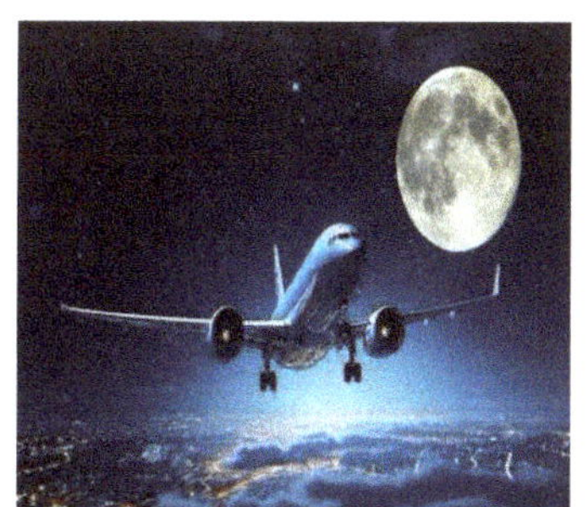

56

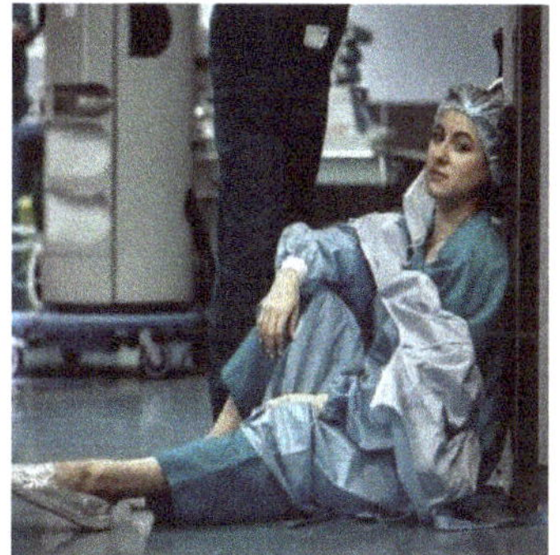

57

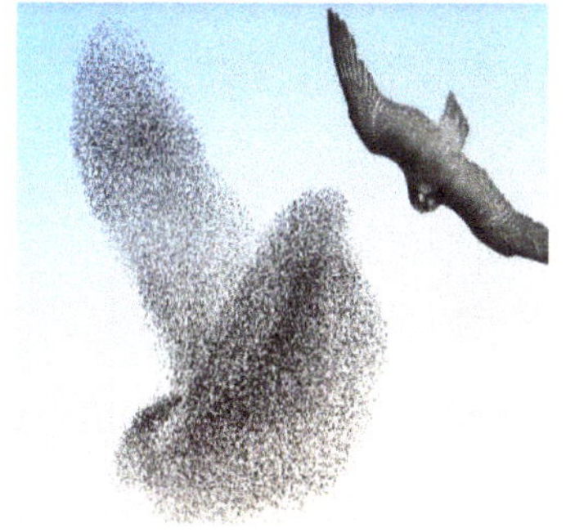

58

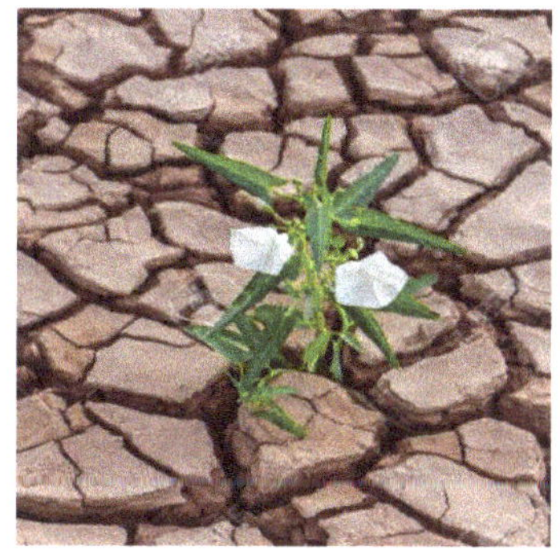

59

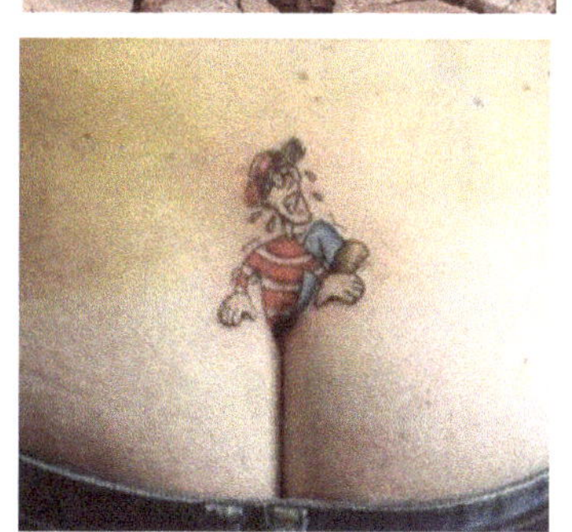

60

60

61

[23] سعاد ارشد العمري, رئيسة جمعية الهلال الأحمر في العهد الملكي
[24] لقد شبعنا من السياسة وتُهنا بين صفحاتها الكاذبة، ولم تبقى هناك حقيقة

ܐܠܗܝܐ ܫܒܝܚܐ
ܥܕܬܐ ܕܝܠܗ ܡܫܝܚܐ

ܩܨܝܕܐ ـ ܘ ـ ܣܘܪܥܦܐ ܕܝܘܥܩܐ

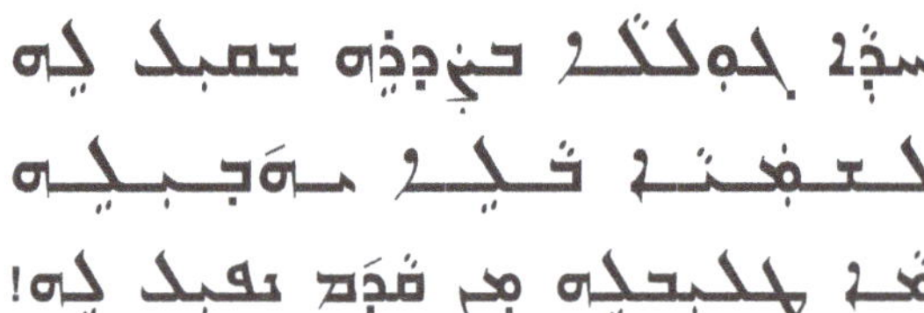

1

2

3

4

5

---

[1] ثائرة تهتم بنفسها   Rebel beautifying her self
[2] وهج، دخان   Glare, smoke

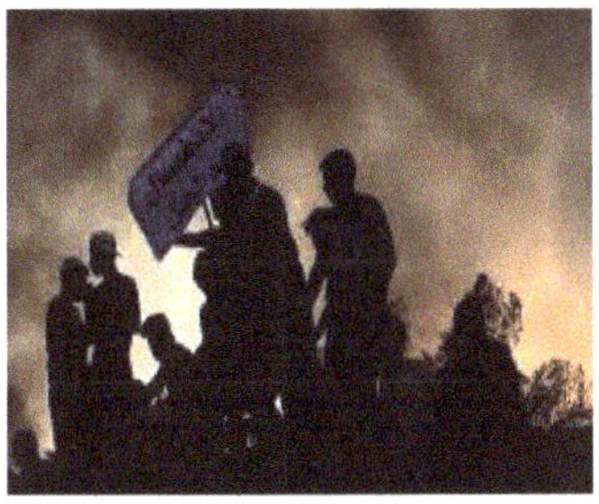

6

7

8

9

10

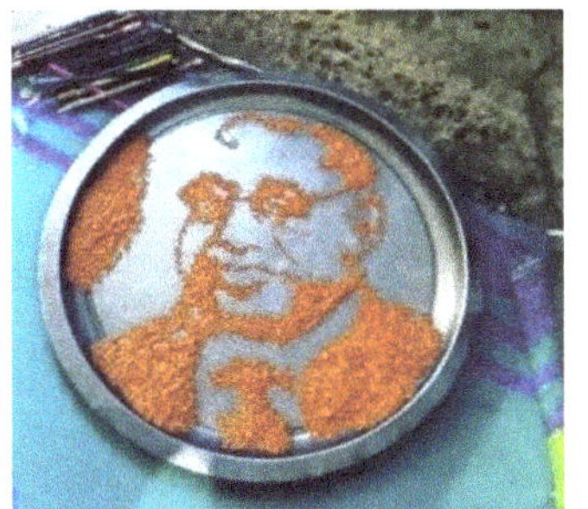

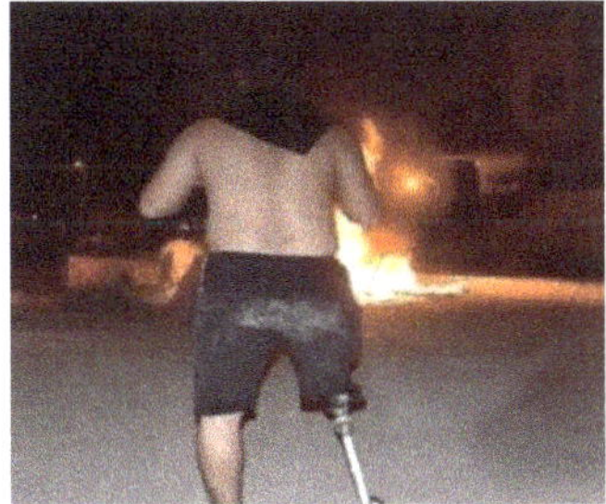

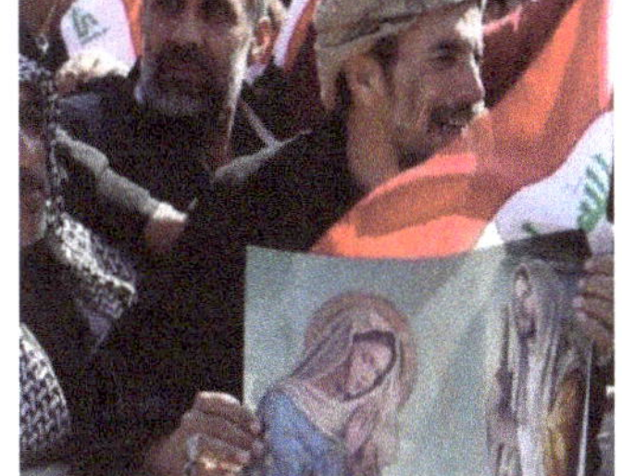

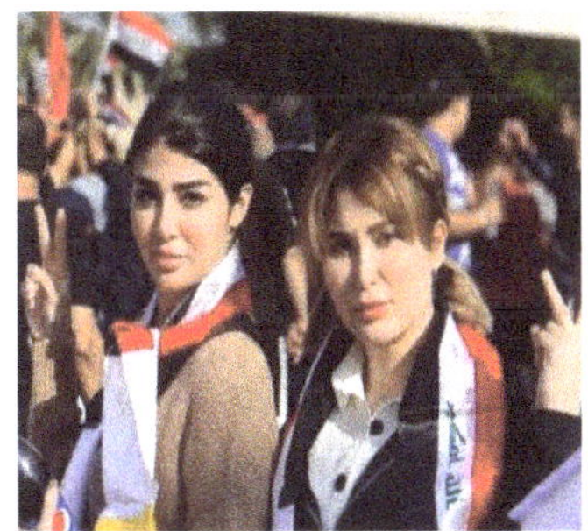

---

[3] البيت يرمز لرئيس وزراء عراقي سابق لقب ب أبو العدس

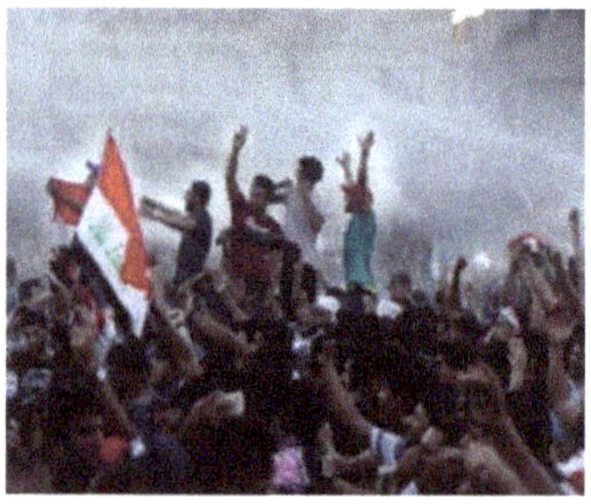

11

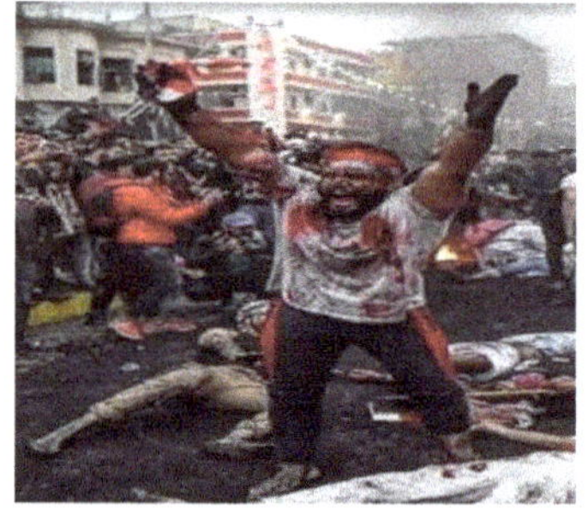

12

13

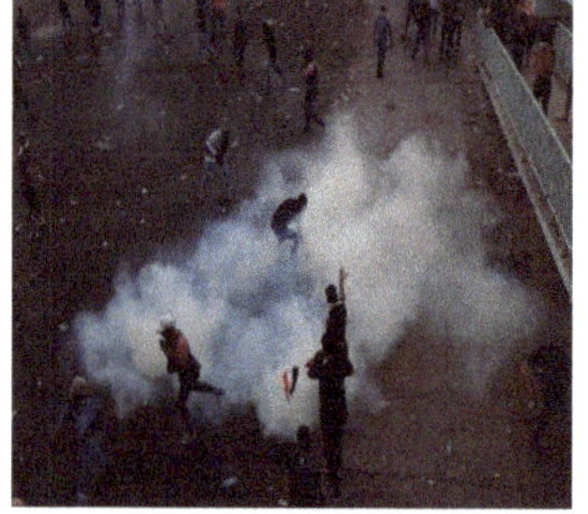

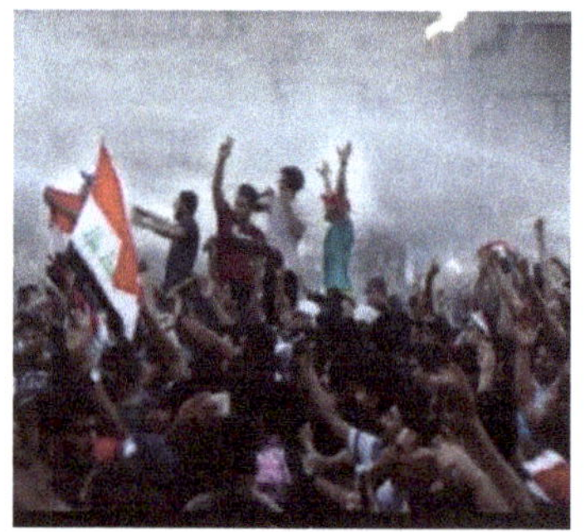

14

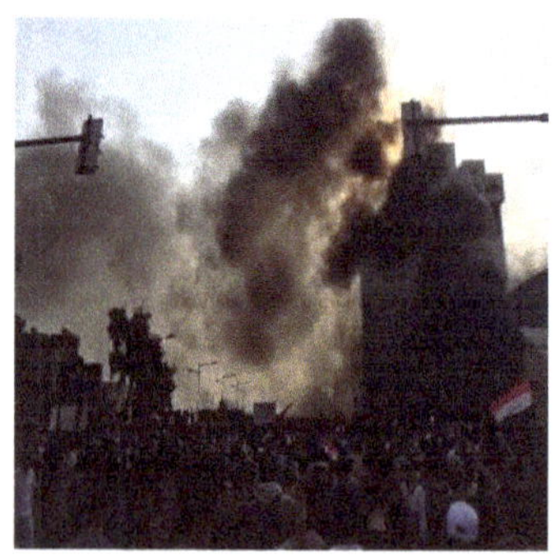

15

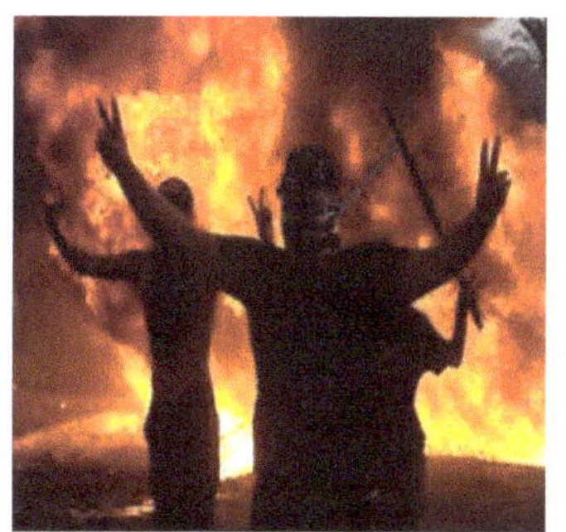

17

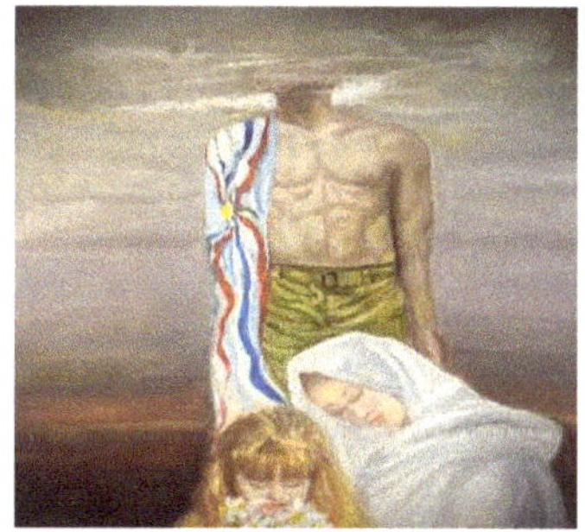

18

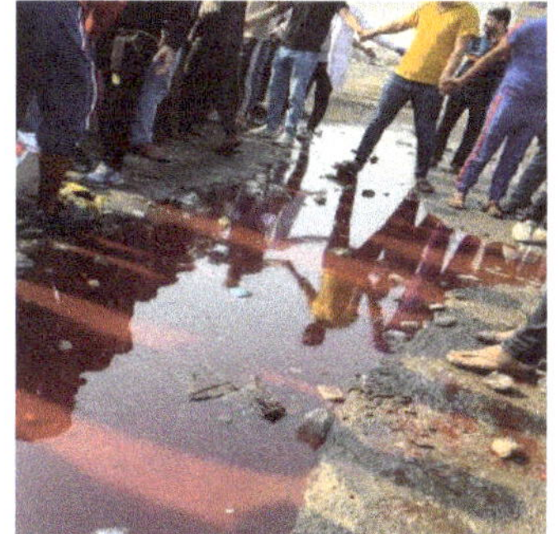

19

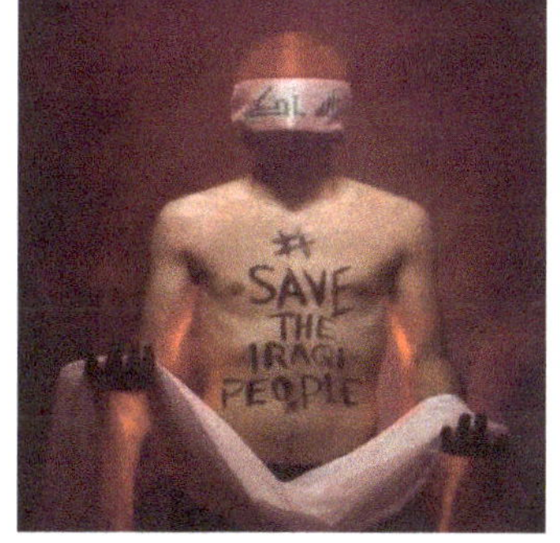

20

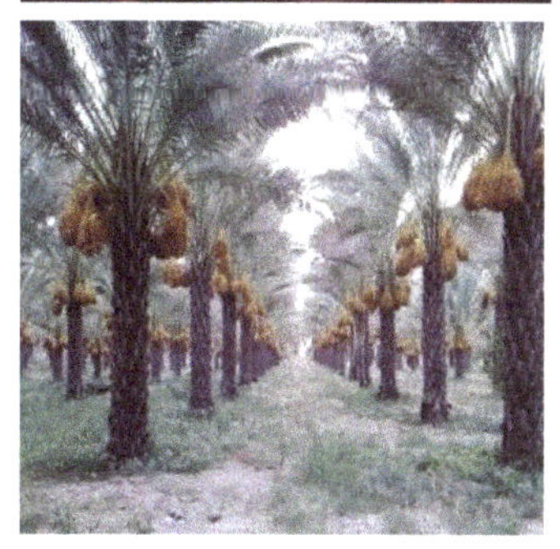

21

22

23

24

25

26

---

[5] طعن
Stabbing

[6] ميخائيل كلاشنكوف الذي صنع بندقية كلاشنكوف الروسية.
Mikhail Kalashnikov in 2009, he builds the machine gun.

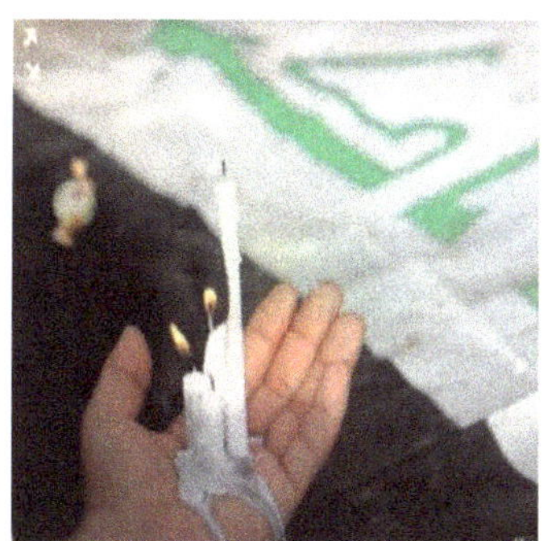

27

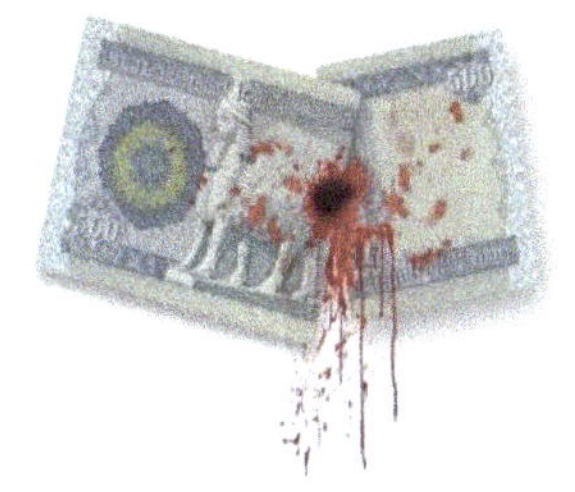

28

29

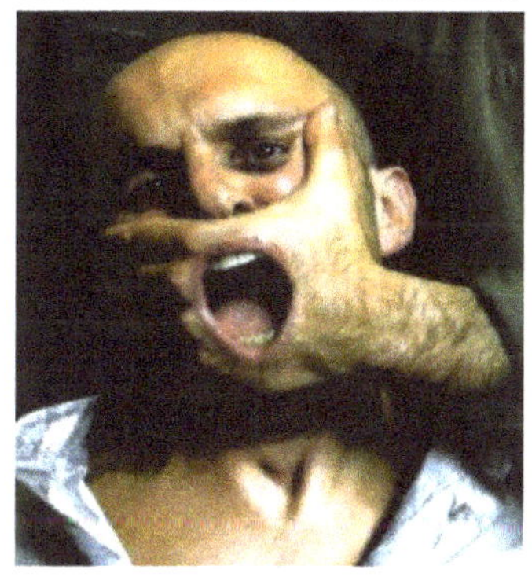

30

31

⁷ احد شهداء الناصرية كان في جيبه 500 دينار فقط
⁸ ساحة Theatre

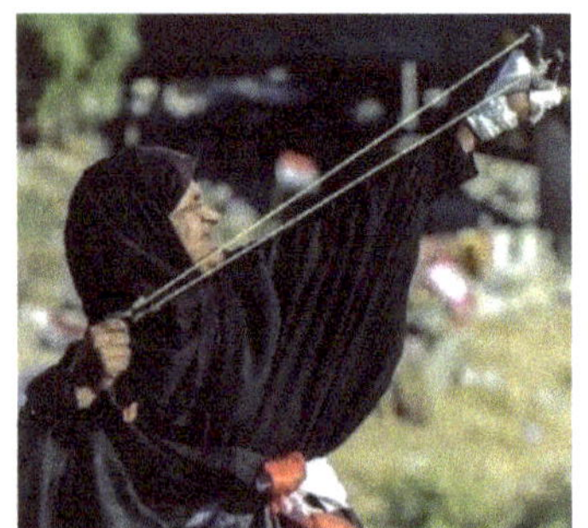

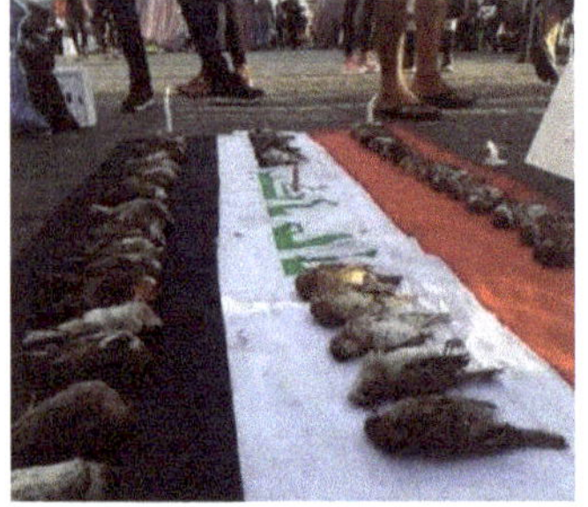

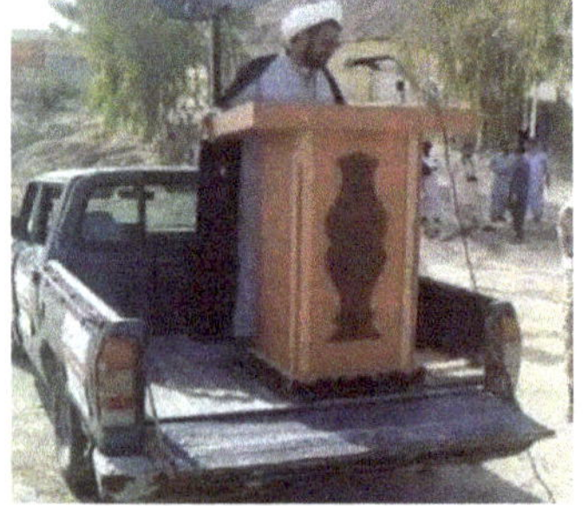

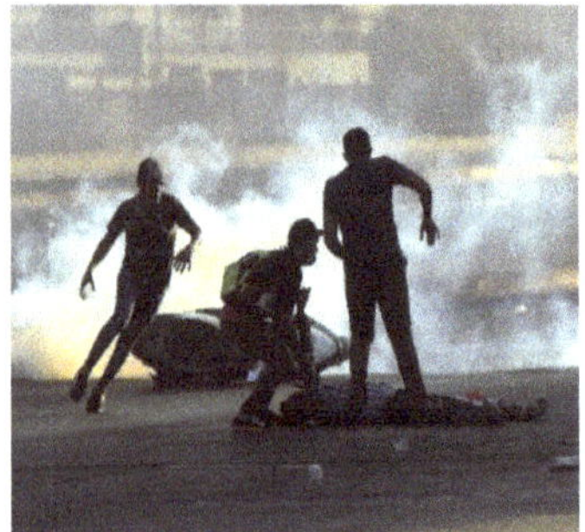

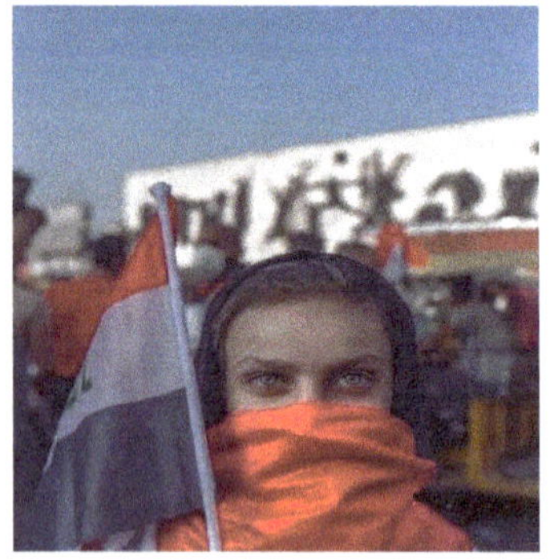

32

33

34

35

36

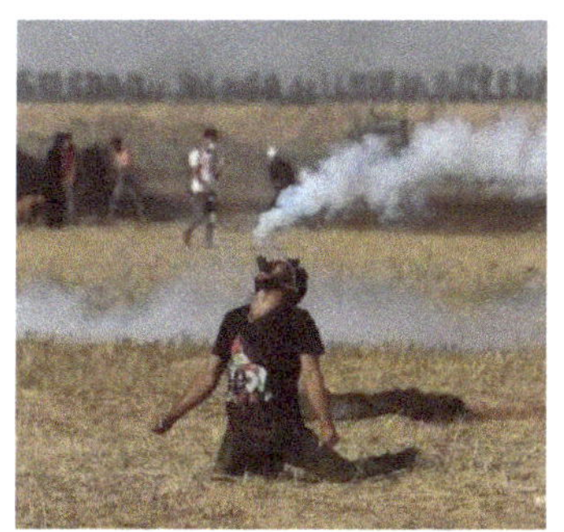

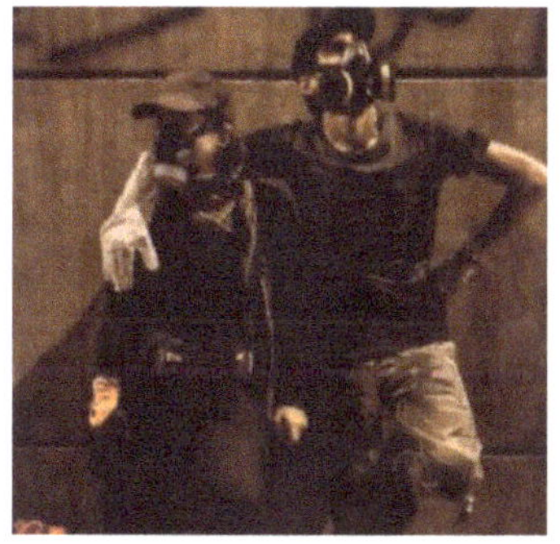

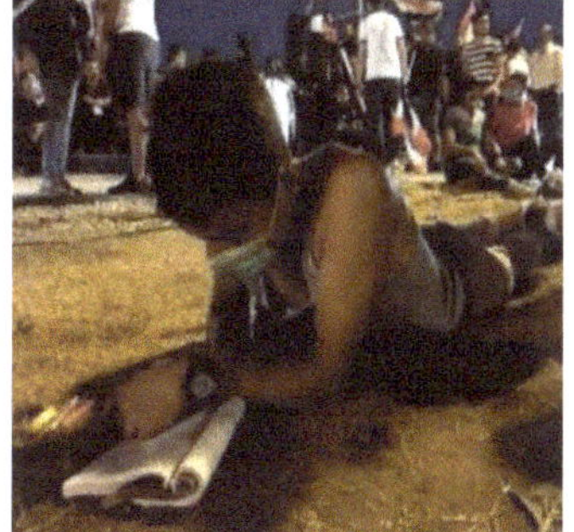

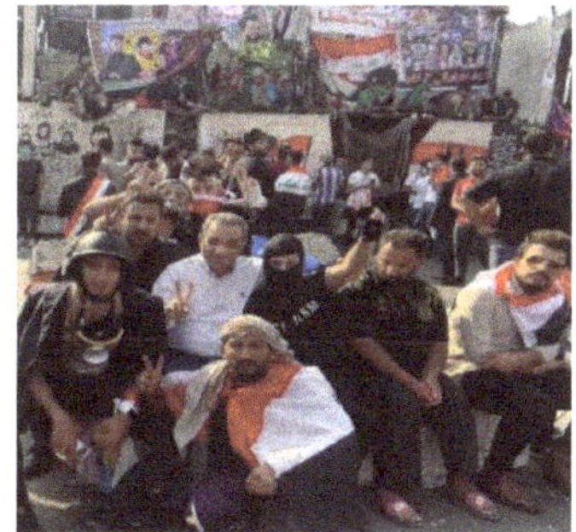

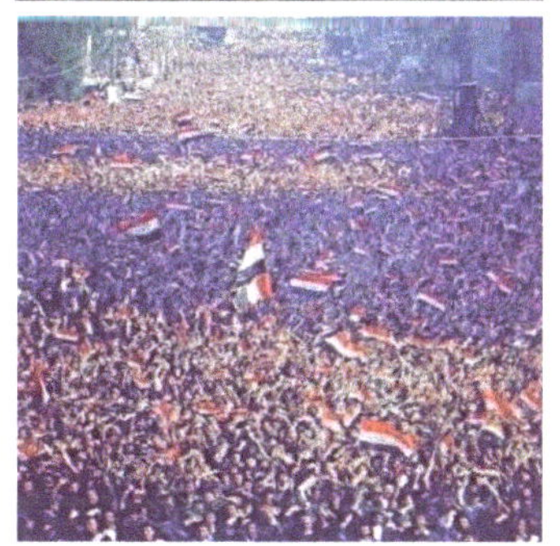

37

38

39

40

41

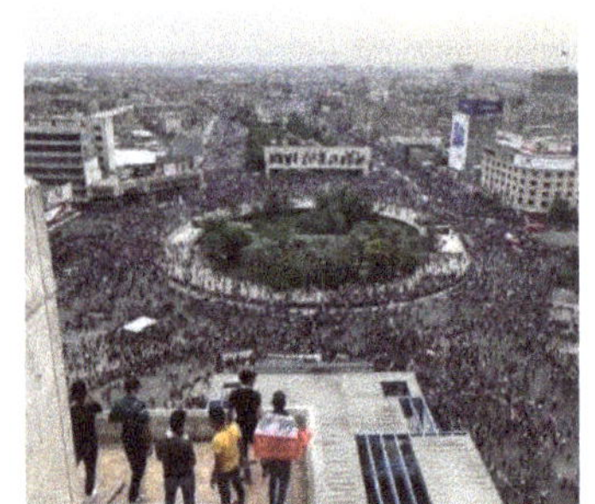

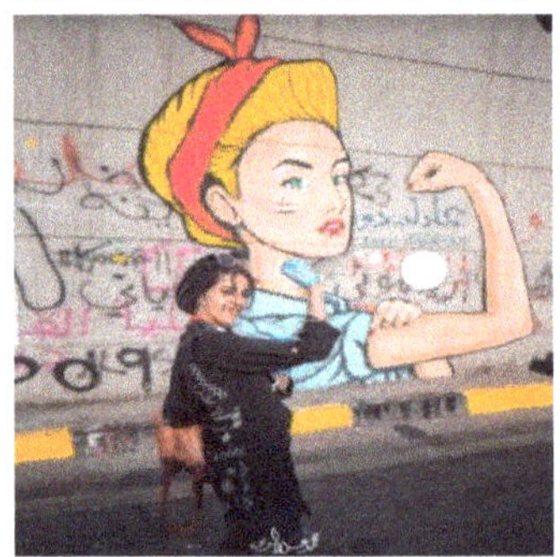

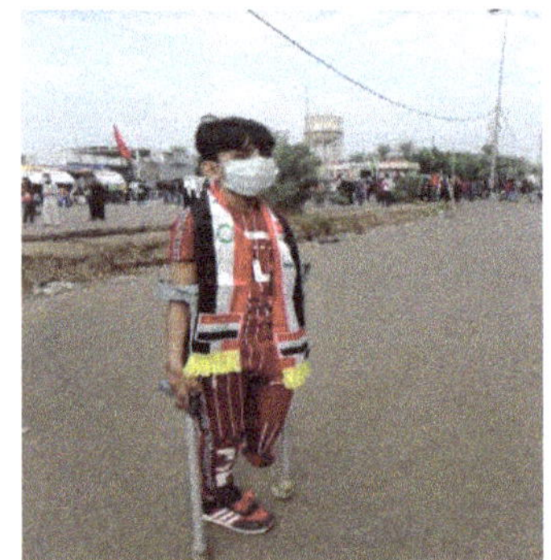

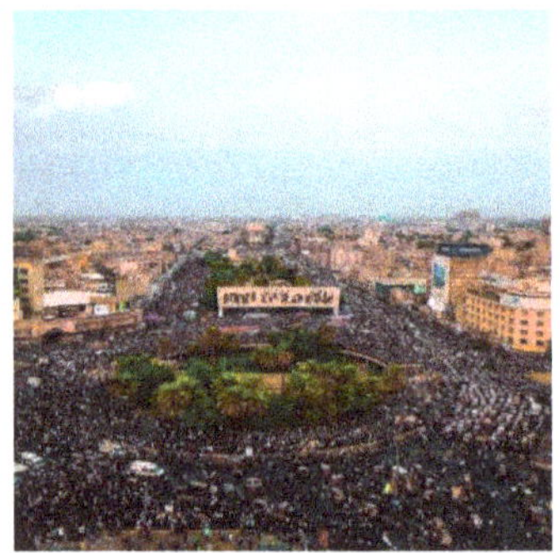

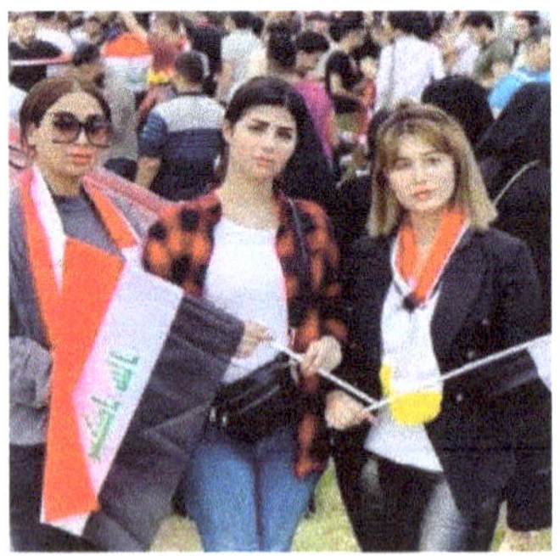

42

43

44

45

46

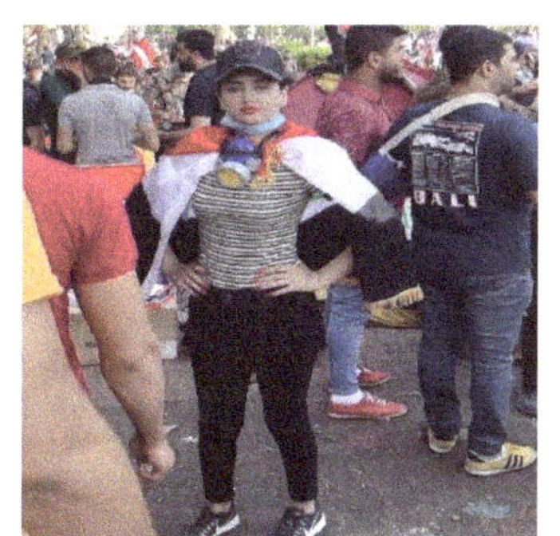

47

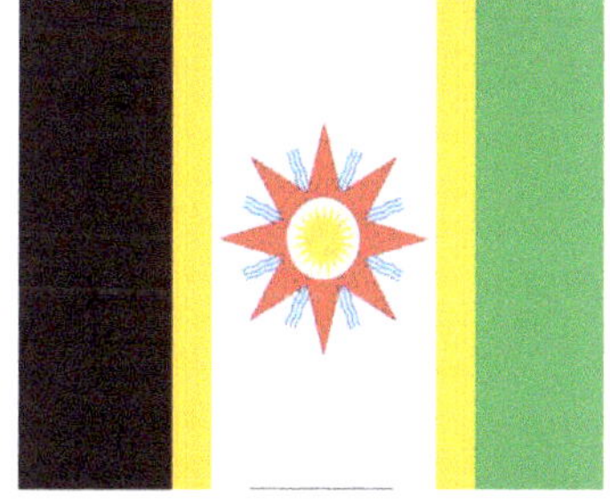

48

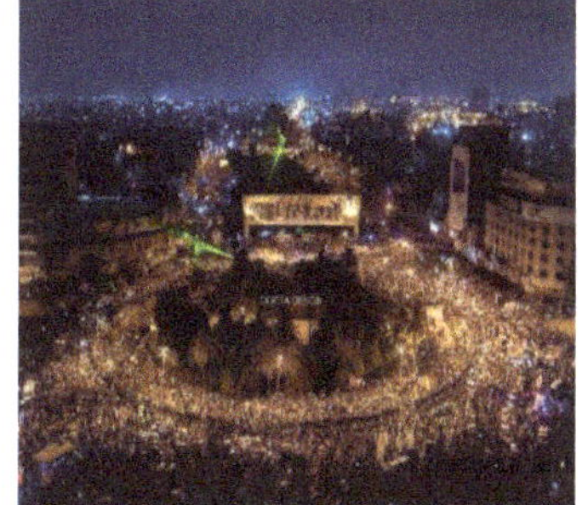

49

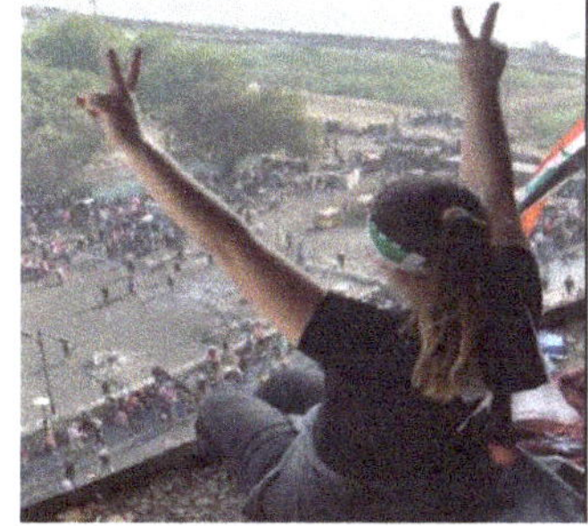

50

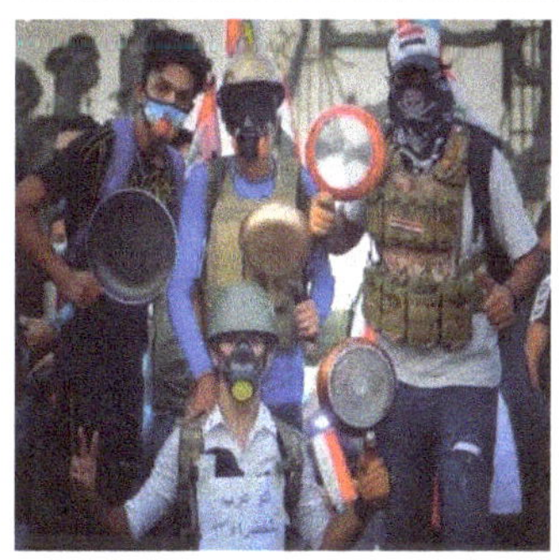

51

52

53

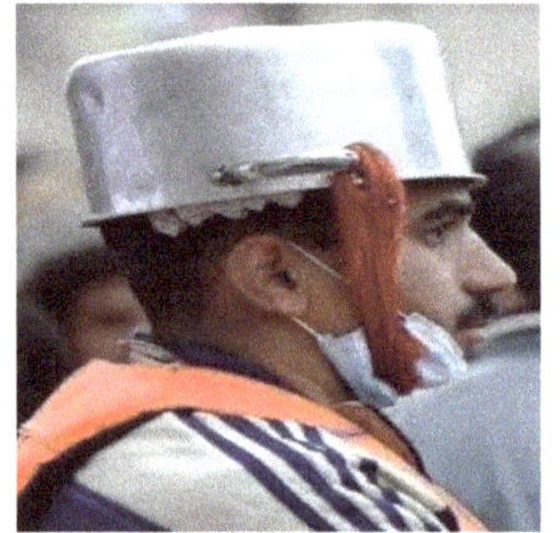

54

55

56

---

[13] مركبة نارية ذات ثلاث عجلات، تستخدم غالبا للانتقال بالأجرة داخل المدن
A three-wheeled motorcycle, often used for transportation within cities
[14] كنانة، جعبة السهام   Quiver of arrows

57

58

59

60

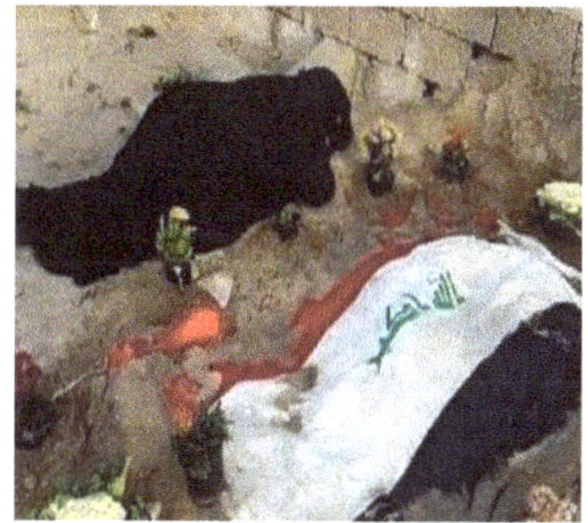

61

---

[15] يفهم، يأخذ — Understands, takes
[16] غمد السيف — Sword sheath

62

63

64

65

66

<hr>

[17] اللوحة للفنان علي نعمة عن الفنان الراقي سليم البصري "حجي راضي" (انتشل رمز الحرية في ارض نست حضارتها, ورحل بحثأ عن الهدوء والسكينة.

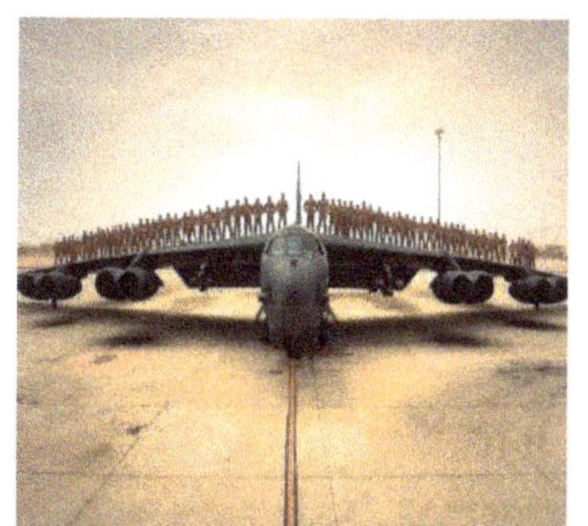

67

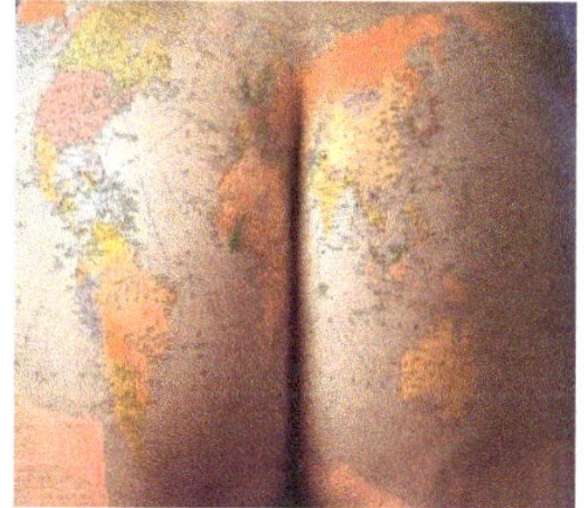

68

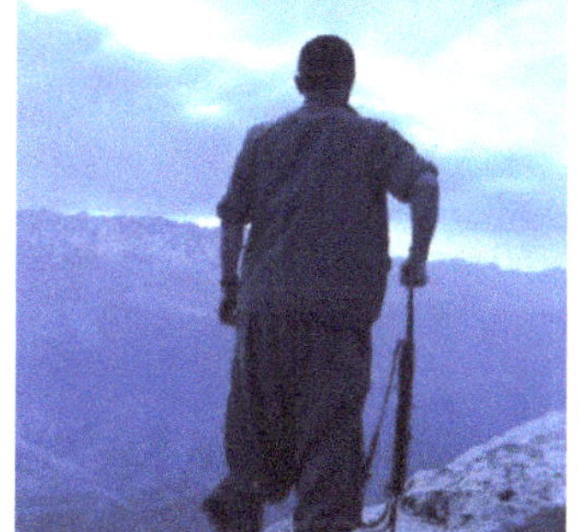

69

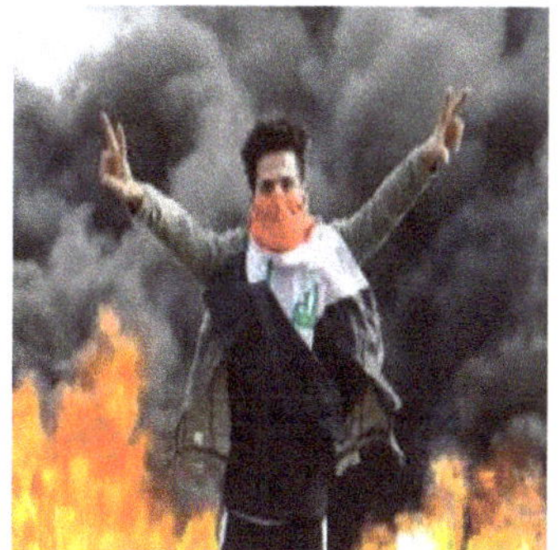

70

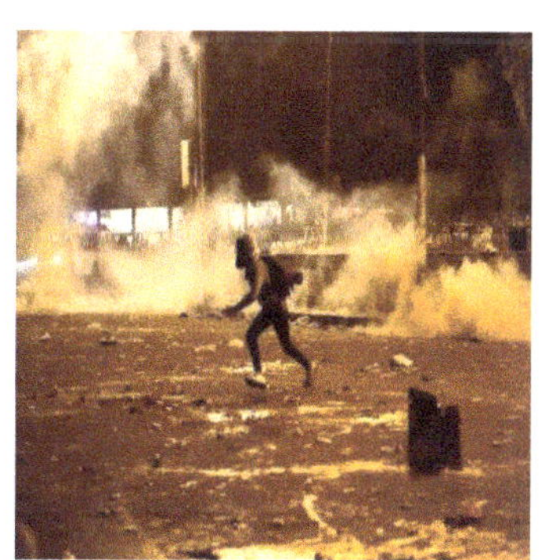

70

---

[18] حُصْن، قلعة
Fort, Castle

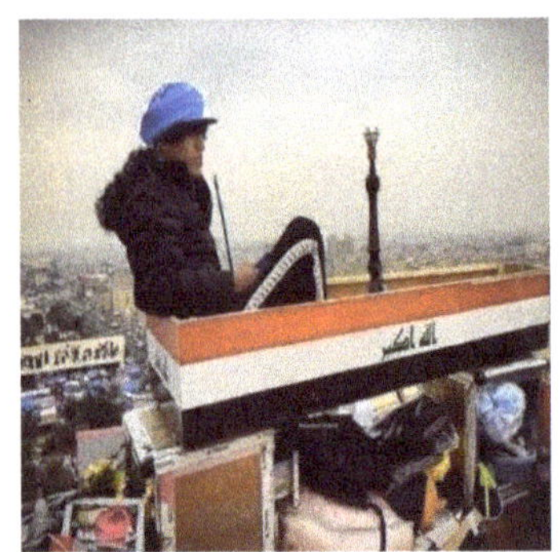

71

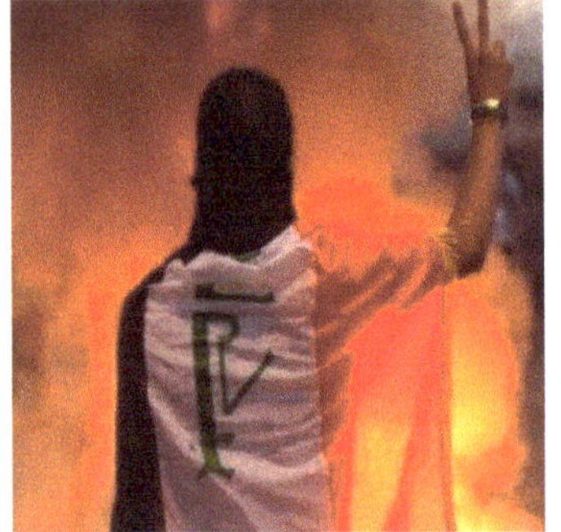

72

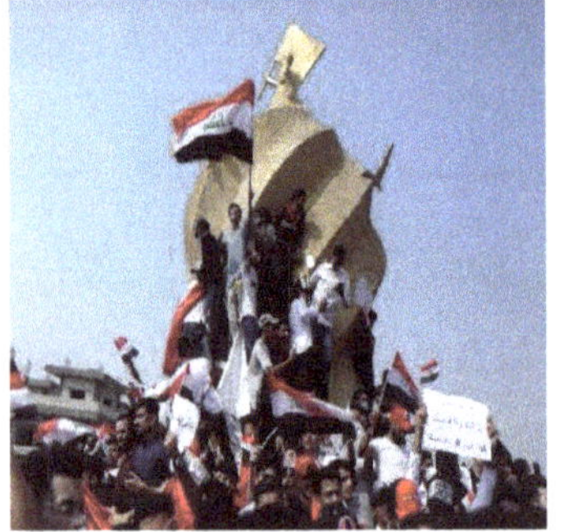

73

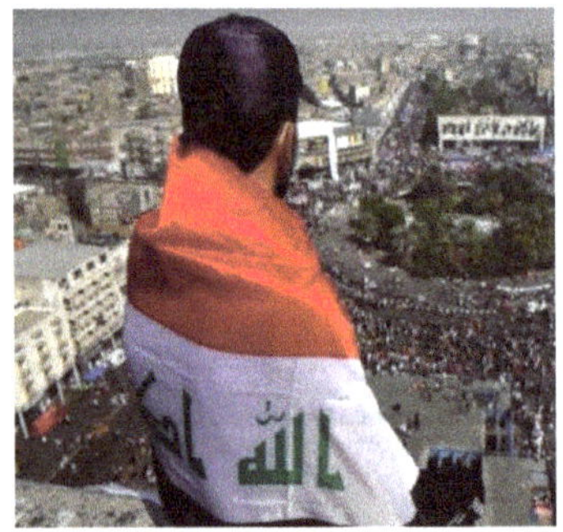

74

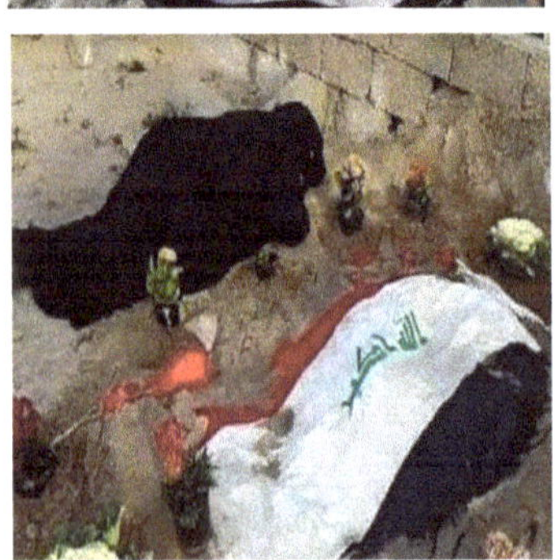

75

ܥܠܡ ܗܕܐ ܢܗܝܪܐ

ܟܬܒܐ ܩܕܝܫܐ

ܕܝܬܩܐ ܚܕܬܐ

ܦܪܫܐ ـ ܣ ـ ܐܘܪܬ ܩܕܡܝܐ

1

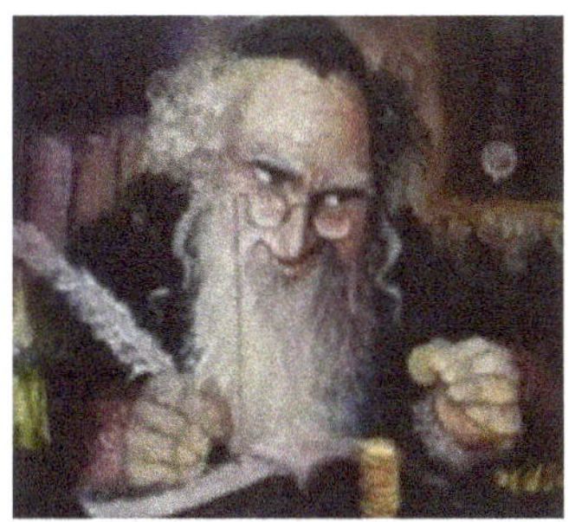

2

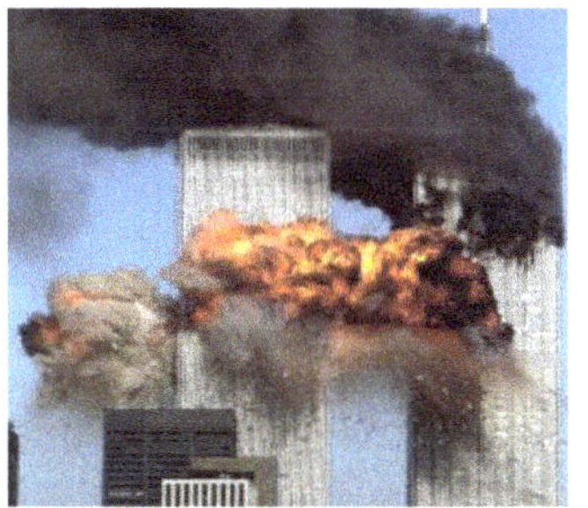

3

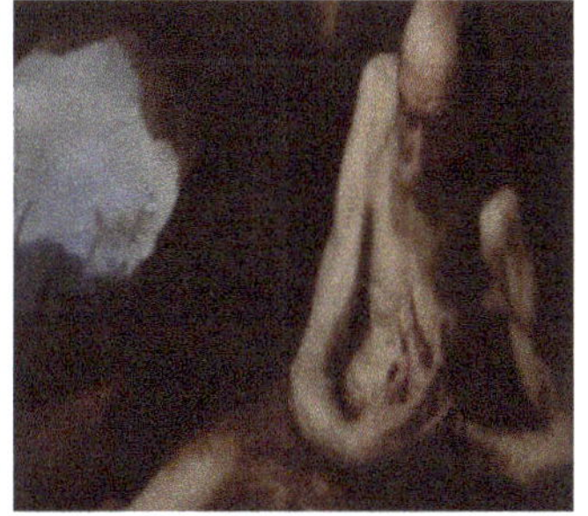

4

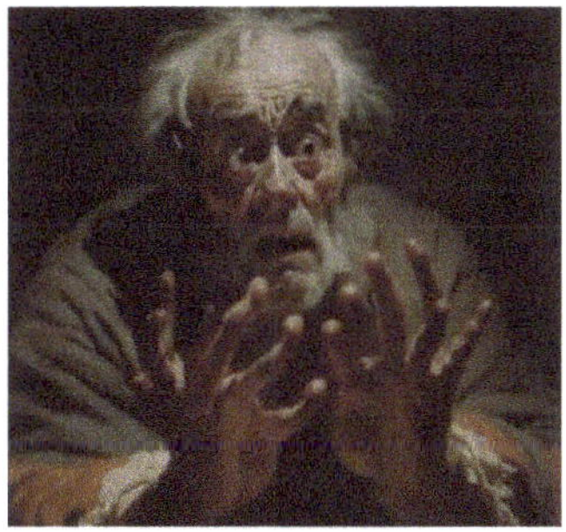

5

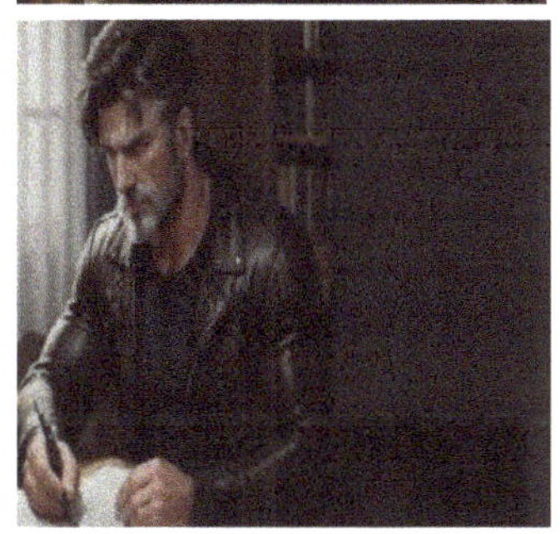

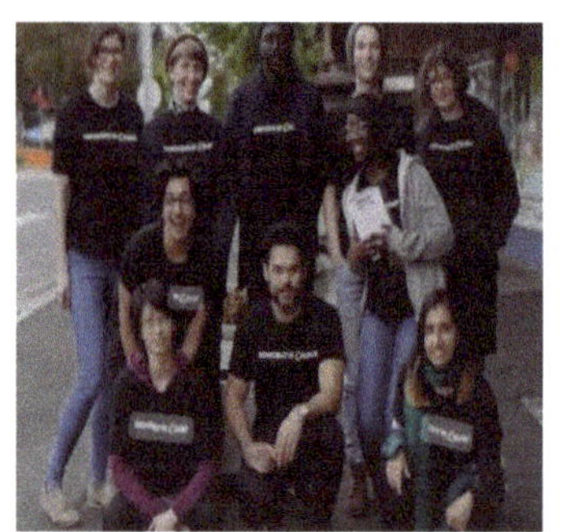

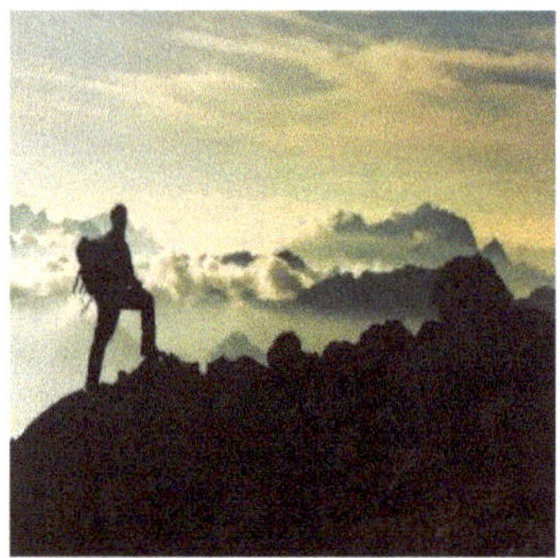

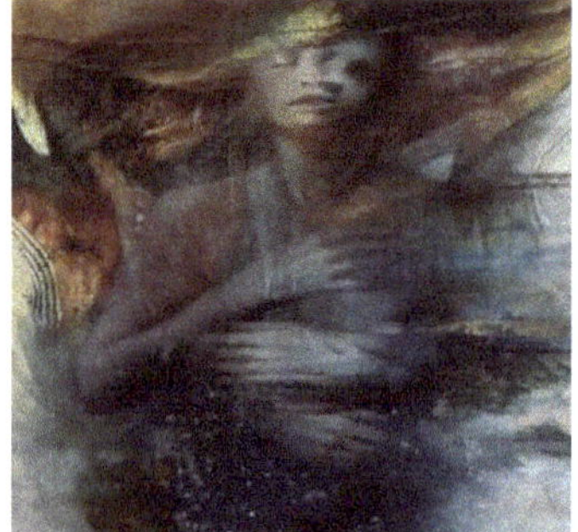

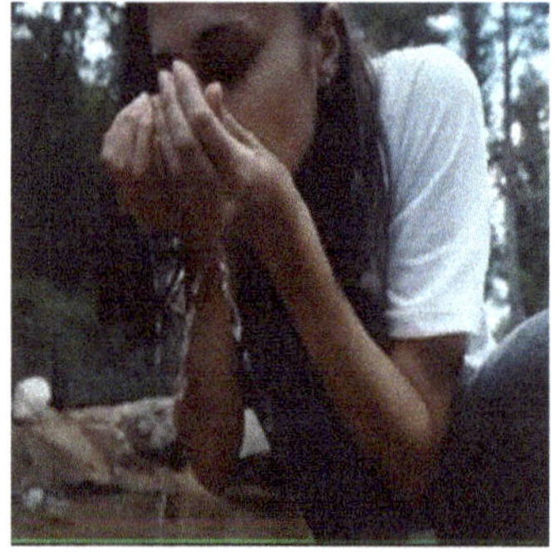

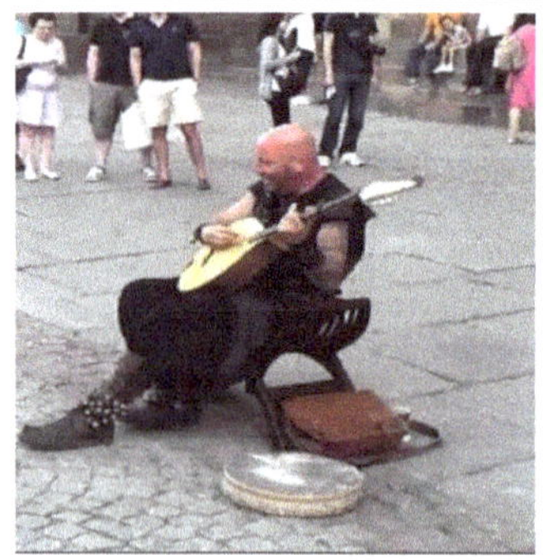

6

7

8

9

10

11

182

ܝܠܗ ܢܩܠܐ ܒܣܒܪܘܿܢܐ
ܝܚܡܘܓ ܚܗܝܚܙܐ ܝܠܗܢܐ
ܢܒܬܡܘܓ ܝܠܟ ܝܕܙܐ ܡܝܗܢܐ

12

ܝܐܠܦܐ ܚܠܒܝܗܐ ܚܐܠܗܟܐ
ܗܡܒܟܐ ܡܝܗ ܚܒܝ ܗܡܗܟܐ
ܝ ܡܥܒܚܢܐ ܗܝ ܩܠܗܟܐ

13

ܚܩܐ ܕܝܘܗ ܝܗܗܢܐ
ܚܝܚܙܘܓ ܒܘܗ ܗܙܣܗܢܐ
ܚܝܗܒܘܓ ܚܩܐ ܝܘܗ ܚܩܐ ܝܝܚܢܐ

14

ܚܩܐ ܗܡܚܢܐ ܡܝܗ ܚܙܢܬܐ
ܝܗܩܝܐ ܕܒܘܩܙܐ ܟܐ ܩܙܬܐ
ܢܒܝܗ ܚܒܙܐ ܗܟܐ ܕܝܟܬܐ

15

ܠܐܡܚܐ ܢܗܓܗܝܐ ܬܠܟܓ
ܕܗܒܝܐ ܟܐ ܩܒܥܟܐ ܩܐ ܠܓ
ܟܐ ܗܟܐ ܚܙܘܗܢܐ ܕܚܓܝܩܠܟܓ

16

ܣܘܦ ܠܒ ܗܡܝܠܘܙܐ ܚܙܘܬܐ
ܗܘܩܙܝܝܢܘܢ ܗܕܝ ܢܘܬܐ
ܠܓܕ ܠܓܙܘܓܐ ܘܘܓܬܐ

17

ܐܠܪ ܗܘܙܗ ܒܓܕ ܩܢܙܕܐ
ܡܢ ܕܘܝܝܐ ܠܘܓܡܘܓ ܗܕܝܒܓܐ
ܩܠܩܢ ܐܢ ܝ ܠܒܓܘܓ ܗܓܒܕܐ

18

ܝܠܘܓ ܒܩ ܗܢܓܘܗܙ
ܠܘܓܒܟܐ ܠܪ ܣܘܗ ܗܙܢܗܙ
ܢܓܕ ܗܓܟܪ ܕܠܪ ܢܡܘܩܙ

19

ܠܕܢܢܓܕ ܡܢ ܢܝܗ ܥܗܒܓܐ
ܡܢ ܒܩܠܓܕ ܠܕܣܢܕ ܩܠܒܓܐ
ܚܘܘܙܐ ܕܠܠܘܗܙܐ ܗܗܒܓܐ

20

ܢܓܕ ܠܢܘܓ ܓܥܢܐ ܕܙܠܘܓ
ܠܗ ܥܩܢܐ ܐܗܟܒܡܠܘܓ ܘܝܠܠܘܓ
ܓ2[1] ܗܩܢܒ ܩܘܕܒ ܣܘܠܘܓ

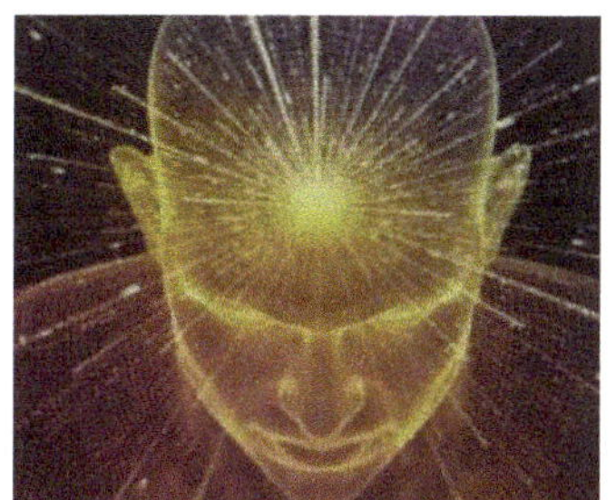

21

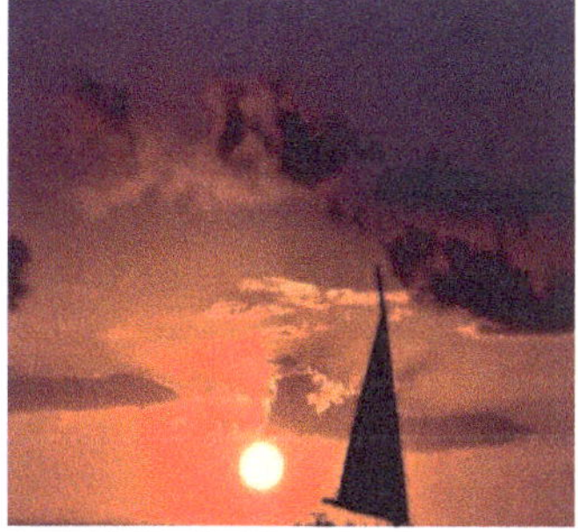

22

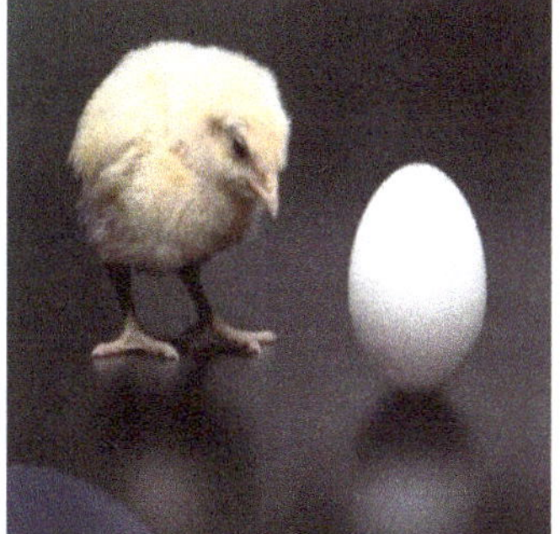

23

24

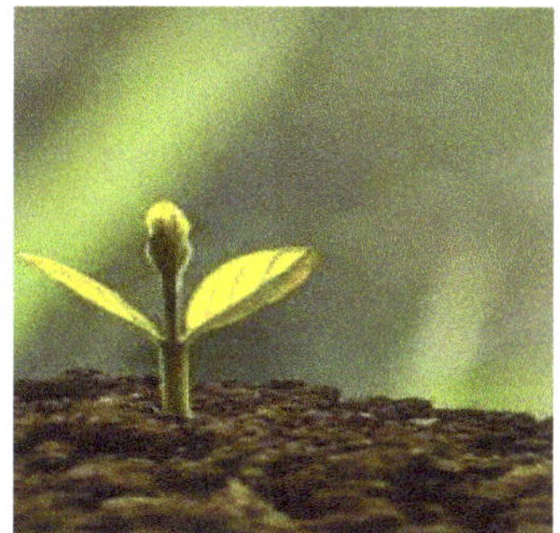

25

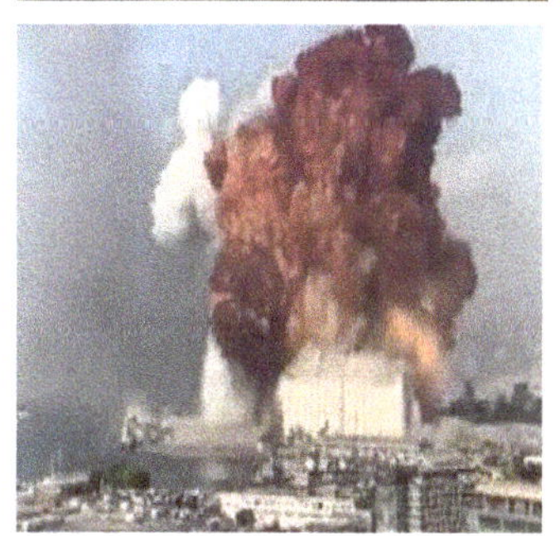

26

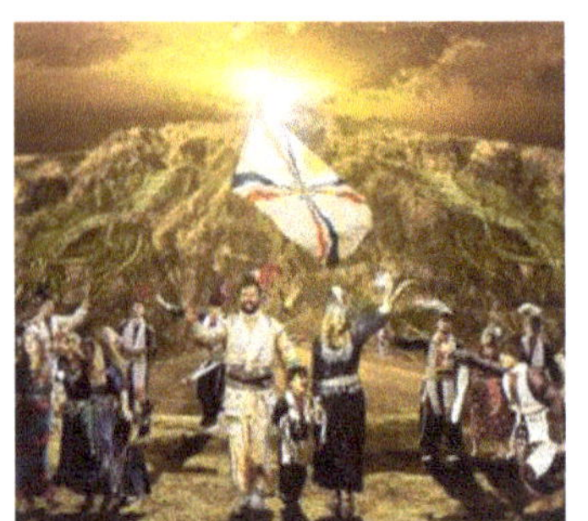

27

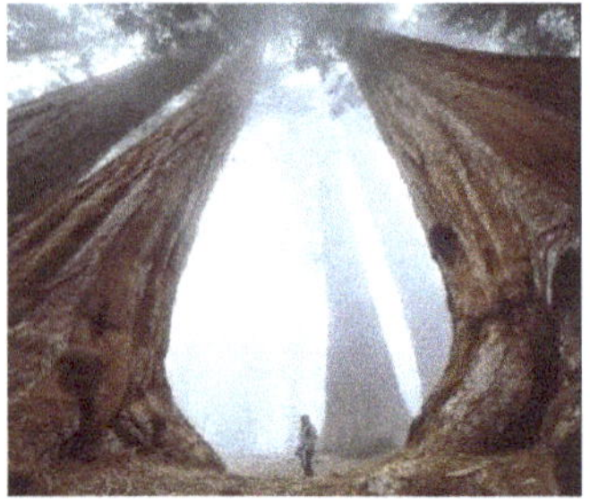

28

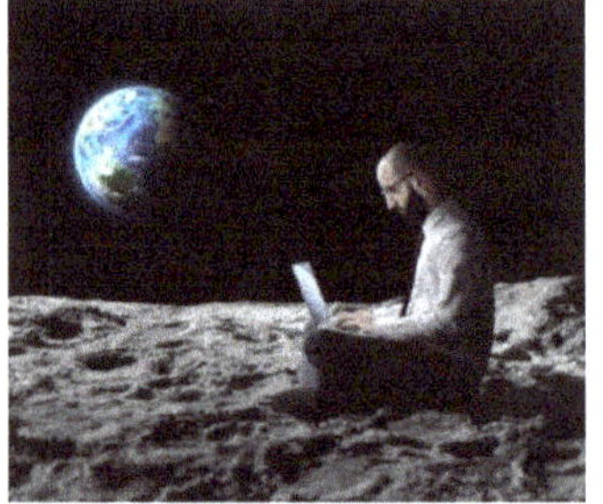

29

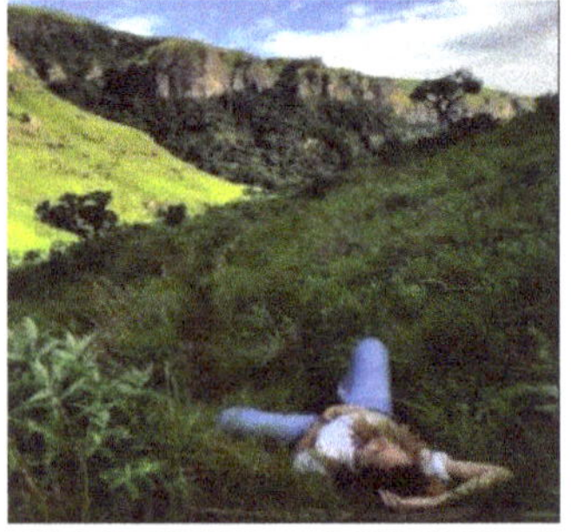

30

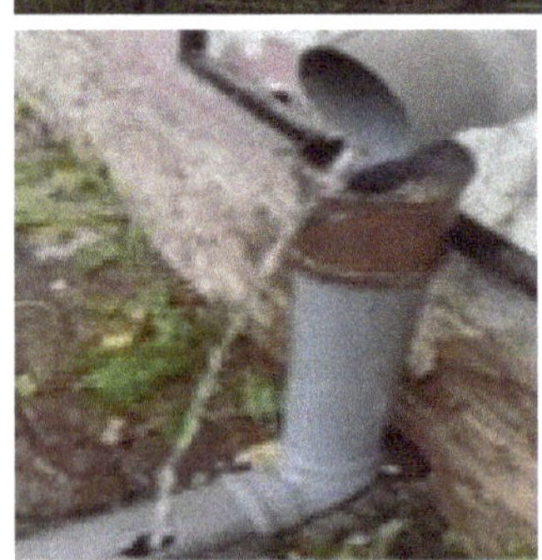

---

[5] ترميم، تصليح   Repair

31

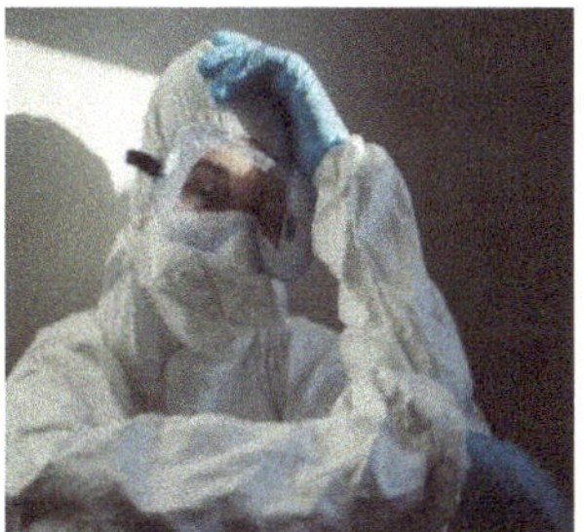

32

33

34

35

---

[6] د. لبيب السامرائي (جراحة تجميل)، د صادق سلماني (طب العائلة)، د. سمير جونة (جراحة عامة) في مراسيم دفن زميلهم وصديقهم المرحوم د. محمد نشاط الحيد (طب أطفال) لوس انجلس، تشرين الثاني 2021

[7] مرض الكورونا   Covid 19 Disease

[8] مهاجرين، لاجئين   Immigrants, refugees

36

37

38

39

40

---

[9] منافس (مزرعة المؤلف)   Competitor
[10] بكامل وعيه   Consciousness

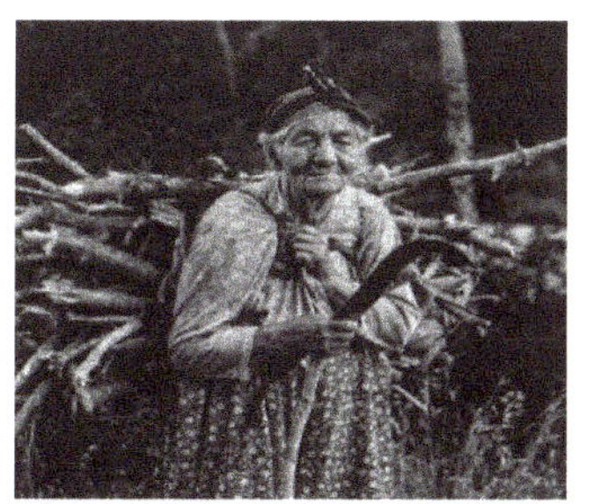

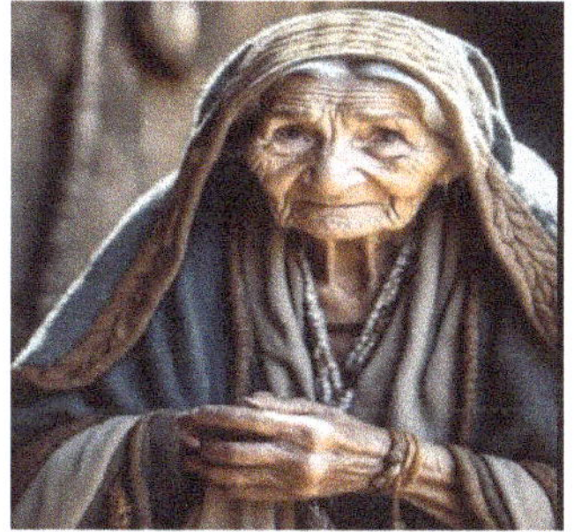

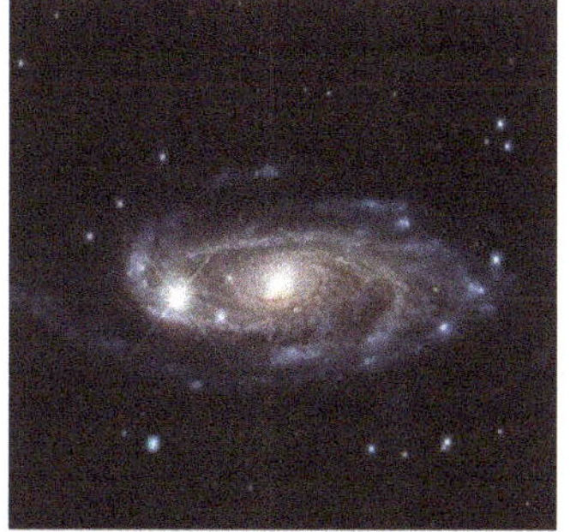

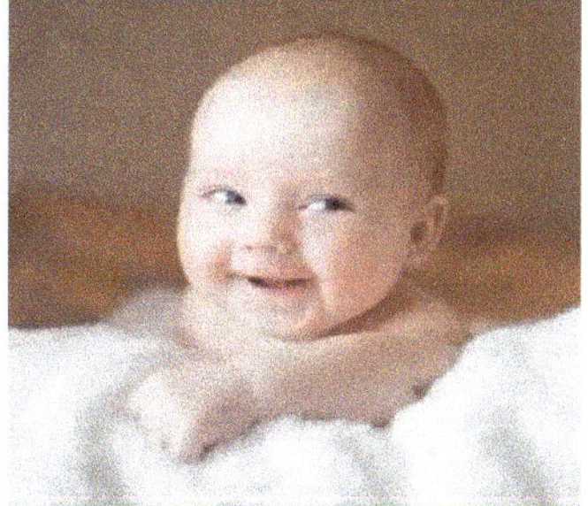

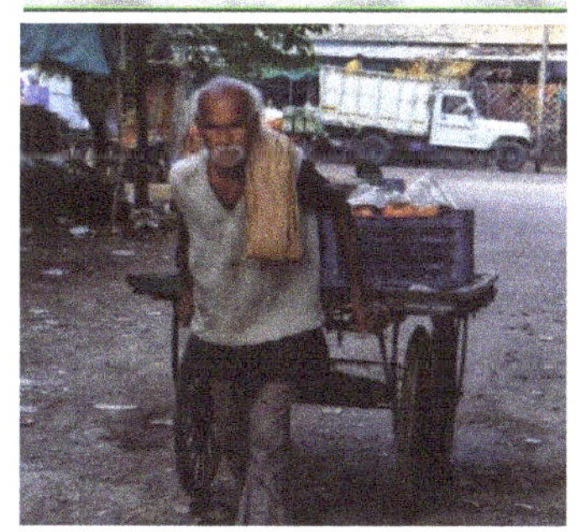

41

42

43

44

45

11 ينتهي — End
12 يلمّ، يحضن — Collecting

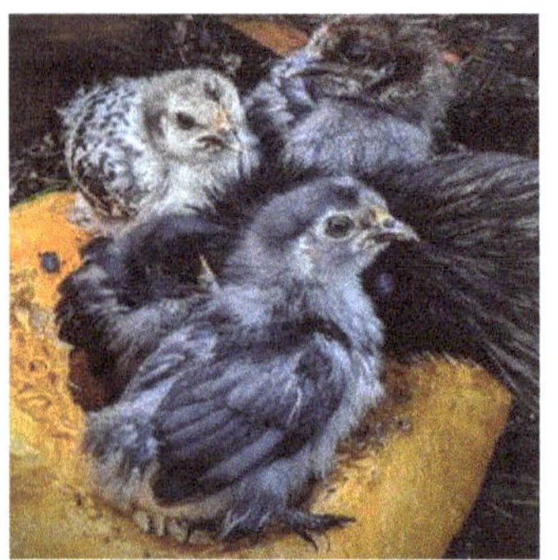

46

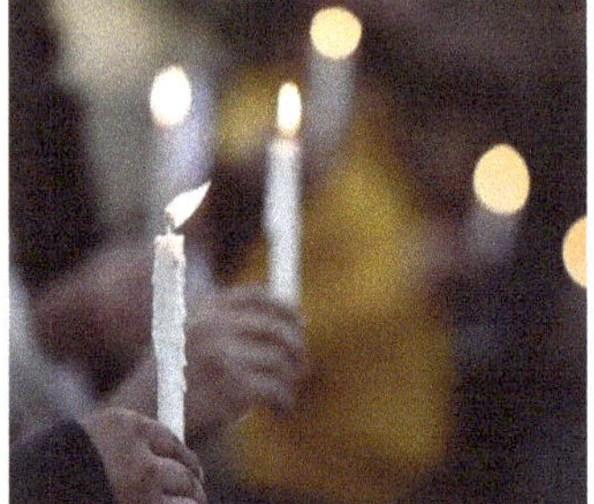

47

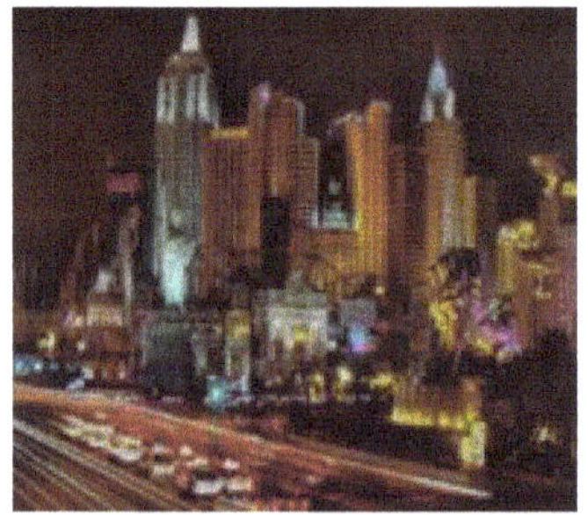

48

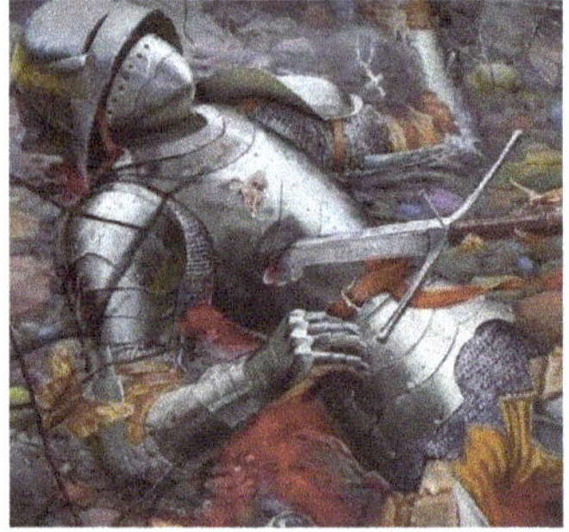

49

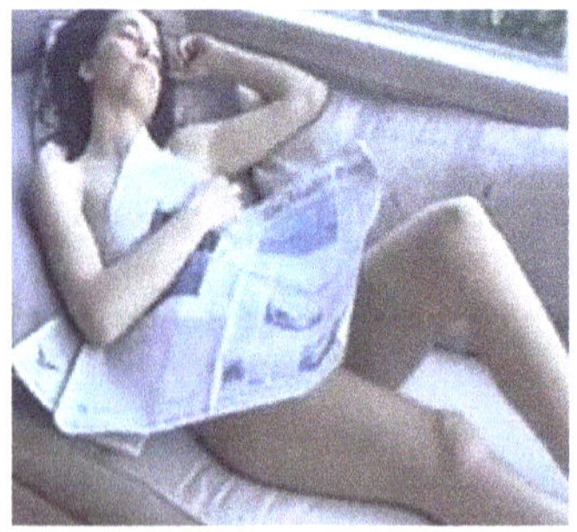

50

[13] متقدم   Advanced

51

ܟـــܚܿܡܓܝܗ ܚܘܿܕܐ ܕܿܥܒ

52

53

54

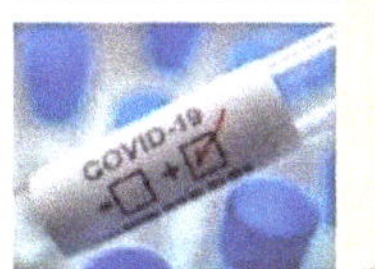

55

---

[14] اضطراب، قلق
Disorder
[15] الرسام العالمي (Vincent Van Gogh)

56

57

58

59

60

---

[16] عضو الذكر The penis
[17] حبُّ الرّمان pomegranate
[18] حجر كريم احمر اللون, مرجان Coral

61

62

63

64

65

---

[19] سيل، مجرى — Flood

[20] أصبر — Tolerate

[21] صورة المؤلف مشغول بتبديل عجلات الاحذية — Picture of the author busy changing shoe wheels

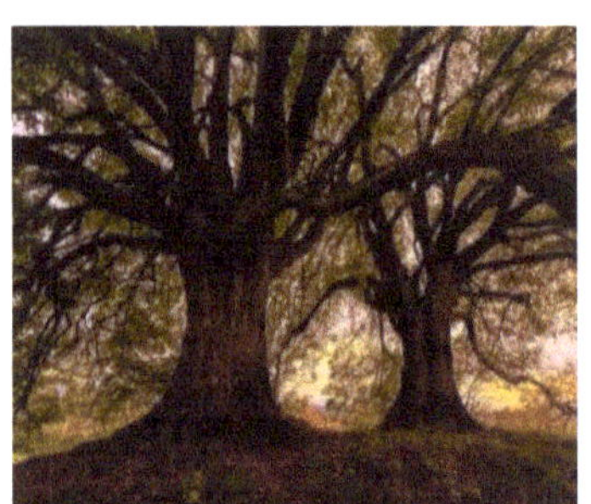

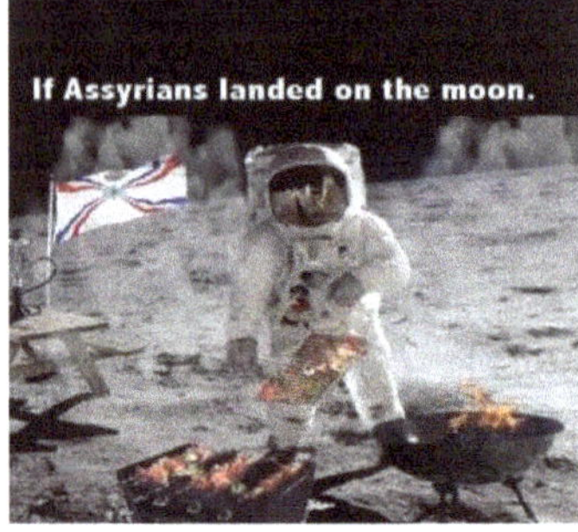

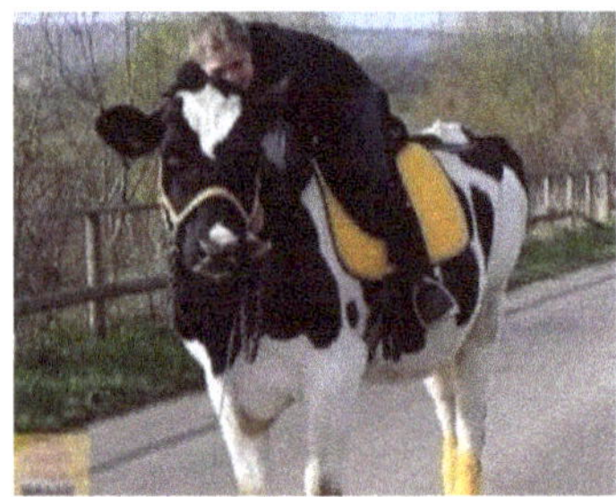

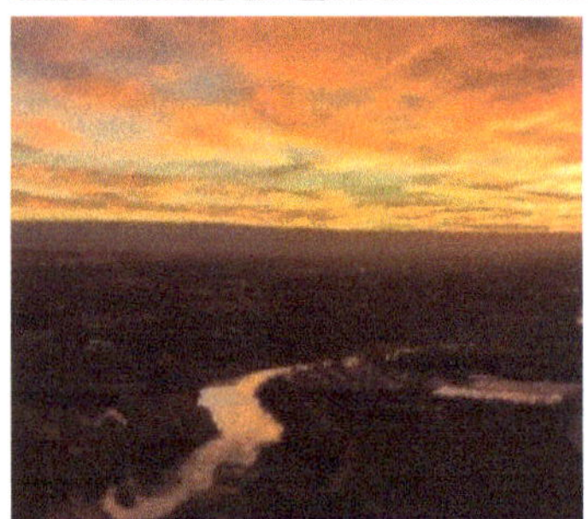

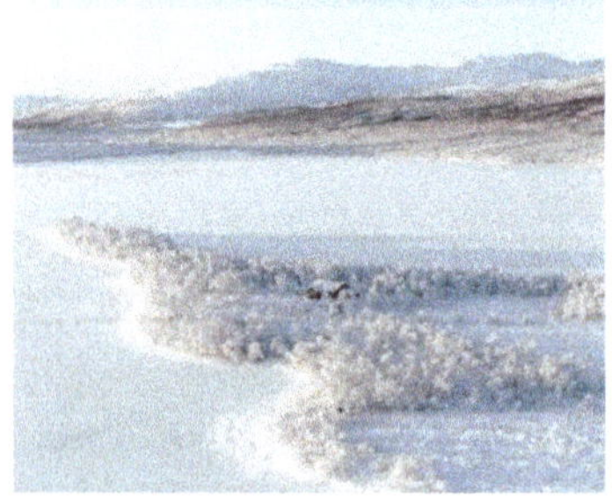

66

67

68

69

70

----

[22] الكحول   Alcohol
[23] صخب، صراخ   Hustle, Screaming

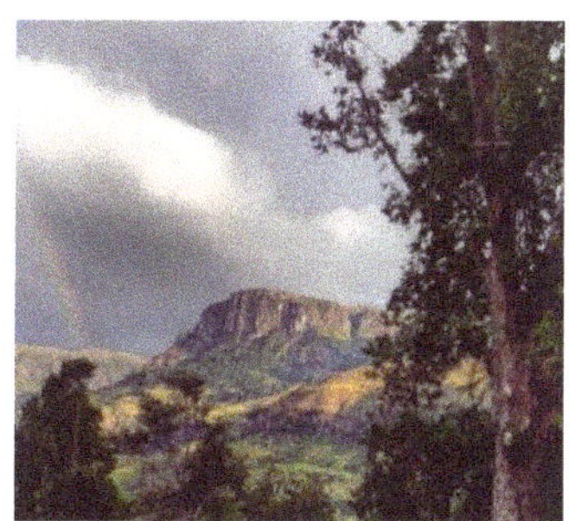

71

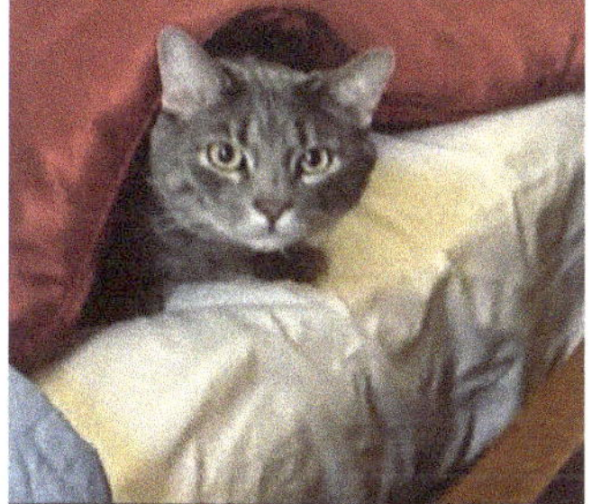

72

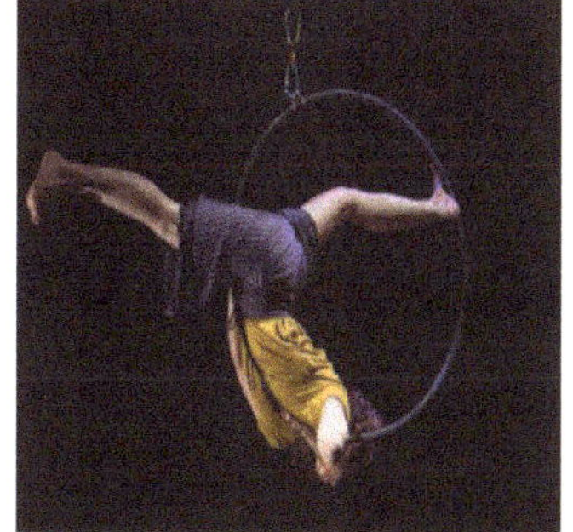

73

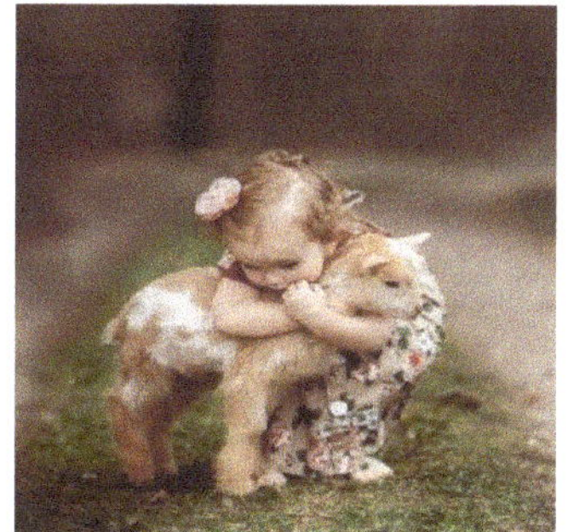

74

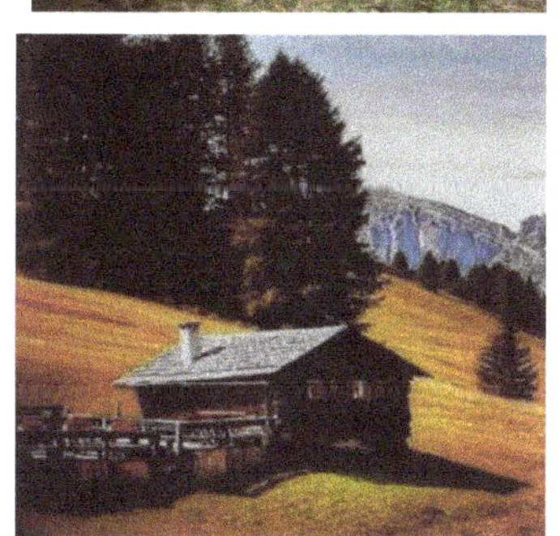

75

[24] سارية العلم
[25] عامود
[26] ممتع — Great enjoyment

76

ܘܒܪܫܝܬ ܐܢܬܐ ܠܩܕܡܐ
ܡܠܝܬܘܢ̈ܐ ܐܝܟܠܒ ܩܘܩܐ
ܠܩܒܠ ܝܕ ܩܘܩܝ ܐܡܐ؟

77

ܡܕܝܢ ܠܠܒ ܕܚܣܝܢܘܗܝ
ܐܝܢ ܘܝ ܗܘܕܝܗ ܡܠܝܢܘܗܝ
ܚܢܬܘܝ ܗܪ̈ܟܐ ܕܗܕܝܢܘܗܝ

78

ܡܝܘܪ[27] ܠܟܕ ܕܪܬܐ ܣܝܕܝܗ[28]
ܘܪ̈ܘܝܬܐ ܕܠܟܕ ܪܕܬܐ ܣܝܕܝܗ
ܥܘܩܕܬܐ ܚܠ ܚܪ̈ܒܝܐ ܥܪ̈ܝܟܗ

79

ܡܢ ܝܠܩܐ ܕܓܕܩܐ ܘܟܗܐ
ܘܪܕܐ ܘܫܡܝܗ ܕܟܐ ܚܩܐ
ܠܟܕ ܚܘܪ̈ܐ ܚܕܘܓܗ ܗܩܐ

80

ܚܣܝܢܘ̈ܐ ܣܘܪ̈ܝܗ ܕܩܩܐ
ܘܪ̈ܘܚܐ ܡܝܗܣܘ̈ܐ ܘܠܩܐ
ܐܝܢ ܚܘܘܠܐ ܫܡܒ ܘܩܩܐ

[27] قطعة قماش تتوشح به النساء   Apron
[28] فتاة اشورية بالملابس والاكسسوارات التقليدية من اشور[28]   Assyrian girl in traditional clothes and accessories from Assyria[28]

81

ܢܒܝܐ ܘܐܦ ܚܫܐ ܗܩܝܩܐ [29]

ܚܢܝܓܐ ܘܡܓܢܬܢܐ ܚܠܒܝܩܐ

ܓܢܬܐ ܘܐܦ ܗܓܕܐ ܝܠܒܝܩܐ

82

ܫܒ ܐܘܦܢܐ ܟܐ ܩܢܢܐ

ܩܐ ܚܕ ܝܠܚܘܒܐ ܗܢܢܐ

ܡܟܐܝܠܐ ܘܐܦ ܫܒ ܟܗ ܩܢܢܐ

83

ܩܦܢܐ ܒܠܒ ܡܘܡܕܢܐ

ܡܢ ܝܕܢܐ ܠܝܕܢܐ

ܚܢܘܦܐ ܘܟܠܝܐ ܝܬܚܢܐ

84

ܚܢܬܒ ܣܘܝܠܒ ܘܟܐ ܣܘܝܠܒ

ܠܢܒܬܒ ܡܟܐܠܒ ܘܟܐ ܡܟܐܠܒ

ܚܡܟܬܗܒ ܐܗܒܟܡܠܒ ܝܠܐܠܒ

85

ܠܚܢܢܐ ܝܩܝܣܠܗ ܠܝܓ ܠܕܘܒܓܐ [30]

ܒܚܓܐ ܕܟܐ ܣܘܝܠܗ ܠܕܘܒܓܐ

ܡܢ ܪܘܩܕܐ [31] ܘܚܢܬܐ ܘܩܘܒܓܐ

During the Assyrian Genocide 1915-1918, Assyrian refugees from Hakkari seeking missionary help in [29]

خلال الإبادة الجماعية الآشورية 1915-1918، اللاجنون الآشوريون من هكاري يطلبون المساعدة التبشيرية في سلاماس، إيران,Salamas,

Iran

Beirut   بيروت [30]

Boredom, pain   ضجر، ألم [31]

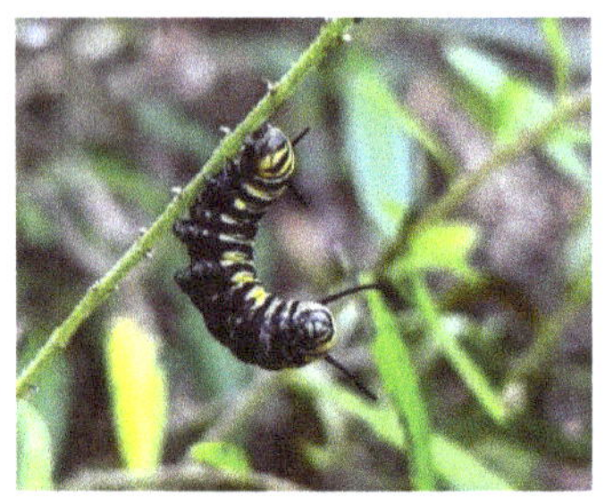

86

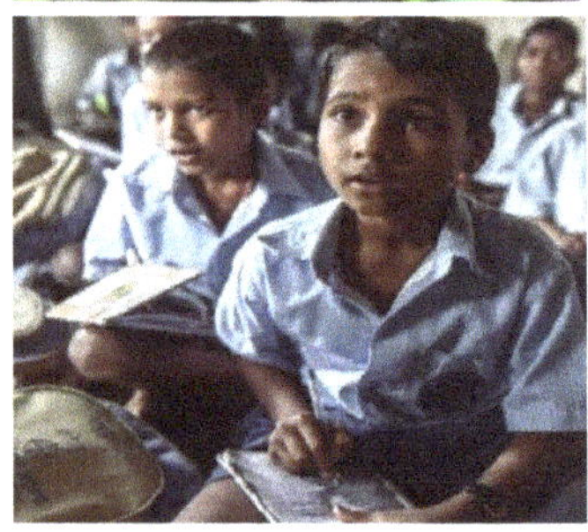

87

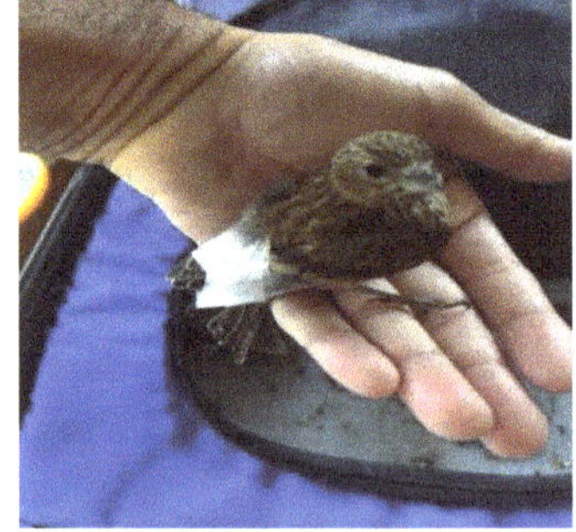

88

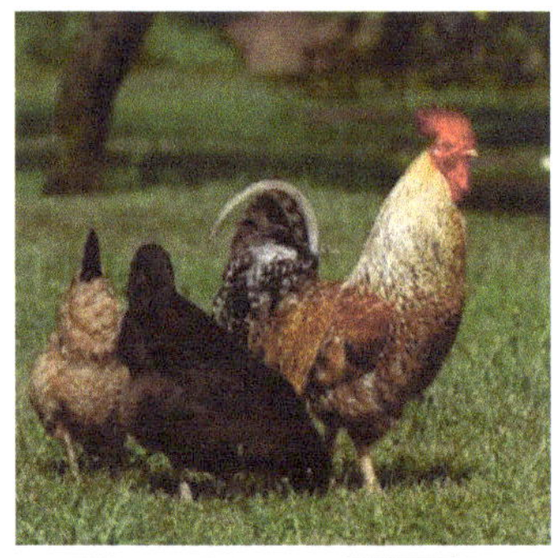

89

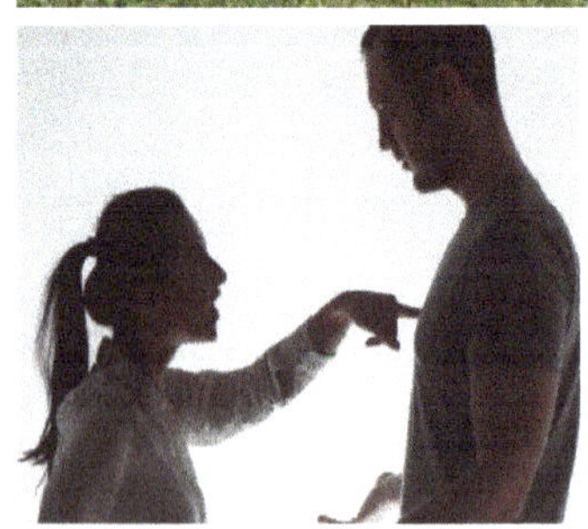

90

91

92

93

94

95

―――――――――――――――

[32] مجرى الماء — Water-current
[33] عليل, ضعيف — Frail
[34] ظالم, مسلط — The oppressor

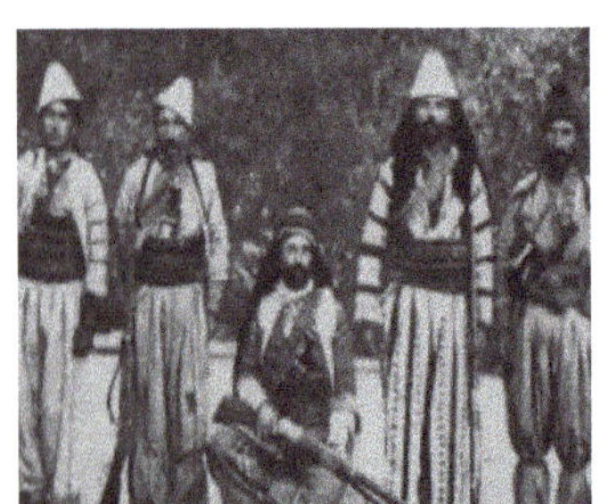

96

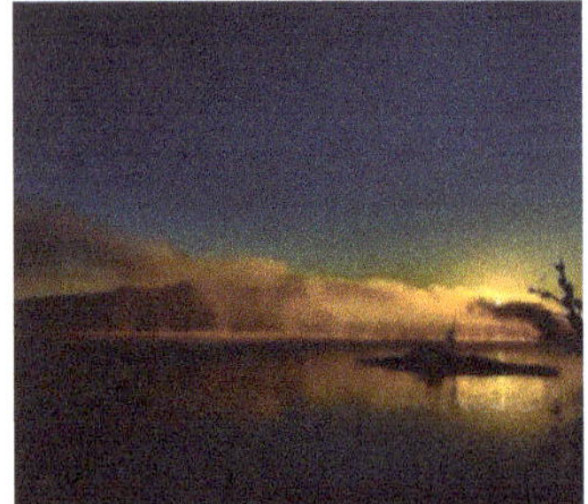

97

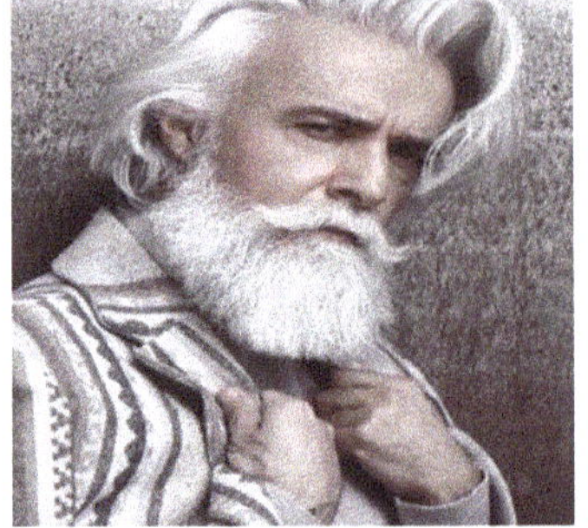

98

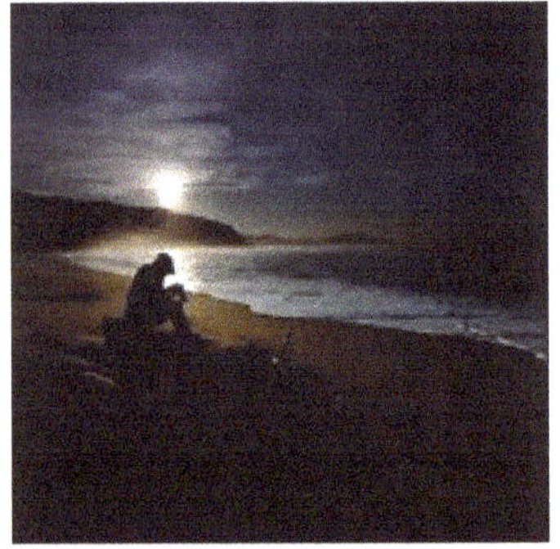

99

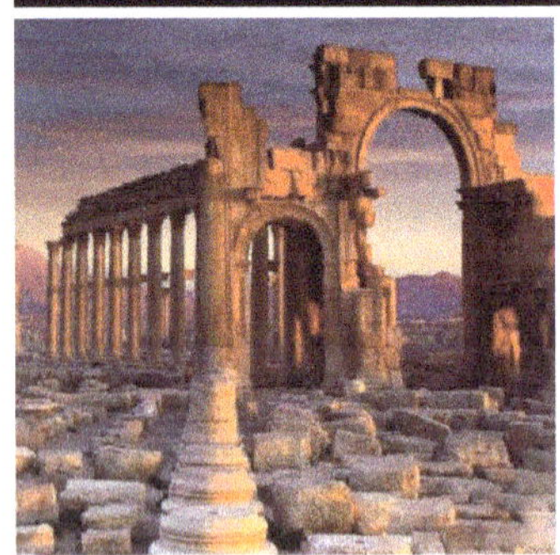

100

101

ܣܘܒ ܚܦܐ ܩܒܥܠܒ ܥܢܒܬܐ
ܗܨܒܕܠܒ ܕܗܒܫܐ ܘܐܦ ܕܟܒܬܐ
ܠܩܨܠܟܢܝܐ ܘܚܝ̈ܬܐ ܕܚܒܬܐ

102

ܢܐ ܝܘܩܕܐ[35] ܚܙܕܟܐ ܥܕܝܩܐ
ܕܐܢܒ ܩܒܥܠܘܝ ܕܟܐ ܠܝܒܩܐ
ܚܝܡܘܡܢܐ ܕܩܒܥܠܗ ܠܕܝܒܩܐ؟

103

ܩܘܟܒܐ ܕܟܐ ܘܢܝܫܐ[36]
ܗܒܕܐ ܚܢܐܐ ܝܩܕܐ
ܣܝܕܐ ܠܕܘܦܐ ܩܐ ܢܝܫܐ

104

ܡܚܡܕ ܝܢܕܒ ܢܝܗ ܥܘܩܕܐ
ܟܕܢܬܐ ܩܠܒܗܠܗ ܡܙܦܕܐ
ܟܐ ܡܗܠܝܗ ܠܗ ܘܗ ܠܘܡܕܐ

105

ܗܨܒܕܐ ܝܘܗ ܗܢܒܐ ܚܒܟܕܐ؟
ܕܕܘܒ ܚܙܝܣܦܢܕܐ ܝܠܟܝܕܐ
ܩܐ ܣܘܠܩܢܐ ܘܦܢܐܝܕܐ

[35] نفط Petrol
[36] في ذكرى ميلاد (شينا) ابنة الدكتور يوسف يعقوب نانو

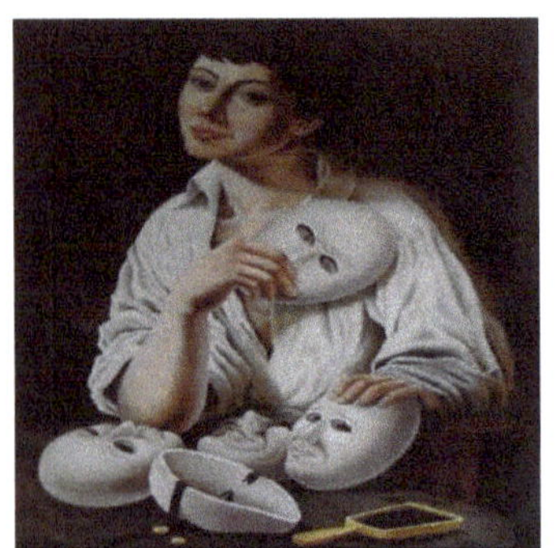

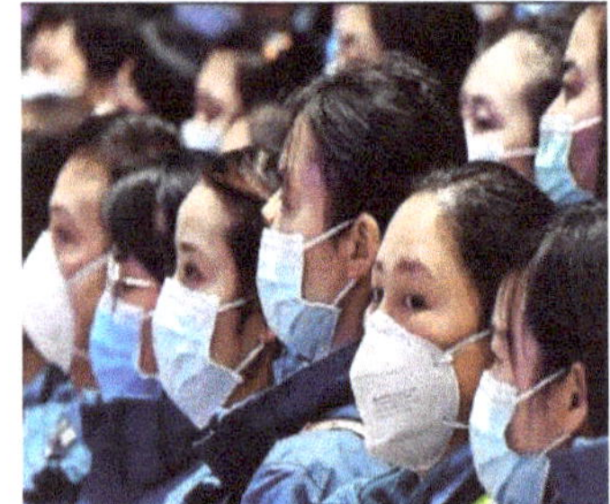

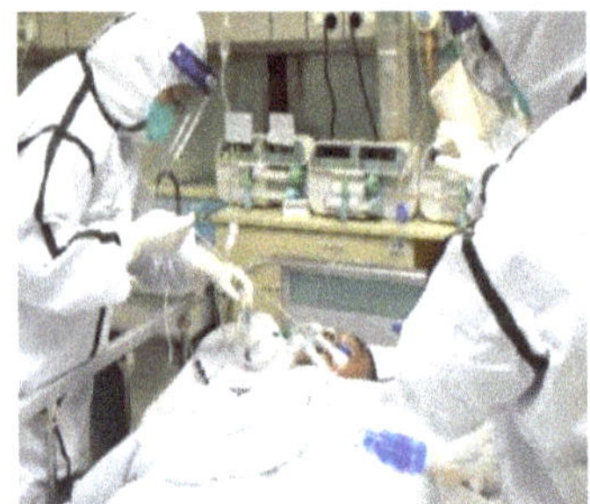

106

107

108

109

110

Assyrian church of east from the 9th century in Mervy, Turkmnistan

[37] ܟܕܡܐ ܕܗܘܕܟܐ ܕܥܕܝܣܐ ܚܥܕܝܬܐ ܕܡܕܢܚܐ ܕܥܕܟ ـ ܗܘܕܟܢܗܟܐ

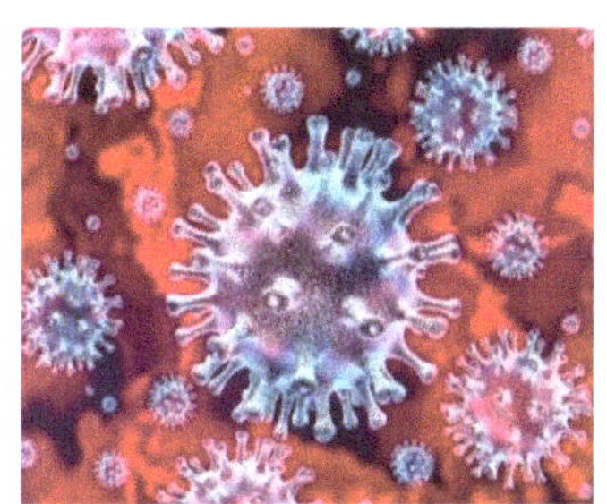

111

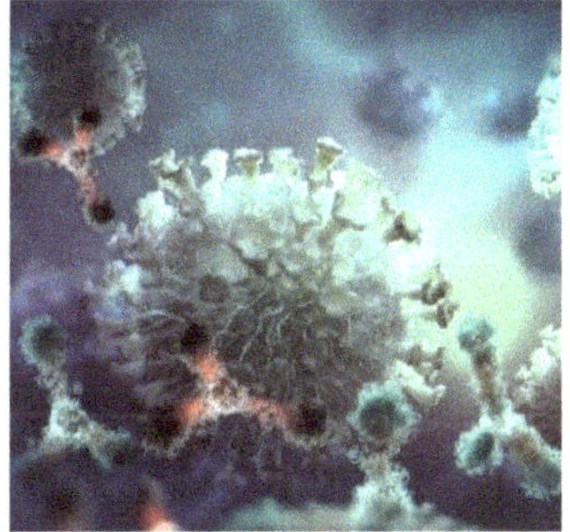

112

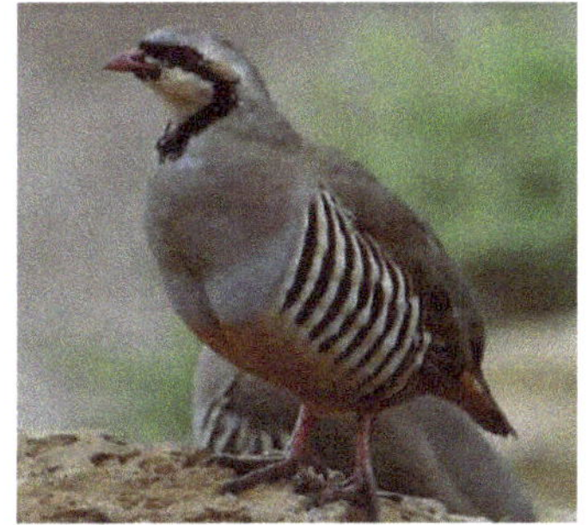

113

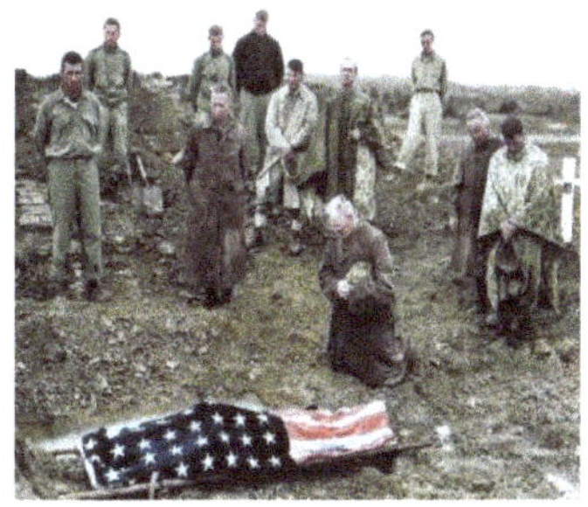

114

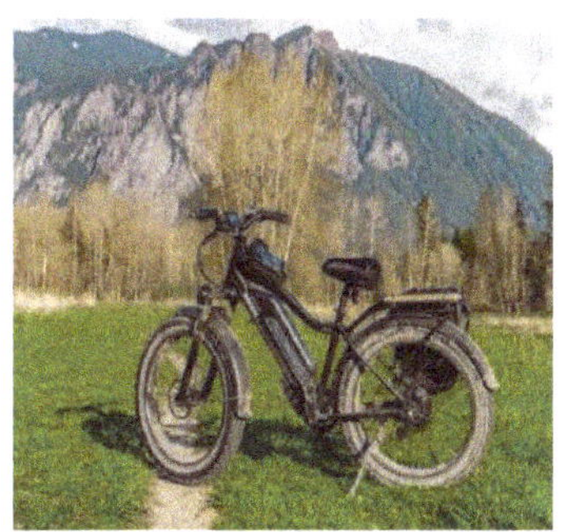

115

---

[38] كوفيد Covid 19
[39] دهشة, حيرة
Panic

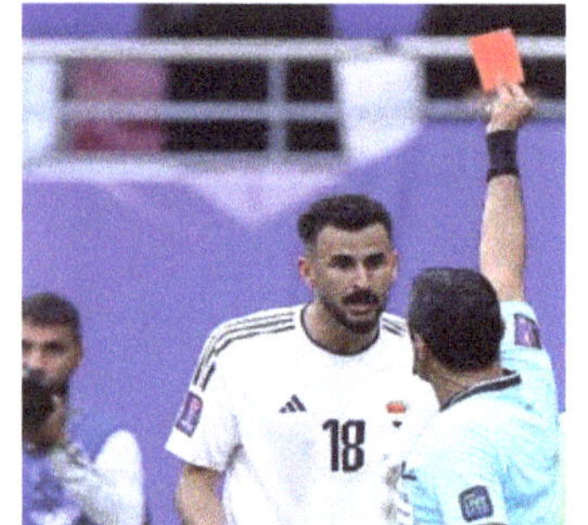

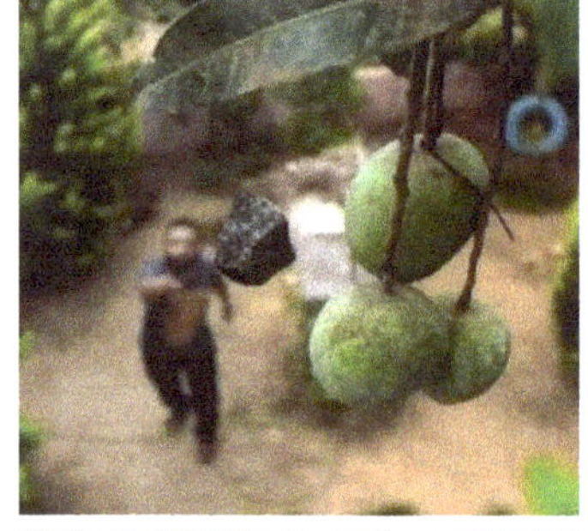

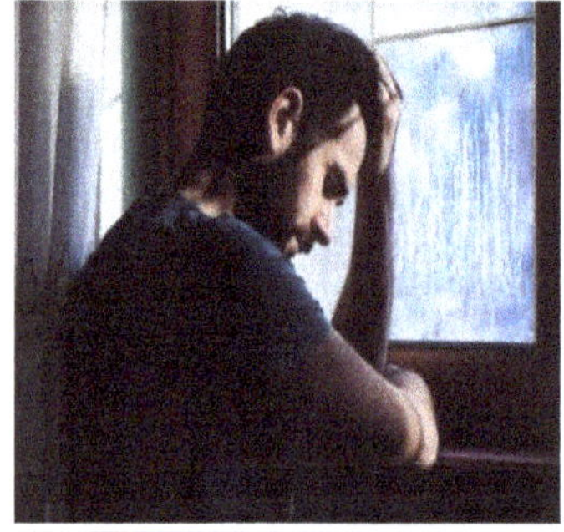

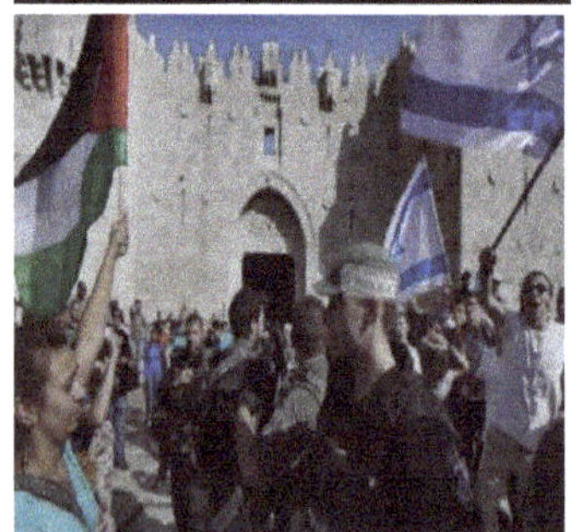

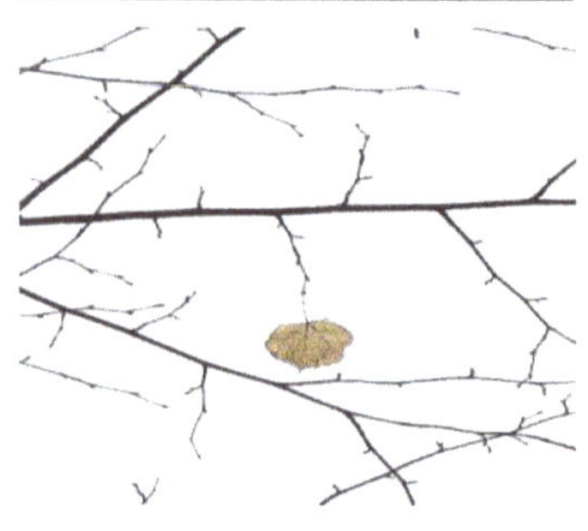

116

117

118

119

120

___

121

122

123

124

125

---

[41] مدينة الملائكة (باللغة الاسبانية)
[42] متسولون، شاردون   Beggars, strays

ܡܠܠܐ ܩܕܡܝܐ ܘܡܫܝܚܐ

Folktale Song's book information

- Raweh of our good forefathers (one thousand and one clauses)
- Author: Dr. Samir Johna
- Introduction: Dr. Samir Johna
- Proofreading, editing and photos formatting: Dn. Sami Hormis
- Presentation: Mr. Badran Aomraya
- Cover designer: Mr Joni yonadam
- Cover photo: Mr Steven Shmoel Youkhanna
- Book Size A4
- Book printing Size: width 17.5 cm, Height 25.0 cm
- Colours
- Main Headers Size 48, 38
- Page Header Size 24
- Text Size 22
- Book Pages 225
- Photos 1001
- Chapters 8
- Words 16147
- Fonts. Calibri, AA Marcus Art Estrangelo, AA East Syriac Marcus
- Completed within a period of three months October 2023 – January 2024
- Published April 2024

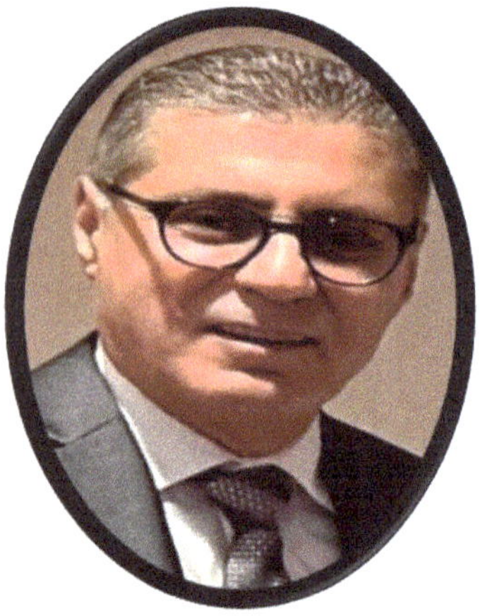

2024